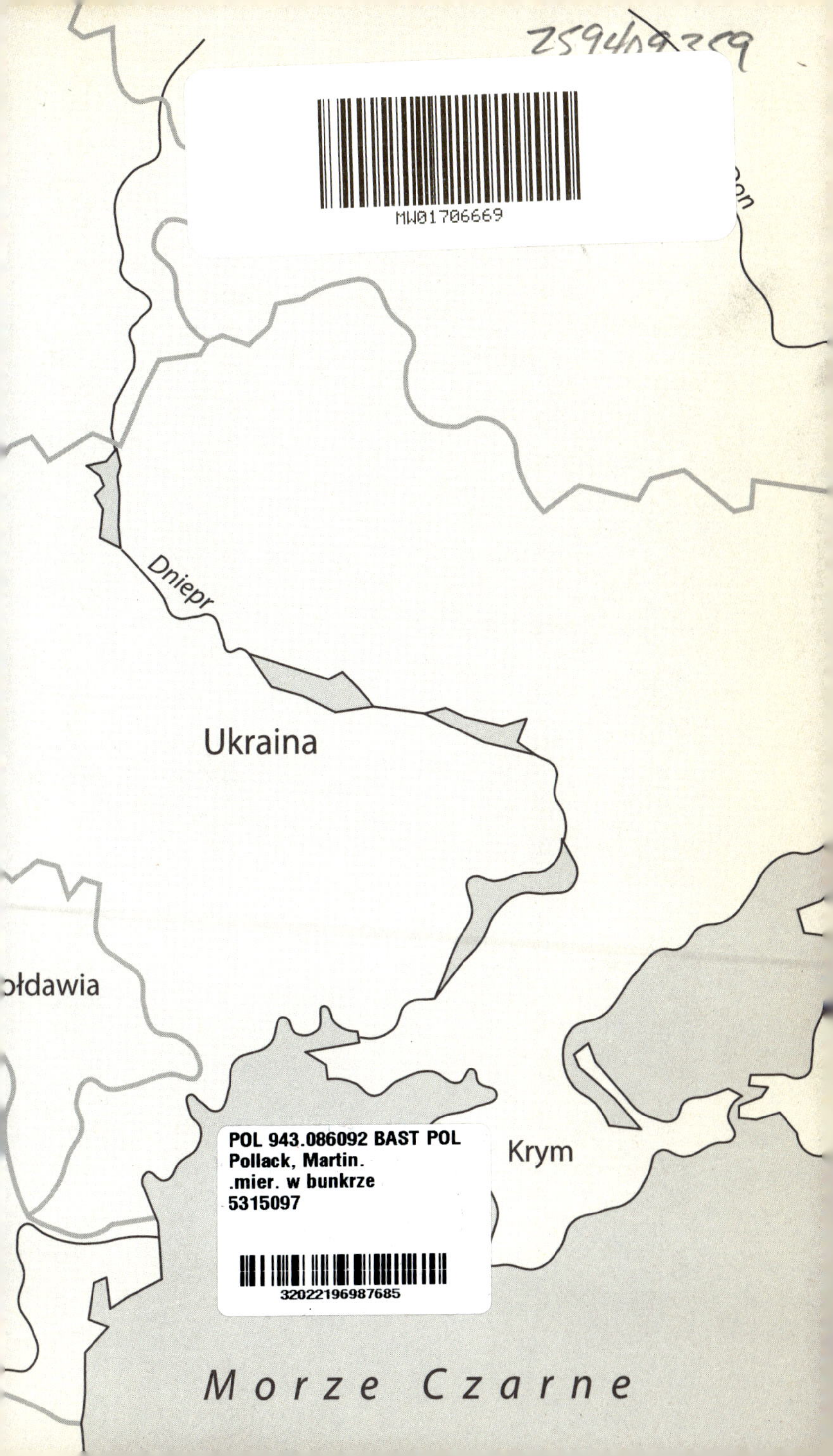
Dniepr
Ukraina
ołdawia
Krym
Morze Czarne

Martin Pollack

Śmierć w bunkrze

Opowieść o moim ojcu

Przełożył Andrzej Kopacki

wydawnictwo czarne

Wołowiec 2006

Tytuł oryginału niemieckiego
DER TOTE IM BUNKER. BERICHT ÜBER MEINEN VATER

Projekt okładki i stron tytułowych AGNIESZKA PASIERSKA

Na okładce i w środku tomu wykorzystano fotografie pochodzące z prywatnego archiwum MARTINA POLLACKA.

Autorem zdjęcia bunkra, w którym zginął Gerhard Bast, jest PETER KASER (© by PETER KASER)

Zdjęcie Autora © by KATARZYNA DZIDT

Redakcja KRYSTYNA DUNIEC

Korekta PIOTR MOCNIAK

Projekt typograficzny ROBERT OLEŚ

Edukacja i kultura

Kultura 2000

Książka została wydana dzięki pomocy finansowej programu Unii Europejskiej Kultura 2000.

The book was published with the support of the Culture 2000 programme of the European Union.

Druk książki został sfinansowany ze środków KulturKontakt, Austria

KULTUR Kontakt AUSTRIA

ISBN 83-89755-41-6

1. Z początkiem lata 2003 roku pojechałem z żoną do Tyrolu Południowego, na przełęcz Brenner, żeby odszukać bunkier, w którym pięćdziesiąt sześć lat wcześniej znaleziono ciało mojego ojca. Zginął od kuli. Chciałem dowiedzieć się czegoś więcej o okolicznościach jego śmierci i powodach, które go tam przywiodły. Całymi latami odwlekałem to śledztwo, być może bojąc się podświadomie, że ślady naprowadzą mnie na coś, co przerośnie najgorsze obawy. Jedno wiedziałem chyba od samego początku: nagła śmierć mojego ojca zwieńczyła życie, w którym przemoc odgrywała istotną rolę.

W kawiarni przy rynku w Gossensass byliśmy umówieni z kimś, kto obiecał nam pomoc w poszukiwaniu bunkra. Peter Kaser jest artystą, który przy okazji zajmuje się badaniem włoskich umocnień wzdłuż granicy przy Brennerze; jeden z tych wysłużonych bunkrów zagospodarował nawet jako miejsce wystaw i wydarzeń artystycznych. Od niego dowiedzieliśmy się, że po włoskiej stronie przełęczy istnieje ponad pięćdziesiąt bunkrów i kazamatów, które w latach 1936–1942 Mussolini wybudował jako „Sbarramento di Brennero", umocnienia, które broniły przed Austrią i Niemcami; w sensie wojskowym fortyfikacje te nigdy bodaj nie odegrały żadnej roli. Miejscowi, których wypytywaliśmy, znali historię zwłok w bunkrze — w swoim czasie wiele o niej mówiono — nikt jednak nie umiał powiedzieć, gdzie się rozegrała. W okolicy jest wiele bunkrów — powiadali — a w ogóle to stare dzieje. W końcu, przez przypadek, natknęliśmy się na starszego mężczyznę o okrągłej, różowej twarzy dziecka, który udzielił nam właściwej wskazówki. Powiedział, że mieszka niedaleko tego bunkra, ojciec zaś często opowiadał mu o odkryciu zwłok; wydarzenie to poruszyło wtedy wszystkich w dolinie, mimo że ludzie po wojnie byli dość otępiali. Początkowo nie chciał zdradzić położenia bunkra, bo, jak wyjaśnił, ojciec zabronił mu wspominać o tamtych zdarzeniach, strasząc, że od takiego gadania tylko sobie język poparzy. Mówiąc to, uśmiechnął się złośliwie, jak dzieciak znajdujący uciechę w zwodzeniu i niecierpliwości innych. Peter Kaser jednak nie popuszczał, aż wreszcie mężczyzna wydobył z siebie informację.

Do wskazanego miejsca, w zasięgu wzroku od stacji kolejowej na przełęczy Brenner, dotarliśmy wąską, biegnącą równolegle do autostrady drogą. Z autostrady dobiegał to narastający, to znów słabnący łoskot, wzmacniany przez zbocza wąwozu, które działały jak tuba. Przy drodze ciągnął się płaski pas ziemi, bagnista łąka, za nią strome zbocze porośnięte lasem świerkowo-modrzewiowym z pojedynczymi olchami i brzozami. Już po paru krokach potknęliśmy się o zardzewiały, ukryty wśród grubych liści barszczu i ostrożnia drut kolczasty, który wyglądał jak jedna z bujnych roślin. Jesteśmy na dobrej drodze, powiedział Peter Kaser, skoro jest drut, to bunkier musi być niedaleko. Obeszliśmy łukiem wysokie pokrzywy, ciemne kępy w jasnozielonym zielsku, każdym krokiem wypłaszając z gęstwiny roje małych komarów. Na przeciwległym zboczu chudy mężczyzna zamaszystymi ruchami kosił spadzistą łąkę, opalony tors połyskiwał od potu. Zdjął białą koszulę i położył na skraju łąki; z daleka wyglądała jak pies. Wśród świerków pod lasem stała czarna tablica z wypłowiałym napisem w dwóch językach: „Proprietà Militare. Accesso vietato". „Teren wojskowy. Wstęp wzbroniony". Doszliśmy do niskiego, obrośniętego murku, za nim znajdowała się nisza skalna z pionową szczeliną — uchyloną bramą, o drzwiach obłożonych szarozielonymi matami z włókna szklanego, pełnymi wypukłości i fałd. Prześlizgując się po nich wzrokiem, można było je wziąć za obrośniętą skałę. Ustąpiły zadziwiająco łatwo. Wszystko razem przypominało po trosze wejście do staromodnego pałacu duchów w wesołym miasteczku, tyle że znajdowaliśmy się na łonie przyrody, u stóp gęsto zalesionej stromizny. Za drzwiami było małe, dwa metry na dwa, pomieszczenie, omszałe, wilgotne ściany z betonu, sufit znów z włókna szklanego. Na wprost znajdowały się żelazne, pomalowane na zielono drzwi, wzmocnione okratowaniem z grubych sztab, z judaszem na wysokości oczu przesłoniętym żelazną płytką. Były zamknięte, zespawane z framugą. Staliśmy przed bunkrem, w którym 6 kwietnia 1947 roku znaleziono zwłoki mojego ojca.

Przemierzaliśmy las, szukając drugiego wejścia. Większość bunkrów wojskowych, jak wyjaśnił Peter Kaser, ze względów bezpieczeństwa miała dwa wejścia. Strome, usiane igłami podłoże było śliskie, musieliśmy chwytać zwisające nisko gałęzie, by nie stracić równowagi. Ciemne wybrzuszenie w lesie, dziesięć metrów nad wejściem, okazało się częścią podziemnego bunkra. Betonowy pierścień wystający z ziemi na jakieś trzy szerokości dłoni, na nim przerdzewiały garb z okratowanymi szczelinami do wyglądania, z których wydobywał się smród zgnilizny. Wizjer. Z tego miejsca można było kiedyś obserwować całą dolinę, zaglądając aż na austriacką stronę; teraz widok przesłaniały wysokie świerki. W pewnej odległości odkryliśmy drugi punkt obserwacyjny. Później w książce o umocnieniach na Brennerze znaleźliśmy plan bunkra, oznaczonego jako „opera 2" — obiekt numer dwa: bunkier średniej wielkości wyposażony w dwa karabiny maszynowe i działo przeciwpancerne. Drugiego wejścia nie znaleźliśmy, jedynie starą, zapuszczoną ścieżkę, zarośniętą krzakami i drzewami. Odkryte przez nas wejście dzieliło od drogi jakieś trzydzieści, czterdzieści metrów zalesioną stromizną w dół; zapewne nietrudno było niepostrzeżenie znieść do bunkra bezwładne ciało. Mojego ojca zastrzelono przypuszczalnie na tamtej drodze.

Zwłoki odkryła żona dyżurującego na Brennerze włoskiego kolejarza, która pewnej niedzieli wybrała się z mężem i synem na spacer w kierunku Albergo Al Lupo, zajazdu „Pod Wilkiem Brenneńskim". Chłopiec wypatrzył pod drzewami coś niezwykłego; być może również wtedy sztuczna skalna brama była otwarta. Brnął w głębokim śniegu, żeby zbadać rzecz dokładnie, matka poszła za nim. Dlaczego weszli do otwartego bunkra — z ciekawości czy z powodu zgniłego zapachu, który mimo zimowego chłodu unosił się w powietrzu — nie wiemy. Zaraz za wejściem kobieta natknęła się na trupa. Wezwani karabinierzy stwierdzili od razu, że chodzi o zabójstwo; denat otrzymał dwa postrzały w głowę i jeden w pierś i najwyraźniej leżał w bunkrze dość długo. Przed wejściem walało się trochę drobiazgów i papierów należących prawdopodobnie do zmarłego, w tym legitymacja folksdojcza na nazwisko Franz Geyer, robotnik ze słoweńskiego miasteczka Krško (Gurkenfeld). Pieniędzy ani rzeczy wartościowych nie miał przy sobie. Już pierwsze oględziny kazały powątpiewać w jego tożsamość. Na wewnętrznej stronie lewego ramienia miał mały tatuaż, a na twarzy blizny — cięcia typowe dla uprawiających pojedynki członków korporacji studenckich. To nie pasowało do robotnika. Policja austriacka w Innsbrucku potwierdziła, że legitymację sfałszowano, zmarły nie był folksdojczem z Gurkenfeld, lecz Austriakiem o nazwisku dr Gerhard Bast: sturmbannführer SS, urodzony 12 stycznia 1911 roku w Gottschee w Jugosławii, zameldowany w Amstetten w Dolnej Austrii. Policja federalna w Linzu poszukiwała go jako zbrodniarza wojennego, ponieważ przez dłuższy czas kierował tamtejszym gestapo. Mój ojciec.

Kilka tygodni po znalezieniu ciała policja kryminalna odwiedziła moją babcię w Oftering, małej miejscowości niedaleko Linzu, dokąd oboje z mężem uciekli z Amstetten, bojąc się Rosjan. Oftering leżało w amerykańskiej strefie okupacyjnej. Funkcjonariusz zapytał, czy babcia posiada zdjęcie swego syna Gerharda; jest potrzebne, aby ustalić tożsamość ofiary morderstwa. W ten sposób dowiedziała się, że jej syn padł ofiarą morderstwa rabunkowego na Brennerze. Babcia nie miała zdjęcia syna, więc policjant prosił ją, aby pojechała w towarzystwie funkcjonariusza do Tyrolu Południowego w celu identyfikacji zwłok. Kiedy tam dotarli, zmarłego już pogrzebano. Karabinierzy chcieli, żeby babcia zidentyfikowała go na podstawie fotografii, jakie zrobili denatowi. Wzbraniała się, mówiąc, że nie chce oglądać tych zdjęć. Wtedy karabinierzy zapytali, czy syn miał na twarzy, na lewym policzku, dwie blizny. Potwierdziła; to były cięte rany odniesione w pojedynkach. Babcia uznała też za własność syna niektóre z okazanych jej przedmiotów: pióro wieczne, zegarek i wąski, oprawny w niebieskie tworzywo notatnik, który służył mu jako dziennik podróży. Na pierwszej stronie widniało jego wypisane szwabachą nazwisko i data: „rozpoczęty 1 stycznia 1937". Te informacje i poszlaki wystarczyły włoskim urzędnikom do wystawienia świadectwa zgonu. Później odnotowano w aktach, że matka zidentyfikowała zmarłego, ona natomiast domagała się precyzji i twierdziła z uporem, że nie była naocznym świadkiem śmierci syna ani nie widziała jego zwłok. Brzmiało to niemal tak, jakby wbrew oczywistości uczepiła się resztek nadziei, że nieszczęsne zdarzenie na Brennerze może się jeszcze okazać tragiczną pomyłką.

Kiedy wybrałem się z żoną do Tyrolu Południowego, miałem przy sobie zdjęcie grobu w gminie Brennero (Brenner), gdzie w kwietniu 1947 roku pochowano zmarłego. Wąski, obłożony polnymi kamieniami pagórek z białym nagrobkiem, na którym obok nazwiska, dat urodzin i śmierci napisano jeszcze, że zmarły był wyznania ewangelickiego. Po wizycie w bunkrze poszliśmy na mały cmentarz usytuowany malowniczo opodal kościoła katolickiego; kilka tuzinów mogił, więcej nie zmieściłoby się w obrębie wysokiego muru, który odgradzał je od zgiełku i krzątaniny w pogranicznej miejscowości. Kościół ma patrona w osobie świętego Walentego i romańską wieżę, surowo wypiętrzoną ku niebu. Na płytach nagrobnych i krzyżach z kutego żelaza widać głównie niemieckie nazwiska i kilka włoskich. Grobu ojca już nie ma. Jego szczątki w latach sześćdziesiątych na życzenie babci ekshumowano i przeniesiono do Amstetten. Pamiętam pochówek na cmentarzu w dolnoaustriackim miasteczku, otrzymałem zwolnienie ze szkoły i przyjechałem z okolic Salzburga, gdzie przebywałem w internacie. Wiem tylko, jak nieswojo się czułem, ile trudu mnie to kosztowało, by w otoczeniu krewnych z Amstetten i przyjaciół zmarłego darzących mnie współczującymi spojrzeniami przy otwartym grobie nie dać po sobie poznać, że ten późny pogrzeb nie robi na mnie wrażenia.

Nie zachowałem ojca w pamięci. Kiedy zginął, miałem niespełna trzy lata, przedtem widziałem go przelotnie zaledwie kilka razy. To również wiem tylko od matki, która mówiła o nim rzadko, przy okazji banalnych zdarzeń, spraw drugorzędnych, jakby nie była pewna, co może mi zawierzyć, a o czym powinna raczej milczeć.

2. Mój ojciec przyszedł na świat w 1911 roku w Gottschee, po słoweńsku Kočevje, w należącej wówczas do korony Krainie; nie był jednak rodowitym gottscheańczykiem, lecz synem przybyszów. Jego rodzice mieszkali zaledwie od kilku lat w centrum niemieckiej wyspy językowej o tej samej nazwie. Dziadek przyjechał tam w 1907 roku z Tüffer, miasteczka targowego w Dolnej Styrii, aby pracować jako koncypient w kancelarii miejscowego adwokata. Nie wiem, jak wpadł na pomysł wyjazdu do mieściny w Dolnej Krainie, studia prawnicze ukończył w Grazu. Babcię, początkującą nauczycielkę, rok później przeniesiono do szkoły powszechnej dla dziewcząt w Gottschee, bo w jej rodzinnym Laibach brakowało posad dla Niemców. Była nauczycielką z krwi i kości, chętnie uczyła dzieci, natomiast dokuczała jej ciasnota życia w Gottschee. Tamtejsi mieszkańcy byli ludźmi szczególnego pokroju, mówili archaicznym językiem, a właściwie wielesetletnim dialektem, obcych automatycznie trzymali na dystans, nawet jeśli ci przybywali z oddalonego zaledwie o sześćdziesiąt kilometrów Laibach.

W stolicy Krainy kwitło inne życie. Miejski świat. Towarzystwo. Filharmonia. Teatr niemiecki. Niemieckie kasyno. Bale. Laibach (Lublana) było słoweńskim miastem, ale Niemcy tworzyli tam silną mniejszość, zajmowali ważne stanowiska polityczne i gospodarcze, nie brakowało im pewności siebie. Czuliśmy się w Laibach jak w domu — opowiadała babcia, nazwa Lublana nigdy nie przeszła jej przez usta, to uznałaby za zdradę — Laibach było naszym miastem, kupowaliśmy w naszych sklepach, chadzaliśmy do naszych lokali, obracaliśmy się wśród naszych ludzi, Niemców. Jej ojciec, Joseph Lehner, był mistrzem ciesielskim, pierwszym cieślą w Laibach. On również należał do przybyszów. Przyjechał wraz z żoną Magdaleną z węgierskiego Mosony (Wieselburg) położonego blisko granicy z Austrią. Byli Szwabami naddunajskimi. Oboje nie mówili po słoweńsku, nie mówiła też w tym języku ich córka, moja babcia. Owszem, mieliśmy kontakt ze Słoweńcami — utrzymywała — ale oni wszyscy znali niemiecki.

W przeciwieństwie do Laibach miasto Gottschee było prowincjonalną dziurą, wielką wsią. Około 1900 roku liczyło niespełna trzy tysiące mieszkańców. Gottschee łączyła z Laibach boczna linia kolejowa, poza tym jednak miasteczko leżało na uboczu wielkich szlaków komunikacyjnych. Mimo to, a może właśnie dlatego jego mieszkańcy nie stronili od ruchu. Od czasów średniowiecza mężczyźni z „krainki", jak nazywali z czułością swoje strony, ciągnęli między jesienią a wiosną skroś ziem monarchii jako domokrążcy, oferując najpierw wyroby snycerskie i płótno, później towary korzenne i owoce południowe. Ludzie rozproszeni po odległych od siebie wsiach tej wyspy językowej nie mogli się utrzymać z samego rolnictwa; zimy na Wyżynie Krasu były długie i ostre, ziemie jałowe, każde pole, każdą łąkę trzeba było wydzierać lasom. U schyłku XIX stulecia zaczęło się wielkie uchodźstwo do Ameryki. Dało się to odczuć w mieście Gottschee, naznaczonym przez znamiona upadku już przed pierwszą wojną światową.

Jeśli nie liczyć zamku Auerspergów i kilku gmachów publicznych, jak gimnazjum i szkoła przemysłu drzewnego, Gottschee nie mogło się pochwalić godnymi uwagi obiektami; chyba że potokiem Rinse, który malowniczą, szeroką pętlą otacza miasto z trzech stron. Leniwe wody — o nazwie wywodzącej się rzekomo z określenia „broczące jezioro" [*rinnender See*] — mają swoje źródło o godzinę drogi na północ od miasta, a o godzinę drogi na południe znikają w dziurawym krasowym podłożu, jakby ich jedyne zadanie polegało na upiększaniu wtulonej w rozległą nieckę osady.

Babcia nigdy nie zadomowiła się w Gottschee na dobre. Ohydna dziura i basta — mówiła; miała skłonność do apodyktycznych sądów i nie znosiła sprzeciwu. Pod tym względem do końca życia pozostała nauczycielką, mimo że wykonywała ten zawód tylko przez kilka lat. Nigdy mi nie opowiedziała, jak poznali się z dziadkiem, przypuszczalnie nie mogło się zdarzyć inaczej: oboje byli młodzi, wolni i obcy w małym mieście.

Dziadek czuł się w Gottschee dobrze. Chętnie by tam został, zdarzało mu się mawiać, kiedy wspominał ówczesny czas. Dorastał w jeszcze mniejszej miejscowości i uwielbiał, podnosząc wzrok znad biurka, błądzić spojrzeniem nad wzgórzami i lasem. Miasto nad rzeczką Rinse otaczają przyległe, zalesione grzbiety górskie, które cisną się wokół: na wschodzie masyw Hornwaldu, nazywanego przez Słoweńców Kočevskim Rogiem, na zachodzie Friedrichsteiner Wald. Dziadek był zapalonym myśliwym, jako młody adwokat w Gottschee nie żałował sobie tej rozrywki; miał w Hornwaldzie domek myśliwski, w którym spędzał wiele dni i tygodni urlopu, również w późniejszych latach, kiedy od dawna już nie mieszkał w Gottschee, lecz w Amstetten, skąd przyjazd był niełatwy, wymagał wiele czasu i trudu.

Dlaczego jeszcze przed pierwszą wojną światową wraz z żoną i rocznym synem, moim ojcem, opuścił Gottschee, żeby udać się do Dolnej Austrii — nie potrafię powiedzieć. Być może przeczuwał rychłe zmiany, które w latach 1918–1919 miały doprowadzić do powstania Królestwa Jugosławii, a ostatecznie do wysiedlenia i wypędzenia Niemców z niegdysiejszych ziem koronnych Habsburgów, z Krainy.

Dziadek często opowiadał mi w dzieciństwie o łowach opodal Gottschee; było to w późnych latach czterdziestych i wczesnych pięćdziesiątych, w Traunviertel, a potem w Mostviertel, dwóch podobnych okolicach. Wędrowaliśmy po wsiach, przez pola pszenicy i owsa, łąki pełne owoców pękających od dojrzałości, usłane rozmiękłymi polnymi gruszkami, od chłopa do chłopa, dostając od każdego coś na ząb, kartofle, kruchą słoninę, chleb, jaja i miejsce do spania. Pamiętam jeszcze, jak niemal się udusiłem na posłaniu, bo troskliwa chłopka zapakowała mnie miejscowym zwyczajem w dwa ogromne pierna-ty, jeden kładąc na mnie, a drugi pod prześcieradło, tak że zagłębiłem się w nim jak w worku pierza. Prawdopodobnie wymienialiśmy jakieś rzeczy na jedzenie, choć nigdy się o tym nie rozmawiało. Miałem swój mały plecak, z którego byłem nadzwyczaj dumny, żywność raczej mnie nie obchodziła. Ważne były tylko wędrówki z ukochanym dziadkiem, którego nazywałem „dziadzia", jego bliskość, opowieści o dzieciństwie w Tüffer, o popielicach hałaśliwie rozrabiających na poddaszu jak małe futerkowe koboldy, o wbijaniu kołków i innych nieznanych mi grach, o głowaczu wyłowionym przez dziadka z Sanny, rzeki, nad którą leży Tüffer.

Wciąż powtarzały się opowiadania o przygodach myśliwskich w okolicach Gottschee, w tamtejszej puszczy, o potężnych bukach czerwonych i dębach, których nie mogło opasać dwóch mężczyzn, o głębokich krasowych grotach i dolinach (nie bardzo wiedziałem, czym są „doliny"*, to pojęcie nie należało do mojego ówczesnego zasobu słów; wiedziałem tylko, że chodzi o miejsca kryjówek dzikich zwierząt); czaiły się tam ranne od kuli dziki i inna zwierzyna, aby niespodziewanie wypaść z gąszczu na zbliżającego się łowcę, rzucić się wprost na „dziadzię", który mógł zażegnać to niebezpieczeństwo jedynie oddając błyskawiczny, precyzyjnie wymierzony strzał. Nigdy nie widziałem, jak strzela — czasy dziadkowych polowań

* Po słoweńsku „dolina" oznacza lejkowate zagłębienie w krasowym podłożu [wszystkie przypisy są autorstwa tłumacza].

dawno minęły — byłem jednak pewien jego strzeleckiego mistrzostwa. Opisywał mi wilki o zielonkawych, złowrogo połyskujących ślepiach, które wyjąc zimą z głodu podchodziły pod chatę, markotnie pomrukujące niedźwiedzie, które potrafiły grzmotnąć potężnym łapskiem w drzwi, aż drzazgi leciały. Jeszcze dziś słyszę, jak naśladuje wycie wilków; wtedy przechodziły mnie lodowate ciarki. Chwytałem go za rękę. Maszerowaliśmy godzinami, wiele kilometrów, on zaś nie przestawał opowiadać w owym miękko brzmiącym, niemal śpiewnym dialekcie dolnostyryjskim, którego nie wyzbył się do końca życia. A był wielkim, krzepkim mężczyzną, nie mającym w sobie nic miękkiego, o usposobieniu cholerycznym i popędliwym — nieokrzesaniec, którego niektórzy się bali. Dla mnie natomiast zawsze był dobry.

Gottschee i Tüffer istniały w geografii mojego dzieciństwa jako konkretne miejsca, konkretniejsze niż te, w których dorastałem, być może dlatego, że w warunkach wojny i powojennego zamętu, z powodu ewakuacji i ucieczki, pokonywałem pod opieką matki, a potem znów dziadków, wiele etapów. Po zniszczeniu przez amerykańskie bomby domu rodziców w Linzu trafiłem do dziadków w Amstetten, którzy jednak kilka miesięcy później uciekli stamtąd przed nadciągającymi Rosjanami. Dziadkowie znaleźli schronienie w Oftering niedaleko Linzu, a matka z trójką dzieci ewakuowała się do Styrii, gdzie zostaliśmy do 1948 roku. Stamtąd sam dotarłem do dziadka w Oftering, babcia tymczasem wróciła do Amstetten. Mieszkałem z dziadkiem u chłopa, w domku przeznaczonym na wieśniacze dożywocie;

pamiętam drewniane schody od frontu, prowadzące do naszego pokoju, jak trzeszczały pod jego ciężarem i jak się z tego śmialiśmy; pamiętam też oliwkowozielony śpiwór uszyty z siermiężnych, szorstkich koców. Kilka miesięcy później zbombardowany dom odbudowano i wróciłem do Linzu, gdzie w 1950 roku zacząłem chodzić do szkoły.

W tamtych niespokojnych latach towarzyszyły mi opowieści dziadka o Gottschee i Tüffer, historie ze świata, w którym, ilekroć o nim opowiadano, zawsze wszystko wyglądało tak samo i pozostawało niezmienne.

3. Miasto targowe Tüffer leży w Dolnej Styrii, dwanaście kilometrów na południe od Cilli, po słoweńsku Celje, w dolinie rzeki Sann. Dolna Styria jest tą częścią ziem koronnych, która, podobnie jak Kraina, przypadła po 1918 roku Jugosławii. Po słoweńsku nazywa się ten rejon, tak jak niegdyś, Štajerska, a miasteczko Tüffer — Laško. Mój pradziad, Paul Bast, przywędrował tu z Nadrenii. Wszyscy oni byli przybyszami. Odkryłem to dopiero zajmując się wnikliwiej historią rodzinną przy pisaniu tej książki. Dziadek sugerował mi, że pochodzi z rodziny od stuleci zasiedziałej w Tüffer. Nadreńczyk Paul Bast ożenił się z córką szanowanego obywatela Tüffer, Julianą Renier, spłodził z nią ośmioro dzieci — a może nawet więcej, w każdym razie ośmioro przeżyło — i prowadził w targowym miasteczku garbarnię, która zapewniła jemu i jego rodzinie podziwu godzien dostatek. Wybudował okazały dom naprzeciwko masywnego kościoła parafialnego, który stoi do dziś. W dawniejszych czasach koło domu płynął potok Žikovec, przechodzący obok garbarni w kanał do płukania skór. Po roku 1900 potok zabudowano i teraz przepływa

pod miasteczkiem; dopiero blisko ujścia do rzeki Sann, słoweńskiej Savinji, znów wydobywa się spod ziemi.

Co skłoniło nadreńczyka do osiedlenia się w tym rejonie, na głębokim południu monarchii habsburskiej, zamieszkałym w większości przez Słoweńców — czy założył swoją garbarnię, czy też się w nią wżenił — nie sposób orzec na podstawie dostępnych mi materiałów; wiele ich zaginęło. Pewne jest, że pradziad był katolikiem, tak jak jego małżonka, a także człowiekiem skrzętnym i przystępnym, który potrafił zdobyć sobie w Tüffer uznanie i pozycję osoby szanowanej — również jako stały bywalec gospody w hotelu „Horiak", gdzie przesiadywali miejscowi notable. Nieraz wybierano go do przedstawicielstwa gminy, spełniał obywatelski obowiązek jako przysięgły sądu w Cilli, był prezesem okręgowej kasy oszczędności, naczelnikiem ochotniczej straży pożarnej i aktywistą wszystkich stowarzyszeń narodowych w Tüffer, zwłaszcza Towarzystwa Upiększania Miasta i Niemieckiego Związku Szkolnego.

Niemcy stanowili w Tüffer około roku 1900 dwie trzecie ludności; byli wśród nich drobnomieszczanie, kupcy i rzemieślnicy, kilku przemysłowców, wykwalifikowani robotnicy z tartaków nad Sanną, paru lekarzy zakładu kuracyjnego w uzdrowisku cesarza Franciszka Józefa, właściciel źródła termalnego, niejaki Theodor Gunkel, notariusz, adwokat i kilku nauczycieli. Nad miastem górowała leżąca nad brzegiem rzeki podłużna bryła zamku hrabiów Vetter von der Lilie, który kazali oni wybudować na wzgórzu w miejsce zrujnowanej warowni. Uzdrowisko cesarza Franciszka Józefa po przeciwnej stronie

Sanny nadawało miasteczku polor, znamiona elegancji i światowości; lista kuracjuszy i przyjezdnych zawierała nazwiska urzędników średniej rangi, rentierów, właścicieli ziemskich i kupców ze wszystkich zakątków monarchii; kilka kilometrów dalej w górę rzeki znajdowało się drugie uzdrowisko, Römerbad Tüffer. Gęsto zalesione wzgórza okalają tam dolinę pierścieniem, białe świątynie na wierzchołkach oczekują pielgrzymów; mieszkańcy doliny byli najwidoczniej ludźmi pobożnymi. Nad miejscowością wznosi się Hum, okazały stożek dolomitowy, na którego zboczach rośnie wino i jadalne kasztany. Wielu tüfferczyków miało na pobliskiej wyżynie pola uprawne, winnice i pasieki; na przełomie wieków jeszcze nie dokonał się ostateczny podział między życiem niemal miejskim w murach Tüffer a bytowaniem chłopskim, ukierunkowanym na daleko idącą samowystarczalność.

„Basty", jak sami się w rodzinie nazywali, stanowili silną podporę niemieckiego mieszczaństwa w Tüffer (Laško). Najstarszy syn Ludwig, student medycyny, należał do miejscowego towarzystwa śpiewaczego, a jako lubiany mówca i aktor amator występował na wieczorach sylwestrowych i przy podobnych okazjach, często wraz z siostrami Käthi i Josefine, nazywaną Pepi — były to radosne, śliczne dziewczęta, których nie mogło zabraknąć na żadnym spektaklu amatorskiego kółka w Tüffer.

Kiedy pewnego razu kółko wystawiło w sali hotelu „Horiak" jednoaktówkę pod tytułem *Heinzelmännchen* [Skrzat], pismo „Deutsche Wacht", ukazujący się w Cilli organ niemieckich narodowców, chwaliło aktorskie dokonania panien Pepi i Käthi Bast, krytykowało natomiast fakt, że wśród publiczności nie szczędzącej zachwytów i aplauzu pokazali się też Słoweńcy.

„W tych trudnych dniach, dniach walki, kiedy słowiaństwo wpycha się do naszych kręgów już to wojując zuchwale, już to skradając się znaną i krętą ścieżką społeczną, również podczas tak pięknego widowiska w Tüffer wolelibyśmy widzieć jasny podział i życzylibyśmy sobie, aby uroczystość dobroczynna pozostała — niemiecka".

Wszystko w kraju dolnostyryjskim dzieliło się według przynależności narodowej i języka: gospody i towarzystwa, instytuty finansowe i szkoły, czytelnie, gazety, świątki przy drodze i nawet nabożeństwa w kościołach. Słoweńcy sadzili lipy przy swoich placach, Niemcy natomiast dęby; Słoweńcy zanosili pieniądze do *posojilnicy*, Niemcy — do *Sparkasse* [kasa oszczędności]. Słoweńcy tu, Niemcy tam! Obie strony bojaźliwie pilnowały, żeby nie została naruszona niewidzialna granica: językowa. Niemcy mówili o sobie: my z pogranicza języków — to brzmiało walecznie, jak pomruk grzmotu.

W 1892 roku, dzięki wsparciu Niemieckiego Związku Szkolnego, założono w Tüffer czteroklasową niemiecką szkołę powszechną — mimo że już istniała w tej małej miejscowości szkoła, dwujęzyczna co prawda, ze słoweńskim i niemieckim, bądź, jak wówczas mawiano, „utrakwistyczna". Niemcy takiej szkoły nie chcieli; kiedy niemieckie dzieci uczyły się języka sąsiadów, wielu uważało to za niebezpieczne dla ich narodowości. W Dolnej Styrii, gdzie niemieckie z reguły miasta i miejscowości targowe tworzyły z okolicznymi gminami słoweńskimi wspólne okręgi oświatowe, Niemiecki Związek Szkolny, powołany do życia w 1880 roku z inicjatywy Engelberta Pernerstorfera, późniejszego współzałożyciela austriackiej socjaldemokracji, usiłował przeprowadzić segregację obu grup narodowych — przynajmniej w obrębie ławy szkolnej — przez stworzenie szkół czysto niemieckich. Otwarcie własnej szkoły powszechnej Niemcy w Tüffer i sąsiednim Cilli (Celje) traktowali jako ważne zwycięstwo etapowe w boju obronnym z nacierającymi Słoweńcami. Jako przestrogę mieli przed oczyma przykład Krainy ze stolicą Laibach, utracony, najdalej na południe wysunięty przyczółek niemieckości, który trzeba było odwojować.

„W niedzielę obchodzimy radosne święto. W targowym Tüffer poświęcono nowy niemiecki budynek szkolny. Dla nas, którzy żyjemy w najdalej na południu leżącej marchii niemieckiej; których zewsząd otaczają mówiący po słowiańsku mieszańcy; którzy na każdym kroku widzimy zagrożenia dla zdobyczy naszej prastarej kultury — dla nas ten nowy niemiecki bastion musi mieć szczególną wartość" — pisała „Deutsche Wacht" z okazji otwarcia szkoły. W domu mojego pradziadka czytywano tę ukazującą się dwa razy w tygodniu gazetę jak Biblię. Najważniejsze organizacje narodowe — Niemiecki Związek Gimnastyczny, Niemiecki Związek Cyklistów, Męskie Stowarzyszenie Śpiewacze — w zwartym szyku przybyły z oddalonego o dwanaście kilometrów Cilli, aby wraz z mieszkańcami Tüffer uroczyście obchodzić ich wielki dzień. Każda organizacja miała swoje własne motto:

„Niemiecka pieśń, niemiecka mowa/ Niemieckie serca w zdrowiu chowa", wołało Towarzystwo Śpiewacze. „Tylko słowo niemieckie/ W swej świętej postaci/ Niechaj będzie hasłem/ Dla cyklistów braci", wypisali na swoim sztandarze rowerzyści z Cilli.

Słoweńcy śpiewali, wędrowali i uprawiali gimnastykę we własnych stowarzyszeniach. Istniał liberalny związek gimnastyczny „Sokoli", na wzór czeski, a potem też związek chrześcijański „Orli", którego członków Niemcy szyderczo nazywali „czukisami"* albo „sowami". Pronarodowo nastawieni Słoweńcy wysoko cenili Czechów, ponieważ ci w ramach monarchii dumnie stawiali czoła Niemcom. Przy okazji uroczystości związków gimnastycznych, niemieckich bądź słoweńskich, chrześcijańskich bądź liberalnych, regularnie dochodziło do starć ze stroną przeciwną, podczas których nierzadko płynęła krew.

Dzieci Bastów gimnastykowały się z zapałem, a stąd dzielił je już tylko krok od volkistowskiego kultu niemieckości. „Czcij Niemców mowę, gardź obcym słowem" — to hasło Friedricha Ludwiga Jahna, starego ojca gimnastyków, wyrecytował mi dziadek, nie wiem już z jakiej okazji; w każdym razie u nas, w Amstetten, nie było obcych (ani Słoweńców).

Często wystarczał drobiazg, żeby Słoweńcy i Niemcy brali się za łby. Kiedy czescy rowerzyści czy gimnastycy, *Sokoln*, odwiedzali swoich słowiańskich braci w Celje

* Tschusch — pogardliwe określenie obcokrajowca, zwłaszcza z Europy południowo-wschodniej.

(Cilli) lub gdy na uroczystości poświęcenia kościoła parobcy butnie wołali *živio!*, co oznacza „wiwat", Niemcy już czuli się sprowokowani. Najpierw odpowiadali dziarskim *heil!*, potem szły w ruch kufle do piwa i pięści. Wykształceni Słoweńcy, adwokaci, lekarze, urzędnicy i księża krzyczeli nie tylko *živio*, lecz także *pereat Germania!*, ostatecznie w niemieckim gimnazjum w Cilli uczyli się łaciny; na to również akademicy rwali się do bitki, czasami nawet padały strzały. Policja i sądy miały pełne ręce roboty. W wiadomościach lokalnych gazety „Deutsche Wacht" pedantycznie odnotowywano te zajścia, oczywiście podżegaczami byli zawsze Słoweńcy, oni prowokowali, a Niemcy musieli się bronić.

Kiedy w lipcu 1898 roku członkowie Niemieckiego Związku Cyklistów z Cilli urządzili wycieczkę, w miejscowości Tüchern przywitały ich okrzyki *živio* i fruwające kamienie. Rowerzyści spodziewali się takich incydentów, większość z nich miała przy sobie rewolwery z ostrą amunicją.

Z myślą o krzewieniu niemieckości na styryjskiej nizinie powołano do życia rozmaite związki i stowarzyszenia, takie jak „Marchia Południowa", która wspierała osadnictwo chłopów niemieckich na terytoriach mieszanych, aby w ten sposób bronić zagrożonej ziemi. Stowarzyszenie skoncentrowało jednak swoją działalność na przygranicznym obszarze Windische Bühel, co w Cilli i w dolnej dolinie Sanny wywołało protesty. W 1885 roku studenci w Cilli założyli Wakacyjny Związek Niemieckich Studentów w Dolnej Styrii „Germania", z którego potem wyłoniła się uprawiająca pojedynki korporacja studencka „Germania" w Grazu. „Germanie" regularnie obchodzili swoje ceremonie założycielskie w Cilli, skąd wybierali się na krótkie wycieczki do Tüffer i innych miejscowości: urządzali narodowe zloty, podczas których wiele deklamowano, śpiewano i popijano. „Niech żyje nasza Wszechmacierz Germania!" Germanie pragnęli okazać solidarność z niemieckimi braćmi na nizinie, chcieli pogrozić Słoweńcom.

Studiujący w Grazu Bastowie wstąpili wszyscy do korporacji „Germania" i fechtowali w pojedynkach — dziadek, ojciec, stryj; jako dziecko myślałem, że blizny po cięciach rapierem należą do wizerunku mężczyzny, tak jak zarost na twarzy.

Na zdjęciu widać mojego ojca, jak idzie, a właściwie maszeruje, prosto na fotografa, z ponurą miną, laską w prawej ręce, aktówką wciśniętą pod lewe ramię, ubrany w jasny trencz, mimo że jest zima, w tle jaśnieje śnieg; na głowie ojciec ma ciasno przylegającą czarną czapkę, a na obu policzkach opatrunki, które są pewnie zawiązane na czubku głowy, czapka zaś je przytrzymuje. Na odwrocie fotografii widnieje napis szwabachą: „Tak wyglądał «załatwiony»". Zdjęcie zrobiono zapewne w okresie studenckim w Grazu.

Inne, starsze zdjęcie, pokazuje szczupłego młodzieńca z wąsem, w pełnej gali, wysztafirowanego, jak mawiali korporanci, w berecie z piórem, w szarfie przez pierś, ze sztylpami na cholewach, w jasnych, opiętych spodniach — to dziadek. Fotografia pochodzi z broszury akademickiej korporacji „Germania" w Grazu, podpisana jest drukowanymi literami: „Rudolf Bast jako x".

X oznacza Pierwszego Przełożonego albo Seniora, choć mężczyzna wygląda młodziutko na zdjęciu, które mogło powstać w 1902 lub 1903 roku. Dziadek zapisał się na fakultet prawniczy w Grazu w semestrze zimowym 1900/1901 i wkrótce potem rozwinął aktywność w korporacji „Germania". W 1902 roku uzyskał rangę fechtmistrza, latem 1903 roku objął funkcję rzecznika, a tym samym przewodniczącego korporacji, który reprezentuje ją na zewnątrz. Szczególnie skwapliwie angażował się w tak zwaną działalność pograniczną Germanów, często w związku z tym jeżdżąc do Dolnej Styrii, do Marburga, Cilli i Laibach. Na fotografii opiera się o stół, ręce w białych rękawiczkach z wyłogami trzyma na rapierze z gardą, klindze, jakiej używano do pojedynków.

Fascynacja bronią. Błysk stali, broń myśliwska, śrutówki, sztucery, rewolwer. Zawsze dużo rozprawiano o broni, również o tej, którą posiadało się kiedyś; była obecna jak najbliżsi, którzy zgaśli. „Mój Mannlicher-Schönauer, mój sztucer Sauera", mawiał dziadek ze smutkiem i wściekłością w głosie. Zakopał swoje fuzje myśliwskie w 1945 roku na wieść o nadchodzących Rosjanach, opatuliwszy je starannie w nasączone olejem pokrowce i płótna, a pięć lat później, kiedy wrócił do Amstetten, nie odnalazł już schowka. Być może ktoś je odkopał — jego broń.

Kiedy Słoweńcy zabiegali o równouprawnienie ich języka i domagali się w Cilli (Celje) lub Marburgu (Maribor), dwóch największych miastach na nizinie, dwujęzycznych nazw ulic, byli besztani jako „windyjscy podżegacze"* lub „perwaki" — to pojęcie przejęte z wewnątrzsłoweńskiej debaty; ironicznym mianem *prvaki* słoweńscy liberałowie określali konserwatystów, ponieważ ci rzekomo lubili pozować na „pierwszych" (*prvi*), takich, co stoją na czele. Podobne rzeczy Słoweńcy słyszeli, kiedy posługiwali się swoim językiem w niemieckiej restauracji w Cilli lub Tüffer; niemieccy bywalcy wypraszali sobie — nie przebierając w środkach, często z rękoczynami włącznie — taką perwacką nachalność.

Również w sklepach próbowano odseparować od siebie obie grupy narodowe, wspierając swoich i osłabiając tych drugich. „Niemcy, kupujcie u Niemców!", nawoływała „Deutsche Wacht"; *Svoji k svojim!* („Każdy do swoich"), odpowiadali jak echo Słoweńcy.

Z dzisiejszej perspektywy owe spory i walki wydają się śmieszne, ot, małostkowe pieniactwo, pijackie historyjki, knajpiane bójki, które patetycznie stylizowano później na wielkie bitwy narodowe. Jeśli się jednak przyjrzeć dokładniej, to widać, że zarysowało się tu coś, co kilka dziesięcioleci później zostało wyegzekwowane z całą krwawą surowością i morderczą perfekcją. Wyparcie, wypędzenie, a w końcu wytępienie obcych, innych, Żydów, Słowian, Słoweńców. Już wtedy niektóre konflikty promieniowały, wykraczając daleko poza granice Dolnej Styrii. Zwłaszcza spór o gimnazjum w Cilli, któ-

* W i n d i s c h e — grupa Słoweńców zamieszkujących Styrię i Karyntię. Jako przymiotnik słowo to określa też słoweński dialekt, którym mówi się w tych regionach.

ry przeszedł do historii jako cillijski bój o szkołę, wstrząsnął całą monarchią.

Zaczęło się od opisów w słoweńskich gazetach, jak to niemieccy studenci, „mający mleko pod nosem potomkowie rudowłosych Germanów", urządzają w gimnazjum w Cilli tajne zebrania, na których ozdabiają wieńcami portrety Bismarcka i niemieckiego cesarza, śpiewają pieśni antyaustriackie i wykrzykują: „Wiwat Bismarck! Wiwat Niemcy!". To pachniało przewrotem. W odpowiedzi deputowani słoweńscy do parlamentu wiedeńskiego zażądali utworzenia w gimnazjum niemieckim w Cilli słoweńskich klas równoległych. Niemcy z Cilli zaprotestowali z oburzeniem, uznając to za uszczuplenie niemieckiego stanu posiadania i zagrożenie dla niemieckości na nizinie. Wszelako nawet nienajżyczliwsza przecież Słoweńcom „Deutsche Wacht" musiała przyznać, że w cillijskim gimnazjum istnieje równowaga między Niemcami i Słoweńcami. Walka o gimnazjum toczyła się, ze zmiennym szczęściem jej uczestników, jeszcze sporo miesięcy, a zakończyło ją założenie w Cilli słoweńskiego gimnazjum z niższymi klasami. W 1895 roku doprowadziło to do upadku wiedeńskiego rządu koalicyjnego księcia Windischgrätza, ponieważ rozeźleni deputowani niemieccy odmówili mu poparcia dla budżetu.

Bój o szkołę w Cilli pociągnął za sobą nie tylko kryzys rządowy, lecz także trwałe zepsucie atmosfery w Dolnej Styrii. Mój dziadek, rocznik 1880, uczęszczał w owych latach do kontrowersyjnego gimnazjum, miał czternaście, piętnaście lat i z euforią przejął wojownicze hasła starych. Niemieckie gimnazjum w Cilli — niemiecka straż nad rzeką Sann*. Słoweńcy chcą nas wziąć pod but. Dolna Styria jest widownią wojny, w której Niemcy muszą się bronić do ostatniej kropli krwi.

Ale nie wojowano dzień w dzień; mimo szowinistycznych haseł Słoweńcy i Niemcy obcowali ze sobą, znali się prywatnie i robili wspólne interesy. W Cilli z dominującą większością niemiecką Słoweńcom nie pozostawało nic innego jak kupować u Niemców, którzy mocno dzierżyli w ręku cały handel. Z drugiej strony niemiecki mistrz garbarski, Paul Bast, zatrudniał we własnym domu w Tüffer słoweńską służbę, w garbarni słoweńskich robotników, a jeśli cena mu odpowiadała, kupował skóry u słoweńskich handlarzy. Interes to interes. Słoweńcy i Niemcy mieszkali drzwi w drzwi, płot w płot; w domu obok posesji mojego pradziadka w 1853 roku przyszedł na świat geograf i historyk Fran Orožen, pierwszy prezes Słoweńskiego Związku Alpejskiego, co zostało uwiecznione na stosownej tablicy. Zdarzały się mieszane małżeństwa i przyjaźnie łączące również zatwardziałych narodowców niemieckich i fanatycznych Słoweńców, nawet w okresie międzywojennym i później. Wśród ludzi należących do różnych obozów, a mimo to zaprzyjaźnionych czy połączonych więzami krwi, było to możliwe jedynie na płaszczyźnie osobistej. Na krótko zapominano wtedy o ideologii i radykalnych frazesach, siadano razem

* Parafraza tytułu patriotycznej pieśni Maksa Schneckenburgera (1819–1849) *Die Wacht am Rhein* [Straż nad Renem] w połączeniu z tytułem organu niemieckich narodowców „Deutsche Wacht".

do stołu, żeby biesiadować w wesołym nastroju. Ale samych ludzi w istocie towarzyskość nie zmieniała. Pozostawali wierni swoim przekonaniom, odkładali je na bok tylko chwilowo, jakby oddawali płaszcz do szatni, który wychodząc na dwór znów się zakłada. Na dwór — tam, gdzie Niemcy i Słoweńcy rozbijali sobie nawzajem głowy.

Niemcy na nizinie postrzegali się jako bastion powstrzymujący słowiański żywioł, za skrzywdzonych przez wszystkich, zarówno przez rząd w Wiedniu, jak i przez Kościół katolicki, który każdy wakat w parafii obsadza „słoweńskim klechą-podżegaczem". Gazeta „Deutsche Wacht" podawała niezliczone przykłady perfidii radykalnych księży słoweńskich, którzy rzekomo podburzali dobrodusznych słoweńskich wieśniaków przeciwko Niemcom. Narastające napięcia tworzyły grunt dla ideologów i rozjuszonych narodowców niemieckich, takich jak Georg Schönerer i jego ruch odśrodkowy względem Rzymu: „Niemieckość oznacza wolność od Rzymu. Bez Rzymu, bez Judaszy stanie katedra Niemiec naszych". W gazecie „Deutsche Wacht" znajdowały się instrukcje, jak przejść z wiary katolickiej na protestantyzm, który nazywano naturalną religią niemiecką.

„Wędruje Luter po kraju / weseli się niemiecki lud", brzmi początek często intonowanej protestanckiej pieśni. Przeważająca większość niemieckich mieszkańców Dolnej Styrii pozostawała wierna Kościołowi katolickiemu, ale wśród intelektualistów i studentów wszechniemieccy „schönererianie" zdobywali sobie poparcie. Od Schönerera — podobnie jak Adolf Hitler, który widział w nim swego nauczyciela — także antyhabsburscy i antyklerykalni Niemcy przejęli okrzyk *heil* i agresywny antysemityzm.

W rodzinie Bastów również odwracano się powoli od Kościoła katolickiego, który trzymał ze Słoweńcami. Nie wiem, czy już mistrz garbarski zmienił wyznanie, ale jego syn Rudolf, mój dziadek, otrzymał jeszcze chrzest katolicki, jednak w 1910 roku wziął ślub w kościele ewangelickim w Laibach, a następnie przez długie lata był kuratorem w ewangelickiej gminie w Amstetten.

W salonie domu Bastów w Tüffer na ścianie nie wisiał wszechobecny zwykle portret Franciszka Józefa, lecz Wilhelma, Prusaka o przenikliwym spojrzeniu i zawadiacko podkręconym wąsie — mimo że Paul Bast jako Nadreńczyk nie należał do wielbicieli Prusaków. Ale wolał ich niż Habsburgów. Ci byli zdrajcami, przyjaciółmi Słowian, Czechów, Słoweńców. Z nadzieją spoglądano w stronę Niemiec, Rzeszy Niemieckiej, żelaznego kanclerza Bismarcka. „My, Niemcy, boimy się Boga w niebie — i niczego więcej na świecie. Ten Bóg, co siał żelazo"*.

W niedziele rodzina wybierała się na wycieczki, zwykle w okolice Tüffer, czasami jechano kolejką południową do Cilli i maszerowano na Wzgórze Bismarcka, gdzie spotykano ludzi tych samych przekonań. Młodzież i dzieci nosiły na sukienkach, kurtkach i czapkach bławatki, ulubiony kwiat cesarza Wilhelma, znak naro-

* „My, Niemcy..." — słowa kanclerza Bismarcka z przemówienia w Reichstagu (1888). „Ten Bóg..." — cytat z pierwszej strofy *Vaterlandslied* [Ojczysta pieśń] Ernsta Moritza Arndta (1813).

dowców. W drodze powrotnej śpiewano „Straż nad Renem” i inne pieśni narodowe. 1 kwietnia 1895 roku we wszystkich miejscowościach niemieckich Dolnej Styrii obchodzono osiemdziesiąte urodziny Bismarcka, restauracja Julii Horiak w Tüffer pękała w szwach, salę przyozdabiał obraz przedstawiający „kowala Rzeszy Niemieckiej” wykuwającego na kowadle miecz Germanii — był to popularny motyw, powielany w tanich drukach i na pocztówkach. Mężczyźni wznosili dosadne toasty, a południowostyryjskie wino musujące lało się strumieniami; następnego dnia wielbiciele Bismarcka z Tüffer wysłali do siedziby sędziwego kanclerza we Friedrichsruh adres gratulacyjny.

Poza tym życie w miasteczku targowym Tüffer toczyło się raczej monotonnie. Paul Bast miał wiele kłopotów — garbarski interes nie szedł już tak dobrze jak w pierwszych latach, gnębiła go konkurencja wielkich zakładów. Taki był bieg rzeczy, około 1800 roku istniało w Cilli siedem garbarni, w drugiej połowie XIX wieku już tylko trzy. Pewnego dnia Paul Bast urządził na parterze swojego domu gospodę — drugi filar gospodarczy; dla rodziny zostawało wciąż dosyć miejsca. U progu nowego stulecia najstarsza córka Anna wyszła za mąż za zarządcę majątku, Wilhelma Edlera z Eckhel. W tym samym roku Rudolf Bast złożył w Cilli egzamin maturalny. Miał dwadzieścia lat. Czy kiedyś powtarzał klasę? O tym dziadek nigdy nie mówił, szkoła nie była dla niego tematem, w przeciwieństwie do łowienia ryb i myślistwa. Z raportu szkolnego wynika, że do c.k. gimnazjum z wyższymi klasami uczęszczało 190 Niemców, 69 Słoweńców i dwóch

Czechów, katolików było 253, protestantów siedmiu i jeden uczeń żydowski. Dodatkowo prowadzono „c.k. samodzielne klasy gimnazjalne z niemiecko-słoweńskim językiem wykładowym", liczące 119 uczniów, zapewne wyłącznie słoweńskiego pochodzenia. Oznacza to, że Słoweńcy nadal posyłali dzieci do szkoły niemieckiej, natomiast sytuacja odwrotna nie zachodziła.

Dziadek nie zdołał się jeszcze dobrze urządzić jako student w Grazu, kiedy w lutym 1901 roku całkiem niespodziewanie umarł na atak serca jego ojciec. W wieku pięćdziesięciu sześciu lat. Straż pożarna w Tüffer pożegnała swego naczelnika zgodnie z przejętym od korporacji studenckich obyczajem. W reprezentacyjnej sali hotelu „Horiak" na cześć zmarłego „ucierano żałobną salamandrę"*; nazywano to również „pożegnaniem przez bandę". Najpierw okolicznościową mowę wygłosił nowy naczelnik, następnie strażacy jednym haustem wychylili swoje kufle. W nekrologu zamieszczonym w „Deutsche Wacht" oddawano cześć mistrzowi garbarskiemu i kamienicznikowi, który był niemieckim rygorystą i ofiarnym działaczem wszystkich stowarzyszeń narodowych. Szczególnie podkreślano jego wkład w nadanie nowego oblicza cmentarzowi w Tüffer.

* Ceremonia studencka: trzykrotne potarcie szklanek o stół, wypicie zawartości i po krótkim bębnieniu jednoczesne odstawienie pustych naczyń.

4. Prostokątna czarna tablica z marmuru z dwunastoma nazwiskami; jednym z nich jest Franc Drolc, urodzony 28 marca 1873, zmarły 9 marca 1962 roku. Stara kobieta o lasce, która usuwa z grobu zwiędłe kwiaty, wskazała nam tę płytę w nowej części cmentarza w Lašku. Spisałem nazwiska do notesu. Franc Drolc był zakrystianem, organistą i kierownikiem chóru w Tüffer (Laško), ożenionym z Pauliną Bast, córką mistrza garbarskiego Paula Basta.

Drogi życiowe dzieci garbarza są jak mapa, z której można wyczytać burzliwe dzieje tego regionu w pierwszych dziesięcioleciach XX wieku. Czterej synowie udali się do Austrii, trzy córki wylądowały w Zagrzebiu, i tylko jedna, Paulina, została przy matce w Tüffer. Po śmierci Paula Basta obie kobiety chciały przez jakiś czas nadal prowadzić garbarnię z pomocą czeladnika. On jednak pracował raczej z myślą o swojej kieszeni, nie zaś dla niedoświadczonych właścicielek przedsiębiorstwa. Zajęły się więc prowadzeniem urządzonej we własnym domu gospody, ale i tu nie miały szczęścia. Kiedyś, w okresie międzywojennym, Paulina, jak na ówczesne stosunki od dawna już stara panna, wyszła za mąż za słoweńskiego zakrystiana, Franca Drolca. Na nagrobku widnieją nazwiska jego pierwszej żony, Franji, zmarłej w 1919 roku, oraz ich pięciorga dzieci — najmłodszy, Dušan, poległ w 1942 roku w walkach partyzanckich z Niemcami. Ostatnia z Drolców, Ana, została pochowana w 2001 roku. Piękny pogrzeb, powiedziała kobieta z laską, teraz już nikt z tej rodziny nie żyje tutaj. Druga żona Drolca, Paulina, spoczywa prawdopodobnie w grobie Bastów, którego szukamy.

Jest jasny, wrześniowy dzień, tylko nad zielonym stożkiem szczytu Hum tkwi nieruchomy obłok. Pojechałem z żoną do Laška, aby poszukać domu Bastów i innych śladów rodzinnych. Moja małżonka zna tę miejscowość z czasów dzieciństwa; jej dziadek, z Lublany, każdego roku spędzał kilka tygodni w tamtejszych termach, kurując późne skutki ran odniesionych w pierwszej wojnie światowej. Miał sztywne kolano i ranę na podudziu, która się nigdy porządnie nie wygoiła i wymagała codziennych opatrunków. Wizyty w Lašku u dziadka, którego moja żona nazywała Ata, za każdym razem były dla niej przeżyciem.

Wzgórza po obu stronach rzeki Sann, pokryte gęstym lasem mieszanym jak dywanem, zaczęły płowieć. Cmentarz oblewało światłem popołudniowe słońce, maleńkie, brązowe jaszczurki śmigały wśród nagrobków. Przypomniałem sobie, że słoweńska nazwa tych zwinnych zwierząt brzmi *martinček* — Martinek.

Kobieta o lasce obserwowała przez chwilę moją żonę i mnie, jak wałęsamy się między grobami czytając inskrypcje, aż wreszcie zdecydowała się nas zagadnąć. „Grób Bastów? Był gdzieś tutaj” — niepewnym ruchem ręki zakreśliła łuk nad starą częścią cmentarza. Tę część dzieli od nowej mur z dwoma wyłomami. Wzdłuż muru zewnętrznego znajdują się najstarsze mogiły: Johann Drofenik, ekspedytor Kolei Południowej, 1818–1888; inż. Adolf Widra, dyrektor kopalni, 1855–1931; Henke Franc, hotelarz, 1888–1940. Franc Henke przejął chętnie, wykorzystywany jako miejsce spotkań stowarzyszeń niemieckich, hotel z restauracją „Horiak”, który później nosił nazwę od jego nazwiska. Czy rodzina Henke była niemiecka, czy słoweńska — dziś już nikt nie potrafi powiedzieć; może nie miało to żadnego znaczenia. Wielki, szary kamień: Rodbina Dergan, rodzina Derganów. „Kupcy — wyjaśnia stara kobieta — znał ich tutaj każdy”. Nazwisko nie jest mi obce. W ojcowskim dzienniku podróży, owej szarej książeczce, którą znaleziono przy zmarłym i oddano potem mojej babci, na ostatniej stronicy pod nazwą Laško jest zapis ołówkiem: Perdich Emil — rzeźnik; Pleskovič Emil — dyrektor urzędu podatk. w st. spocz.; Dergan — kupiec. Przypuszczalnie zanotował te nazwiska, kiedy uciekając szukał schronienia po upadku Tysiącletniej Rzeszy, która akurat w Austrii trwała osiem lat.

Dlaczego napisał „Laško”, nazwę słoweńską, a nie „Tüffer”? I co mają znaczyć te trzy nazwiska? Chodziło o znajomych rodziny? Na nagrobku Derganów są imiona trzech mężczyzn: to Rudolf, 1886–1947, kupiec, i jego dwaj synowie: Boris, który zmarł już w 1937 roku jako dziewiętnastolatek, oraz Branko. Czy ojciec przyjaźnił się z Brankiem, który był mniej więcej w jego wieku, czy też łączyło go coś z ojcem tych dwóch? Chciał nawiązać kontakt ze słoweńskimi znajomymi lub przyjaciółmi? Mieli załatwić mu kryjówkę, fałszywe papiery, pieniądze? Nie wiem tego i pewnie się nigdy nie dowiem; wszyscy, których sprawa dotyczy, już nie żyją.

Na cmentarzu znajdujemy również nazwiska Perdich i Pleskovič, ale żadnego Basta; jedynie Drolca, który ożenił się z Bastówną. Wujek Drolc, tak nazywały go Bastowe dzieci, i sam też tak się nazywał, jakby nie miał imienia — odkryłem je dopiero na nagrobku. Listy i kartki do krewnych podpisywał krótko i zwięźle „Drolc" lub, gdy pisał do dzieci, „wujek Drolc". Te zamiejscowe uwielbiały go, pokazywał im, jak używając specjalnej żelaznej formy wypieka się opłatki — czynność ta należała do zadań zakrystiana — a kiedy grał w kościele na organach, zabierał dzieci na emporę i pozwalał naciskać pedały.

Mimo wszystkich zmian i przełomów politycznych Bastowie utrzymywali stały związek z Laškiem. W latach międzywojennych synowie i córki mistrza garbarskiego regularnie spotykali się w domu rodziców w Tüffer, oficjalnie noszącym już tylko nazwę Laško. Ciocia Paulina gotowała dla dorosłych jak dla dzieci, wybierano się na niedalekie wycieczki, do Römerbad, na górę Hum lub na górę św. Krzysztofa, gdzie przed 1918 rokiem Niemcy palili ognie z okazji letniego przesilenia. Jeśli rozliczne obowiązki nie stanęły akurat wujkowi Drolcowi na przeszkodzie, dołączał do towarzystwa.

Organista i zakrystian był w Lašku znaną i wielce szanowaną postacią. *Gospod organist,* z respektem mówi o Drolcu kobieta na cmentarzu, czyli: pan organista. Znała go dobrze, jej ojciec śpiewał w dyrygowanym przez Drolca chórze kościelnym. Potem pokazuje nam zdjęcie organisty: zażywny mężczyzna ze szpicbródką, który z pewnością siebie zasiada wśród panów i pań w niedzielnych strojach, z pewnym zakłopotaniem spoglądających w obiektyw aparatu. Męsko-damski chór kościelny. Kobieta ma przy sobie jeszcze drugie zdjęcie: jest na nim ona sama jako młoda dziewczyna w grupie rówieśniczek; niektóre noszą coś w rodzaju munduru, białe bluzki, chusty z węzłem, ciemne spódnice. Hitlerjugend, mówi ze śmiechem, jakby miała piękne wspomnienia z tamtego czasu. Na zdjęciu widać same dziewczyny. W kwietniu 1941 roku ówczesna Dolna Styria znalazła się pod okupacją Niemiec hitlerowskich i wcielono ją do Rzeszy jako część regionu Styria, choć z zachowaniem jej własnej administracji; dziesiątki tysięcy Słoweńców wysiedlono, oporni trafili do obozów koncentracyjnych, zostali zamordowani. Jedyny syn wujka Drolca przyłączył się do partyzantów.

Nie wiadomo, jak się powodziło Drolcowi w latach niemieckiej okupacji. Przypuszczalnie ze względu na małżeństwo z Niemką korzystał z pewnej ochrony, mimo że w kręgach niemieckich uchodził za radykała i podżegacza. Przed pierwszą wojną oprócz funkcji kościelnych pełnił też obowiązki sekretarza gminy w graniczącej z Tüffer miejscowości pielgrzymkowej Marija Gradem (Maria Graz), toteż Niemcy tüfferscy nazywali go „gminnym wywrotowcem" — Drolc znał prawa Słoweńców i nie pozwalał zatkać sobie ust. Utarczki z nacjonalistycznie myślącymi Niemcami nie przeszkodziły mu później ożenić się z Niemką i zamieszkać w jej domu. W domu Bastów. To niemiecki dom, mówił dziadek, gdy opowiadał o Tüffer.

Kobieta z cmentarza, która dobrze znała Drolca, pokazuje nam ten dom. Znajduje się na drugim końcu spadzistego placu przykościelnego, naprzeciwko kolumny Maryi; pokryta szarym tynkiem solidna budowla, jednopiętrowa bryła główna w kształcie litery L i parterowa przybudówka, w której znajdowała się prawdopodobnie garbarnia. Wszystko świeżo po remoncie. W niektórych oknach widać zasłony, a jednak dom sprawia wrażenie niezamieszkanego. Brama główna jest zamknięta, podobnie jak boczna, prowadząca na wąskie podwórko wewnętrzne. Nasza przewodniczka nie umie powiedzieć, do kogo obecnie należy posesja. Po rozpadzie państwa jugosłowiańskiego pozostał w Słowenii gordyjski węzeł roszczeń majątkowych, który trzeba z wolna rozsupływać. Po śmierci bezdzietnej Pauliny dom przypadł w udziale wujkowi Drolcowi, który przekazał go swojej córce z pierwszego małżeństwa. W ten sposób siedziba mistrza garbarskiego Paula Basta, ostoja niemieckości, na koniec poszła w ręce słoweńskie — tak opowiadają krewni w Amstetten, którzy do dzisiaj mają to za złe Drolcowi, choć ten dawno leży w grobie. Można w tym widzieć złośliwość historii lub, jak kto woli, jakąś formę sprawiedliwości czy wyrównania rachunków.

Gospod organist Drolc i Paulina Bast. Jak złożone i zawikłane bywały stosunki narodowe w Dolnej Styrii na przełomie XIX i XX wieku, widać po tym, że w mieścinie targowej Tüffer, liczącej w 1893 roku niespełna ośmiuset mieszkańców, żyła też rodzina Drolzów, w której obowiązywały rygory myślenia niemieckonarodowego. Różnica sprowadzała się do ostatniej litery: „c" czy „z". Kiedy w październiku 1899 roku utworzono w Tüffer lokalny oddział Stowarzyszenia Marchii Południowej, które wypisało sobie na sztandarach walkę przeciw równouprawnieniu Słoweńców, radca gminy, Josef Drolz, wygłosił mowę, poddając miażdżącej krytyce „windyjską gospodarkę". Zakończył dosadnie: „Tüffer jest i pozostanie niemieckie".

Wujek Drolc miał wtedy szesnaście lat. Czy był spokrewniony z niemieckim radcą gminy Josefem Drolzem? Można tak zakładać. Często linie podziału biegły przez rodziny, część krewnych słowenizowała się, inna część obnosiła własną niemieckość i zwalczała Słoweńców jako wrogów. Albo na odwrót. Jednak na przekór wszelkim frazesom o nieprzejednanych zmaganiach obu grup narodowych, potrafiły one też współżyć pokojowo — również w rodzinie Bastów.

W głównej bibliotece w Cilli (Celje) przetrząsamy pudło starych zdjęć i moja żona odkrywa dwie widokówki wysłane z Laška do Zagrzebia, do rodziny Józefiny Bast, która wyszła tam za mąż. Jedna zawiera życzenia urodzinowe dla córki Józefiny, Klary, od cioci Pauliny i wujka Drolca. Paulina pisała po niemiecku, jej mąż, pod spodem, po słoweńsku. Kartka nosi datę 1930. Drolcowie, pod jednym dachem, praktykowali prawdziwą dwujęzyczność. Drugą kartkę zaadresował brat Klary, Guido, który najwyraźniej spędził kilka dni u krewnych w Lašku i pisał do matki w Zagrzebiu — pisał po niemiecku, choć z błędami.

„Droga Mamo, Wypoczywam na oczach. Prawie codziennie wstaję o 12, bo jestem senny od powietrza. Trochę mało śniegu, żeby jechać na nartach. Wujek Drolc pilnie wybiera orzechy do strudla orzechowego. Pozdrowienia od cioci Pauli i Drolca, Twój Guido".

Kartka nie ma daty, stempel pocztowy jest nieczytelny.

Na jednym ze zdjęć w moim zbiorze widać Guida przed domem; może to być posesja Bastów. Guido ma na sobie ciemne, ciężkie palto, szal, krawat. Przedziałek na środku głowy, nieco skręcający w lewo, rozczesane na boki ciemne, falujące włosy. Uśmiecha się sceptycznie, oczy zmrużył, jakby patrzył pod słońce. „Laško 1940, Guido na lekkim kacu", mówi podpis na odwrocie, złożony charakterem pisma mojego ojca. Drugie zdjęcie, prawdopodobnie z tego samego czasu, pokazuje dziadka w łóżku, zakrytego po samą brodę pikowaną kołdrą, z nieco wymuszonym uśmiechem. „Laško 1940", zanotował mój ojciec na zdjęciu, „skutki pożegnalnej wypitki".

Spotykali się więc w Lašku również w 1940 roku — członkowie rodziny z Amstetten i Zagrzebia. Od roku trwała wojna. W kolejnym roku oddziały niemieckie wkroczą do Jugosławii, zajmą Laško, będą przeprowadzać obławy i aresztowania, Niemcy zaczną wypędzać, deportować, mordować Słoweńców. Spotkanie krewnych miało miejsce z pewnością w domu rodziców, u Pauliny i Drolca. Czy Paulina upiekła na tę uroczystość strudla orzechowego, nie wiadomo. Pewne jest jedno: krewni z Amstetten wiedzieli, że Guido jest pół-Żydem. Ciocia Józefina, nazywana Pepi, wyszła w Zagrzebiu za Żyda, który jednak wcześnie umarł. W czasie, gdy odbywało się spotkanie, mój ojciec pełnił służbę w gestapo w Grazu. 1 grudnia 1939 roku awansował na hauptsturmführera SS, trzy miesiące później został dowódcą SS w głównym urzędzie SD w Berlinie (SD to skrót oznaczający służbę bezpieczeństwa SS). Niedługo później wrócił jednak do Grazu, by objąć kierownictwo wydziału II (wykrywanie i zwalczanie przeciwników) w tamtejszym gestapo. W tym okresie odbył podróż do Jugosławii, zajeżdżając też do Laška, gdzie spotkała się rodzina. Być może 21 kwietnia 1940 roku obchodzili sześćdziesiąte urodziny mojego dziadka. Dziadek w Lašku, „pożegnalna wypitka", Guido skacowany, jego grube palto — te elementy pasują do siebie. A może spotkanie udokumentowane tylko dwiema fotografiami odbyło się wcześniej? 20 kwietnia 1940 roku, w rocznicę urodzin führera, dziadka wyróżniono brązową odznaką służbową NSDAP. Nie wiem, czy musiał zjawić się po nią osobiście, czy też mógł ją odebrać w siedzibie partii, bez specjalnej pompy.

Jakkolwiek było, kiedyś w roku 1940 siedzieli razem przy stole w domu rodziców w Tüffer: wujek Drolc, słoweński podżegacz, narodowi socjaliści z Amstetten — dziadek i ojciec wstąpili do partii w 1931 roku — oraz Guido, którego ich ustawy rasowe kwalifikowały jako pół-Żyda. Popijali i bawili się wesoło.

5. Droga z Laška do Lublany wiedzie przez wąską, ciemną dolinę Sawy, obok czarnych instalacji fabrycznych, rozlokowanych bezładnie, jakby rzeka przypadkiem wyrzuciła je na brzeg: znaleziska z epoki wczesnego uprzemysłowienia. Przed Lublaną pejzaż staje się rozległą równiną. Od strony miasta ciągnie naprzeciw nas niekończący się sznur samochodów, jest popołudnie, koniec pracy, zamyka się biura, można by sądzić, że całe miasto rzuciło się do ucieczki. Patrzymy, dokąd płynie rzeka ludzi, po lewej i prawej widać wsie, wśród nich jakieś zakłady przemysłowe, nowych osiedli nie widzimy.

Mieszkamy w południowej części Lublany, w dzielnicy Vič, u naszej przyjaciółki Mety Hočevar, scenografki, reżyserki, architektki. Cichy zaułek, ogródki, wąskie domy jednorodzinne z osobliwie spiczastymi dachami. Nowoczesna spółdzielnia mieszkaniowa z lat dwudziestych, o nazwie „Stan in Dom" [Mieszkanie i Dom], została założona z myślą o robotnikach, drobnych rzemieślnikach, socjaldemokratach, którzy sami pomagali przy budowie. Dom naprzeciwko należał do dziadków mojej żony, Jożego i Franciski (Franji) Pajntar. Tu Meta i Gridi, moja żona, zawarły znajomość. Gridi często jeździła do Lublany, żeby spędzić wakacje u dziadków ze strony matki. Meta dorastała w domu, w którym mieszka do dziś. Jože Pajntar, urodzony w 1880 roku, tak samo jak mój dziadek, wrócił z pierwszej wojny światowej ciężko kontuzjowany, jako inwalida z osiemdziesięcioprocentowym uszczerbkiem na zdrowiu. Założył kooperatywę stolarzy, działał w związku zawodowym, kuśtykał na swojej sztywnej nodze i zbierał składki, politykował w gospodzie przy szklance *cvička*, młodego, kwaskowatego wina. Jego żona, Franja, krzywo patrzyła na to zaangażowanie polityczne, czasem wstydziła się, gdyż ci ze stronnictwa mieszczańskiego wyzywali jej męża od agitatorów, a kiedyś nawet ktoś wylał na niego zawartość nocnika. Bez tej jego polityki mielibyśmy piękne życie, mówiła często do swojej wnuczki z Wiednia. Babcia z Laibach, *stara mama*, żyła po śmierci męża wiele lat w Wiedniu, u swojej zamężnej córki, nigdy nie nauczywszy się niemieckiego. Pamiętam ją jeszcze, rosłą kobietę wielkiej urody — również w jej późnych latach. Umarła w Lublanie, mając dziewięćdziesiąt siedem lat. Odwiedziliśmy ją na krótko przed śmiercią, leżała w łóżku i prawie nie mogła już mówić, ale kiedy moja żona ujęła jej rękę, na wychudzonej twarzy pojawił się uśmiech.

Jože Pajntar jako czeladnik stolarski zwiedził wiele zakątków monarchii, włącznie z Tyrolem Południowym, później pracował przez kilka lat w Grazu, tam złożył egzamin mistrzowski. Było to tuż po przełomie wieków. Mniej więcej w tym samym czasie mój dziadek z Tüffer studiował prawo na Uniwersytecie Karla Franza w Grazu i działał w korporacji „Germania". W 1903 roku zaciągnął się jako ochotnik do jednorocznej służby w dwudziestym siódmym c. i k. regimencie piechoty „Albert I, król Belgii"; członków tego regimentu nazywano w skrócie „Belgami". W 1904 roku podjął na nowo studia, które ukończył w 1907 roku jako doktor prawa. W tym samym roku przeniósł się do Gottschee.

Zadziwiająca bliskość topograficzna. Moja babcia dorastała w Laibach przy Triester Straße, po słoweńsku Tržaška, w domu numer osiem. Jej ojciec, mistrz ciesielski, Josef Lehner miał w tym domu wygodne mieszkanie, które mu też służyło jako biuro. Szeroka arteria wylotowa w kierunku Triestu od tamtej pory nie zmieniła nazwy, tylko dom został zburzony, a na jego miejscu wybudowano blok mieszkalny. Zaledwie rzut kamieniem dzieli go od domu Pajntarów, którzy jednak sprowadzili się do dzielnicy Vič dopiero po pierwszej wojnie światowej. Obok bloku znajduje się stara, okazała fabryka tytoniu, *tobačna tovarna,* w której pracowała kiedyś Franja Pajntar. Podłużna budowla z cegły, o jeden rząd domów w głąb od ulicy Tržaška.

Josef Lehner przez długie lata prowadził interesy ciesielskie Kraińskiego Towarzystwa Budowlanego w Laibach. 27 kwietnia 1895 roku w „Laibacher Zeitung" ukazał się anons, że mistrz ciesielski i zaprzysiężony sądownie rzeczoznawca Josef Lehner usamodzielnił się i otworzył własną firmę ciesielską. Informował, że jest w stanie, jak najtaniej i najsolidniej, wykonać wszelkie zlecone mu prace, służy też planami i kosztorysami zarówno trwałych, jak i prowizorycznych budowli drewnianych. Chwilę wybrał korzystną. W Wielkanoc 1895 roku Laibach nawiedziło trzęsienie ziemi, które spustoszyło trzydziestotysięczne miasto: ponad jedna czwarta budynków legła w gruzach, ponad połowa nie nadawała się do mieszkania. Ze wszystkich regionów monarchii do stolicy Krainy napływali architekci, inżynierowie, budowlańcy i cieśle. Wiedeńskie, praskie, budapeszteńskie i zagrzebskie firmy budowlane otwierały tu filie, najbardziej znane podnajmowały lokale w eleganckim hotelu „Elefant", późniejszym „Sloniu". Trzeba było szybko stawiać baraki, tymczasowe schronienia dla tysięcy ludzi, którzy zostali bez dachu nad głową. Również wiele zniszczonych sklepów i biur musiało się instalować w barakach. Burmistrz Laibach, Peter Grasselli, dawał inseraty do wielkich gazet w krajach korony, informując, że odbudowująca się Lublana potrzebuje murarzy, sztukatorów i cieśli, którzy znajdą tu pracę na całe lata.

Josef Lehner zbijał więźby dachowe, stawiał baraki, jego interes kwitł. Biuro zmieniło siedzibę, z mieszkania przy Triester Straße przeniosło się do eleganckiej kamienicy na Wiener Straße, naprzeciw popularnej, istniejącej do dziś restauracji „Pri Figovcu". Rodzina wprowadziła się do willi z pięknym ogrodem. Mieliśmy wyborowe kwiaty, opowiadała babcia. Chętnie używała staromodnie brzmiącego słowa „wyborowy", którego nie słyszałem u nikogo innego, jakby zarezerwowała je tylko dla siebie.

Na fotografii widać część ogrodu, żwirową ścieżkę, kwitnące drzewa i krzewy, wysoką trawę. Na ścieżce stoi mój ojciec, chłopaczek o półdługich włosach, w prążkowanej bluzie i fartuchu, w jednej ręce trzyma kwitnącą gałązkę, w drugiej sznurek, na którym ciągnie mały drewniany wózek. Babcia, młoda kobieta w trawie do kolan, wchodzi w kadr z lewej strony, fotograf obciął kawałek postaci. „Laibach, w ogrodzie, 1913, przed wyjazdem do Amstetten", wykaligrafowała szwabachą na odwrocie. Zdjęcia — mimo że trafiają do moich rąk pojedynczo bądź w nieładzie — są często jedynym źródłem, na jakim mogę się oprzeć rekonstruując przeszłość; to dzięki nim wiem, że już w następnym roku, 1914, pierwszym roku wojny, babcia znów spędziła nieco czasu w Laibach. Sepiowa fotografia w niezwykłym podłużnym formacie ukazuje ojca wciąż w tym samym fartuchu, ale z włosami krótko przyciętymi i lewą ręką na lufie karabinu, który nie jest mniejszy od niego. To prawdziwa wiatrówka, z której można ustrzelić ptaka lub wiewiórkę. Ojciec śmieje się do obiektywu, dumnie wysuwając podbródek — jego typowa poza, którą znam też z innych, późniejszych zdjęć. Pierwszy prawdziwy karabin. Dostał go w wieku trzech lat.

Fascynacja bronią, wczesne przyzwyczajenie. Kto kupił mu wielki karabin, który trzylatek może tak dumnie prezentować w roku rozpoczęcia wojny światowej? Josef Lehner nie wchodzi w rachubę, nie żył już wtedy. Człowiek sukcesu, przedsiębiorca, pierwszy w Laibach mistrz ciesielski, umarł nagle w 1907 roku, mając pięćdziesiąt dziewięć lat, na zawał serca. Podobny los zakończył pracę i życie garbarza z Tüffer, który odszedł na zawsze w wieku pięćdziesięciu sześciu lat.

Gerhard Bast w wieku dwóch i pół lat,
z tyłu po lewej Paula Bast (matka), Lublana 1913

Paula Bast z synem Helmutem i Gerhardem (leży),
Lublana, w sierpniu 1918

Rok po śmierci swego ojca, w 1908, babcia, dyplomowana kandydatka na nauczycielkę, została wysłana do szkoły powszechnej dla dziewcząt w Gottschee. Przypuszczalnie wczesna śmierć ojca jakoś wpłynęła na jej decyzję o podjęciu pracy zawodowej. W Gottschee poznała dziadka, który pracował tam jako koncypient w kancelarii adwokackiej niejakiego doktora Franza Golfa. Przedtem dziadek przez pewien czas odbywał praktykę, będąc kandydatem na notariusza w małej miejscowości między Mariborem i Celje. Typowa kariera początkującego adwokata na prowincji. W tym okresie, pod silnym wrażeniem wszechniemieckich, antyklerykalnych haseł antyrzymskiego ruchu Schönerera, dziadek wystąpił z Kościoła katolickiego i przeszedł na protestantyzm. Niewykluczone, że wpływ na to postanowienie wywarł pastor Hegemann, bojowy protestant i radykalny narodowiec niemiecki, który działał w Kościele ewangelickim w Laibach i często jeździł do Gottschee, aby wygłaszać tam wykłady. Były to niespokojne lata w sielskiej zazwyczaj krainie. Chrześcijańscy socjałowie i liberałowie poważnili się na dobre i wcale nierzadko zdarzało się, że antyklerykalnie nastawieni mężczyźni po nocach urządzali katolickiemu proboszczowi w Gottschee „kocią muzykę" albo nawet wybijali mu szyby.

Czy dziadek uczestniczył w takich akcjach? Potrafię sobie wyobrazić, że owszem, nigdy nie stronił od prostackich figlów, choć oczywiście musiał baczyć na swoją reputację w małym miasteczku.

W kwietniu 1910 roku ożenił się z dwudziestodwuletnią Paulą Lehner. Ślub odbył się w skromnym kościele ewangelickim w Laibach, zbudowanym w latach pięćdziesiątych XIX wieku, a dziś — złośliwy żart historii — noszącym imię prekursora języka i literatury słoweńskiej, Primoža Trubera, który tłumaczył teksty Ewangelii i innych pism religijnych na język narodowy. Dziesięć miesięcy później w Gottschee przyszedł na świat mój ojciec.

Przed podłużną, obitą deskami budowlą stoją potężne, zabejcowane na ciemno figury z drewna o zagadkowych kształtach, magiczne stwory, baśniowe zwierzęta. Szukając myśliwskiej chaty dziadka, trafiliśmy do leżącego opodal Kočevja zakładu leśnego, który nosi nazwę wyśmienicie pasującą do czarnych figur — „Grča", co po słoweńsku oznacza sęk. „Grča" eksploatuje duże połacie lasu w Kočevskim Rogu (Gottscheer Hornwald), drewno eksportuje się do wielu krajów. Nikt w zakładzie nie wie nic o starej leśniczówce w Hornwaldzie, która do późnych lat trzydziestych była własnością albo dzierżawą austriackiego adwokata.

Sam nie mam jasności, dlaczego to dla mnie takie ważne, żeby ją znaleźć albo przynajmniej z grubsza ustalić miejsce, gdzie się znajdowała. Czy to rodzaj długu wobec ukochanego dziadka, którego wyparłem później ze świadomości? Niedoskonała próba uczuciowego zbliżenia do niego po tak wielu latach (zmarł w 1960 roku)? Przypominam sobie nagle wilczą skórę, którą mi podarował, gdy byłem mały — z początku lękałem się trochę czaszki z szeroko rozwartą paszczą, żółtawych kłów, pomalowanego na czerwono jęzora z gipsu i zimnych szklanych ślepiów. Ustrzeliłem go w Gottschee, opowiadał dziadek i naśladował wycie wilka. Zabrałem wilka z Gottschee do szkoły, do internatu. Babcia nakazała mi regularnie szczotkować sierść, aby nie zagnieździły się w niej mole. Dała mi do tego celu własną szczotkę, na której wypisała kopiowym ołówkiem, drukowanymi literami WILK, żebym przez pomyłkę nie użył szczotki do czyszczenia butów. Nic takiego raczej nie groziło, nie pamiętam, bym kiedykolwiek w szkole czyścił buty — internat pod każdym względem był zdumiewająco liberalny.

Żyje stary leśniczy — słyszymy od pracownika „Grčy" — który zna każdy zakątek lasu, również wszystkie rozpadające się, zarosłe przez knieję, do cna zbutwiałe chaty — nie sposób jednak tego człowieka znaleźć. Mam ze sobą kilka fotografii leśniczówki. Widać na nich prosty, zbity z surowych bierwion domek, właz nad drzwiami prowadzi na poddasze służące przypuszczalnie jako sypialnia, obok, z drewnianej ściany, wystaje wygięta rura kominowa, a zatem w chacie był piecyk czy palenisko do gotowania i ogrzewania — noce w Hornwaldzie bywają dotkliwie chłodne. Na prawo od wejścia: charakterystycznie uformowany blok skalny, miejsce, gdzie można przycupnąć. Dziadek na skale, patrzący w dal, na zewnętrznej ścianie chaty wiszą trzy strzelby. Na jednym zdjęciu widać chatę z pewnej odległości, stoi na szczycie łagodnego wzniesienia, na polanie, za nią drzewa, wysmukłe drzewa liściaste — młode buki czerwone? dęby? „Leśniczówka Krennbichl (Gottschee)", oraz „sierpień 1933" — napisano na odwrocie. Tamtego roku również mój ojciec przyjechał na polowanie. Pracownik w „Grčy", wątły mężczyzna, który częstuje nas kawą w swoim biurze, pokazuje na szczegółowej mapie obszaru leśnego wzgórze o nazwie Kren, 613 metrów. Może sześć kilometrów na północny wschód od Kočevja, niedaleko od przecinającej Hornwald szosy w kierunku Kočevskej Poljane, jak nazywa się dzisiaj wieś o dawnej nazwie Pöllandl. Na starej mapie niemieckiej odnajdę później nazwę Krenbüchel. Mężczyzna ostrzega nas przed niedźwiedziami, których pełno w tych lasach; we wrześniu jeszcze krążą, nie ma z nimi żartów.

Szutrowa droga, usiana wybojami i głębokimi rynnami wyrżniętymi przez potoki, które po ulewach zamieniają trakt w łożysko rzeczne, prowadzi w głąb lasu. Wysokopienny las mieszany: buki czerwone, jodły, dęby, klony. Pośród pni gruby żwir, połyskujący białawo wapień, na którym mech i porosty wymalowują zielone plamy; ziemię pokrywa gruba, brązowa warstwa ściółki. Dopiero od kilku lat można bez przeszkód wchodzić do kniei, po 1945 roku jej znaczne połacie zamknięto jako strefę militarną, wokół której krążyły mroczne pogłoski. Przy drodze stoi ociosany z grubsza pień, figura pasyjna. Scena z drogi krzyżowej Chrystusa. Sto metrów dalej następna. Aż do spróchniałej tablicy wskazującej drogę w gęstwinę. Grobišče pod Krenom. Grobowiec pod Krenem. Ścieżka kończy się u wejścia do głębokiej doliny, w której leśnym podłożu zieją dziury, włazy do krasowych jaskiń. Na skraju doliny stoi murowany pomnik, jakby nowoczesna kaplica, pod drzewami drewniane krzyże, dookoła znicze. Drugi obelisk — czarny, oszlifowany, błyszczący kamień w kształcie kuli z inskrypcją. W tym miejscu spoczywają tysiące żołnierzy Słoweńskiej Armii Narodowej, których w pierwszych dniach czerwca 1945 roku wymordowali komuniści. Pamiętam opowieści dziadka o głębokich dolinach w Hornwaldzie, które przemierzał podczas swoich myśliwskich podchodów, o napotykanych tam, płoszonych przez niego dzikach i niedźwiedziach. Pierwsza krasowa dolina, jaką widzę przed sobą w gottscheańskim lesie, jest masowym grobem.

Kiedy wiosną 1945 roku żołnierze Wehrmachtu uciekali przed partyzantami Tity z ziemi słoweńskiej do Karyntii, dołączały do nich dziesiątki tysięcy miejscowych sprzymierzeńców i antykomunistów, serbscy czetnicy, chorwaccy ustasze, słoweńscy domobrańcy, wielu wraz z rodzinami. Oddziały brytyjskie rozbrajały uciekinierów i oddawały w ręce partyzantów, którzy postępowali z nimi bezlitośnie — bez względu na to, czy pojmani byli, czy nie byli winni przelanej krwi. „Większość zdrajców, których nie brakowało w państwie, w każdym z jego narodów — mówił w maju 1945 roku marszałek Tito do wiwatujących na jego cześć tłumów w wyzwolonej Lublanie — ręka sprawiedliwości, karzące ramię naszego narodu, już dosięgnęła i tylko niewielkiej grupie zdrajców udało się uciec z naszego kraju".

To, co Tito opisywał w mglistych słowach, w rzeczywistości było krwawą kampanią odwetową zwycięzców, która nie miała wiele wspólnego ze sprawiedliwością. Jeńców upychano w autobusach i ciężarówkach, wywożono do Hornwaldu i tu rozstrzeliwano bez sądu. Zwłoki wrzucano do głębokich jaskiń krasowych, w których leżą do dziś; pochówek raczej nie był możliwy. Nazwiska większości ofiar pozostają nieznane. Nikt nie potrafi dokładnie określić, ilu ludzi zabito w gottscheańskim Hornwaldzie. Około czternastu tysięcy osób, wśród nich kobiety i dzieci, strącono w okrutne czeluści Kočevskiego Rogu, pisał słoweński autor, Drago Jančar, w eseju o totalitaryzmie w Słowenii.

Za doliną śmierci las wydaje się dziewiczy; nieprzeniknione zarośla, krzaki malin i jeżyn, zmuszają nas do pójścia drogą okrężną, przewrócone pnie obrasta paproć i huba, pojawia się kolejna dolina obwiedziona skałami wysokości człowieka, nigdzie jednak nie widać wejścia do krasowej groty, toteż nie ma tu krzyży ani zniczy. Partyzanci dobrze znali knieję, wykorzystywali ją jako bezpieczne zaplecze w razie konieczności odwrotu, mieli tu swoje bazy, a nawet lazarety. Torujemy sobie drogę na wierzchołek Krenu, stale wypatrując charakterystycznych skał w otoczeniu leśniczówki. Porównujemy formacje skalne z fotografią. Niepodobna zakładać, że leśniczówka wciąż stoi — dlaczego miałyby się zachować akurat szczątki chaty zbudowanej wyłącznie z bierwion, jeśli las wchłonął całe wsie? Skała jednak powinna wciąż być rozpoznawalna. Wierzchołek wzgórza porasta świerkowy młodniak, drzewka rosną tak gęsto, że nie sposób się przedrzeć. Ani śladu chaty i skalnego siedziska.

Wróciwszy na drogę, spotykamy dwóch drwali. Jeden z nich, przysadzisty, starszy mężczyzna w dziurawym podkoszulku, pyta, czy mamy kogoś bliskiego w mogile pod Krenem. Młodszy nic nie mówi i gapi się tylko przed siebie z kwaśną miną. Stary opowiada, że widział, jak autobusy zwoziły ludzi do lasu, po czym w tym miejscu, tuż przy drodze, ich rozstrzeliwano. „Wszystko wokół było czerwone od krwi. Miałem wtedy piętnaście lat — mówi — i chodziłem z ojcem do lasu zbierać drewno na opał; gdy przyjeżdżały autobusy, chowaliśmy się. Gdyby ci z bronią nas zauważyli, to i nas by..." — przeciąga kantem dłoni po szyi.

W drodze powrotnej z lasu przemierzamy wsie, po których zostały jedynie nazwy na starych mapach, żadnych domów, kościołów, cmentarzy, tylko drzewa, krzaki, jakaś polana, na której może kiedyś stał kościół; niepozorne wzniesienie mogłoby zdradzać resztkę zapadłego, zarośniętego muru. Domy rozebrano, cegieł użyto jako nowego budulca albo umocniono nimi drogi. Wilgotne zagłębienie na łące — to mógł być staw, w którym dzieci się kąpały, a kobiety prały bieliznę. To, co ludzie w ciężkich trudach wydarli lasowi, las zdołał zabrać z powrotem: wsie, pola, groby, myśliwską chatę na Krenbichlu.

6. W czerwcu 1912 roku dziadek z żoną i dzieckiem opuścił Gottschee i przeniósł się do Amstetten. Dlaczego akurat tam, nie sposób dziś dociec; przypuszczalnie jakąś rolę odegrał fakt, że Amstetten to mała mieścina, a dziadek nie mógł się przekonać do życia wielkomiejskiego. Już Graz był dla niego za duży. W sensie zawodowym byłoby logiczne, gdyby osiedlił się w styryjskiej stolicy, gdzie studiował. Jako Dolny Styryjczyk i członek korporacji akademickiej „Germania", miał w Grazu wielu przyjaciół i znajomych, którzy pochodzili z podobnych rodzin i myśleli podobnie jako on, niemiecki narodowiec. Dla młodego adwokata dobre stosunki wiele znaczyły. Poza tym z Grazu w ciągu kilku godzin można się było dostać Koleją Południową do Cilli i Tüffer, natomiast z Amstetten była to już cała wyczerpująca wyprawa. Wraz z przeprowadzką dom rodzinny w Tüffer i leśniczówka na Krenbichlu bardzo się nagle oddaliły.

Być może też w tamtych latach w Amstetten łatwiej niż gdziekolwiek indziej można było stworzyć sobie warunki do życia. Na przełomie wieków tę największą miejscowość w zachodniej Dolnej Austrii ogarnęła gorączka wielkiego zrywu: wszędzie budowano nowe ulice, nowoczesny most nad rzeką Ybbs, szkoły, zakłady przemysłowe, nowy dworzec. Miasto stało się ważnym węzłem kolejowym, gdzie znalazło zajęcie wielu pracowników kolei, inżynierów, robotników, kolejarzy, wśród nich także poszukujący pracy z Czech i Moraw, ludzie mówiący po czesku. Przeciwko tym przybyszom protestowały kręgi wielkoniemieckie, które wrzaskliwie ostrzegały przed planową slawizacją miasta, ba, całej Dolnej Austrii. Stowarzyszenia volkistowskie w Amstetten odnotowały w latach przed pierwszą wojną intensywny napływ nowych członków: Niemiecki Związek Szkolny, Związek Gimnastyczny Jahna, Stowarzyszenie Niemieckich Pomocników Handlowych, Męskie Stowarzyszenie Śpiewacze „Wieniec Pieśni". Narodowy Związek Obrony „Marchia Południowa" w Grazu, powołany do wspierania niemieckiego szkolnictwa w Dolnej Styrii, utrzymywał w tym niewielkim mieście aż dwa oddziały lokalne. Pożywkę narodowych lęków stanowiła przestroga wiedeńska: Wiedeń istotnie zalali Czesi, ponadto w wiedeńskim Reichsracie dochodziło do wybuchów nienawiści i waśni narodowych, zwłaszcza między Czechami a Niemcami, paraliżujących okresowo wszelką pracę parlamentarną. Niemoc parlamentu wielonarodowego była jedną z przyczyn odrzucenia parlamentaryzmu przez niemieckich radykałów, którzy chcieli się go pozbyć, widząc w nim próchniejący, anachroniczny system, godzien jedynie rozbicia. W Amstetten jednak strach przed masowym napływem obcych nie miał realnych podstaw, niemieckiemu charakterowi miasta nigdy nic nie groziło. Przy spisie ludności w 1900 roku spośród 5670 mieszkańców jedynie trzydziestu jeden podało czeski, morawski lub słowacki jako język ojczysty, od garstki żyjących w Amstetten droga do groźby slawizacji, z garstką żyjących tam Czechów i Słowaków, była bardzo daleka.

Dziadek szybko nawiązał kontakt z kręgami wielkoniemieckimi w Amstetten, które przyjęły Niemca „z pogranicza językowego", jak dumnie sam siebie nazywał jako Dolny Styryjczyk, witając w nim dzielnego sprzymierzeńca. W Tüffer i Cilli zebrał doświadczenia w niemieckiej walce ze Słowianami, walce o język, o urzędy i pozycje zawodowe, o szkoły, gospody i sklepy; zdołał też poznać Czechów, którzy w owych latach szczególnie mocno protestowali przeciwko dominacji języka i kultury niemieckiej.

Wraz z wybuchem wojny konflikty narodowe w łonie monarchii zeszły tymczasem na drugi plan — zwarto szeregi przeciw Serbom, Rosjanom, Anglikom, Francuzom. U progu wojny dziadek miał trzydzieści cztery lata. Wcale nie tak mało dla mężczyzny z rodziną, który w obcym mieście, z dala od miejsca pochodzenia, od przyjaciół i znajomych, próbuje zacząć wszystko od nowa. We wrześniu 1914 roku urodził się w Amstetten jego drugi syn. Rok później wzięto dziadka do armii, oceniono jego przydatność i przydzielono do regimentu stacjonującego w Grazu.

O pierwszej wojnie dziadek nigdy ze mną nie rozmawiał. Opowiadał tylko, że był na froncie południowym. Włosi — mówił — to zdrajcy. Tak jak Czesi. To już dopowiadała babcia; a może też stryj, brat ojca. Wszyscy oni upodobali sobie lakoniczne, nie znoszące dociekliwości sądy, za pomocą których objaśniali świat. Amerykanie to świnie. Francuzi — świnie. Nie mówiąc o Żydach. Takie to proste. „Czesi, świnie, wieszali w Pradze nasze biedne SS nogami do góry", powiedziała babcia oskarżycielsko, kiedy oznajmiłem, że wybieram się do Pragi. Miałem wtedy siedemnaście lat. Nie wiem w kogo mierzyło oskarżenie: we mnie, bo właśnie Pragę obrałem za cel podróży, czy w znienawidzonych Czechów. Nasze biedne SS. Mój ojciec był w SS, wszakże, Bogu dzięki, nie w Pradze. Dopiero dużo później dowiedziałem się, że w SS był też dziadek. Jako członek honorowy.

W latach 1915–1916 dziadek odbywał służbę w sądzie polowym na froncie południowym, następnie został przeniesiony do dywizyjnego sądu wojskowego w Grazu. Tam pracował do września 1918 roku jako pomoc prawna i sekretarz. Jego zwierzchnicy chwalili go za niezłomność charakteru, poczucie honoru, wielką skrzętność, pojętność i zdolność do samodzielnej pracy. „Świetnie nadawałby się na oficera w służbie sądowniczej", pisano o nim w arkuszu kwalifikacyjnym we wrześniu 1917 roku — wtedy jednak do drzwi pukała już katastrofa.

Pod koniec wojny dziadek miał trzydzieści osiem lat i wiele goryczy w sobie. Odchodził z wojska w randze porucznika, cały i zdrowy, co było darem niebios, ale należał do pokolenia, które wiele przegrało: nie tylko wojnę i swoje oszczędności, lecz także rodzinny kraj. Dziadek nadal czuł się mieszkańcem Dolnej Styrii, mimo że stamtąd odszedł. Jego świat zmienił się radykalnie, stał się ciaśniejszy, obskurniejszy. Biedniejszy. Dolna Styria i Kraina zostały oddzielone od Austrii, Tüffer, Gottschee i Laibach znalazły się nagle za granicą. Wszystko to było teraz słoweńskie; Słoweńcy, jeszcze niedawno łajani jako „perwaki" i „windyjscy podżegacze", teraz stali się panami, a Niemcy musieli zginać karki.

W październiku 1918 roku ogłoszono w Zagrzebiu powstanie państwa Słoweńców, Chorwatów i Serbów, w Lublanie utworzono słoweński rząd narodowy. W zamęcie dobiegającej końca wojny, w warunkach powszechnego rozkładu panowała niepewność co do przyszłych granic, nikt nie wiedział, co zostanie przy niemieckiej Austrii, a co przypadnie nowej Słowenii. W dolnostyryjskim Marburgu (Maribor) słoweński major, Rudolf Majster, na czele pospolitego ruszenia ze swego okręgu brawurowo przejął dowództwo nad tamtejszym garnizonem; dowódcy w Grazu rozważali wysłanie wojsk, by ratować dla kurczącej się Austrii drugie co do wielkości miasto w Styrii i cały rejon, ale żołnierze byli znużeni wojną, a dyscyplina pozostawiała wiele do życzenia. Rozesłano alianckie komisje, które miały ustalić, co do kogo należy.

27 stycznia 1919 roku amerykańska delegacja odwiedziła Marburg i została przyjęta przez Rudolfa Majstra, awansowanego tymczasem na generała. Niemieccy mieszkańcy demonstrowali na rynku głównym na rzecz przynależności miasta do niemieckiej Austrii. Wystąpiły pod swoimi sztandarami niemieckie organizacje, Niemiecki Związek Szkolny, Związek Gimnastyczny, Męskie Stowarzyszenie Śpiewacze w Marburgu. Niem-

cy stanowili tam większość i chcieli to pokazać. Kiedy amerykańska delegacja jadła obiad w słoweńskim Narodnim Domu, z niejasnych powodów doszło do starć między demonstrantami a słoweńskim wojskiem; żołnierze użyli broni i strzelali do tłumu, na placu poległo trzynaście osób. „Krwawa łaźnia w Marburgu" weszła do martyrologicznej historii dolnostyryjskich Niemców z pogranicza języków. Babcia mówiła o tym tak, jakby świadkowała nikczemności, której nie potrafiła wybaczyć Słoweńcom, mimo że z pewnością nie znała żadnej z ofiar. Nie pamiętam, żeby dziadek kiedykolwiek mówił o „krwawej łaźni", ale być może byłem wtedy za mały i nie chciał przyprawiać mnie o dreszcze takimi historiami; wolał opowiadać o krwiożerczych wilkach i rannych odyńcach, które czyhały na jego życie w dolinach Hornwaldu.

Ów generał Majster, którego Słoweńcy uważali za bohatera narodowego, a Niemcy nazywali windyjskim zdrajcą, odegrał też pewną rolę w historii rodziny. Młodszy brat dziadka, Ernst, o jakże podobnym życiorysie — szkoła powszechna Niemieckiego Związku Szkolnego w Tüffer, gimnazjum niemieckie w Cilli, Niemiecki Związek Gimnastyczny, studia prawnicze w Grazu, korporacja studentów niemieckich, wielkoniemieckie przekonania — wrócił po studiach do Dolnej Styrii. Pracował jako koncepista u znanego niemieckiego adwokata w miejascowości Windischgraz (Slovenj Gradem). Jednocześnie zaangażował się w związku gimnastycznym, w niemieckim stowarzyszeniu śpiewaczym, w Niemieckim Związku Szkolnym Marchii Południowej.

Po zakończeniu wojny jako aktywny gimnastyk został — wraz z innymi gimnastykami — aresztowany na rozkaz generała Majstra, następnie zwolniono go i ponownie wpisano na listę poszukiwanych. Utrzymywano, że niemieccy gimnastycy planują zbrojne powstanie przeciwko nowej władzy słoweńskiej. Podobno za głowę brata dziadka wyznaczono nawet nagrodę. Musiał uciekać z kraju. Dzięki pomocy kolejarzy — ludzi tych samych zapatrywań — zdołał, przebrany za palacza, umknąć pociągiem towarowym za granicę. Już jako młodzieniec cierpiał na poważną krótkowzroczność i stosownie do ówczesnej mody oraz swojej pozycji początkującego adwokata nosił binokle, których nie zdjął, stając w budce maszynisty lokomotywy. Słowa tego maszynisty, który przebranemu akademikowi zwrócił uwagę na ową niebezpieczną dlań okoliczność, często cytowano z rozbawieniem w domu stryjecznego dziadka w Amstetten: „Panie doktorze, na miłość boską, niechże pan zdejmie binokle, bo nikt nie uwierzy, żeś jest palaczem, i będziemy zgubieni!".

Po udanej ucieczce złożył w Grazu egzamin adwokacki, po czym udał się do Amstetten, gdzie osiadł był jego starszy brat, mój dziadek; jesienią 1919 roku zaczął pracować w jego kancelarii. Mieściła się ona przy Wiener Straße, w tym samym domu co zajazd „Pod Wiedniem"; był w niej nawet telefon o numerze czterdzieści sześć — jednym z siedemdziesięciu numerów w całym Amstetten. Bracia chcieli się szybko zintegrować ze społecznością dolnoautriackiego miasteczka. Dziadek działał w gminie ewangelickiej, uznanej za samodzielną dopiero w 1922 roku; podobnie babcia — nie było takiej uroczystości ewangelickiej, której nie uświetniłaby swoimi wypiekami. Jednocześnie jako była nauczycielka dbała o strawę duchową dla wiernych, wzbogacając zasób ewangelickiej wypożyczalni książek. W 1924 roku „Evangelisches Gemeindeblatt" doniósł z dumą o dwóch nowych nabytkach, dziełach pochodzącego z Dolnej Styrii pastora Ludwiga Mahnerta: o książce *Dzwon głodowy. Powieść o styryjskim ruchu wyzwolenia od Rzymu* oraz o powieści z okresu styryjskiej kontrreformacji *Aż padniesz na ziemię*. „Każdy członek naszej gminy — pisał «Gemeindeblatt» — powinien przeczytać obie te książki i pomóc w ich upowszechnianiu". Mahnert był awanturniczym narodowcem niemieckim, który nienawidził Słoweńców i w 1919 roku musiał uciekać z Marburga. *Dzwon głodowy* jeszcze pamiętam, babcia dała mi go do czytania, kiedy miałem dziesięć lat. Zakładam, że to ona podarowała utwory Mahnerta wypożyczalni.

W 1925 roku wybrano dziadka na kuratora gminy ewangelickiej. Przystań polityczną znalazł dla siebie w Wielkoniemieckiej Partii Narodowej, która wyznawała antysemityzm rasowy i żądała przyłączenia Austrii do Niemiec. Jego młodszy brat również w Amstetten udzielał się w Niemieckim Związku Gimnastycznym: ćwiczenia na drążku, chóralne śpiewy, wywijanie maczugami przy akompaniamencie muzycznym. Wspólna kancelaria w budynku zajazdu „Pod Wiedniem" była niewielka, ale rozwijała się dobrze, bracia wyrobili sobie nazwisko. Ich radykalnie niemieckonarodowe przekonania nie stanowiły tu przeszkody, w Amstetten nie brakowało wpływowych narodowców, a niektórzy z nich działali też aktywnie w gminie ewangelickiej. W późniejszych latach rozeszły się drogi braci, z nieznanych mi powodów popadli we wzajemną wrogość, obaj jednak pozostali w Amstetten i pracowali jako adwokaci; ich siedziby dzieliło zaledwie kilka minut drogi.

Jako dziecko spędziłem wiele tygodni w amstetteńskim domu stryjecznego dziadka i w jego dworku nad Dunajem, gdzie nadskakiwały mi jego dorosła córka i żona, którą pieszczotliwie nazywałem ciocią Michi. Byłem czymś w rodzaju żywego ogniwa łączącego skłócone rodziny. Przez część wakacji przebywałem u babci, potem wysyłano mnie do stryjecznego dziadka, mojego trzeciego domu. Pierwszy był w Linzu, z matką, ojcem, a właściwie ojczymem, z bratem i siostrą, a właściwie rodzeństwem przyrodnim — o tym się jednak nie mówiło, nie miało to znaczenia. Ojczym był artystą malarzem z zawodu i ogrodnikiem z zamiłowania; tę pasję po nim odziedziczyłem. Nigdy nie dał mi odczuć, że byłem synem kogoś innego, kto miał rodzinę w Amstetten i że ta rodzina też rościła sobie prawa do mnie. Kiedy jechałem z Linzu do Amstetten, w sensie dosłownym zostawiałem rodzinę linzeńską za sobą: krótka podróż koleją wystarczała, bym zapomniał o wszystkim, o domu na pagórku nad miastem, o ogrodzie ze starymi drzewami — wszystko to znikało jak starte gąbką w chwili, gdy spostrzegałem babcię na peronie. Potem było już tylko Amstetten, dziadkowie i dziadek stryjeczny z żoną, którzy jakoś się mną dzielili, kilka tygodni spędzałem u jednych, kilka u drugich; jak się w tej sprawie układali, nie mam pojęcia. Do samego układu nie miałem zastrzeżeń, kochałem wszystkich i wszyscy mnie kochali, ba, zasypywali świadectwami miłości. Kiedy byłem u brata dziadka, nie widywałem babci, ani nic o niej nie słyszałem, mimo że mieszkała o jedną przecznicę dalej. Potrafiłem wymazywać ludzi z pamięci.

Mieszkanie w domu stryjecznego dziadka było przestronne i jak na ówczesne warunki wręcz luksusowo urządzone. W łazience nie brakowało nawet bidetu, którego przeznaczenie długo pozostawało dla mnie tajemnicą. W korytarzu stała wysoka, zamknięta na cztery spusty szafa ze strzelbami, na które często gapiłem się przez szklane drzwi tęsknym okiem. Ja również odczuwałem fascynację bronią — czyżbyśmy to mieli we krwi? Nie pamiętam, żebym kiedyś ich dotykał, mimo że ilekroć myślę o strzelbach myśliwskich, czuję w nosie zapach smaru do broni, a w domu dziadka nie było już wtedy strzelb, które wymagałyby takiego smaru. Czasy triumfów myśliwskich stryjecznego dziadka też chyba już wtedy minęły; świadczyły o nich wiszące na ścianach sarnie rogi i wieńce jeleni. W zamieszkiwanym przeze mnie pokoju, który należał właściwie do studiującego w Wiedniu syna, ścianę nad łóżkiem wypełniały wypchane zwierzęta, cała zastygła w rozmaitych pozach menażeria: gotowa do skoku kuna na gałęzi, wiewiórka z szyszką w łapkach, puchacz, bekas, jastrząb o rozpostartych skrzydłach, dudek; martwe zwierzęta wytrzeszczały na mnie z góry zimne, szklane oczy. Przypuszczalnie również zabawki i książki dziecięce, które czekały na mnie u stryjecznego dziadka, należały do jego syna. Szczególnie fascynowała mnie wielka gra wojenna, schowana w solidnym pudle: powycinani ze sklejki żołnierze w mundurach Wehrmachtu, ciskający granaty ręczne, strzelający w pozycji leżącej i stojącej albo idący do natarcia z karabinem gotowym do strzału, do tego nakręcane czołgi z blachy, które w ruchu sypały iskrami i wydawały z siebie trzaski udające salwy, wozy bojowe, działa, nawet bomby, ołowiane kulki, przepołowione tak, by wtykać w nie kapiszony — gdy upuszczało się bombę na ziemię, wybuchała. Nie pamiętam samolotów, z których można by zrzucać te bomby, ani żołnierzy wroga, Anglików, Rosjan, kładzionych trupem przez landsjerów ze sklejki. Rzadko, tylko przy specjalnych okazjach, pozwalano mi się bawić w tę grę wojenną.

Już jako dziecko miałem świadomość, że brat dziadka, potężny mężczyzna o wielkiej, okrągłej jak kula głowie ze świecącą łysiną, wzbudzał w rodzinie wielki respekt, ba, wręcz trwogę. Stawałem więc przed nim bardzo nieśmiało, jednak wobec mnie był zawsze miły. Wręcz bałwochwalczą miłością darzył swojego psa, niewielkie zwierzę o gładkiej sierści, foksteriera imieniem Bibi. Stryjeczny dziadek jadał samotnie, odosobniony od reszty rodziny, w jadalni, tylko w towarzystwie psa, którego raczył biszkoptami i bitą śmietaną, tak że z biegiem lat Bibi zmieniła się w ujadającą kulę z małym łebkiem, na nóżkach jak patyki. A może pamięć płata mi figla i to wspomnienie jest tylko projekcją owego dystansu, jakim brat dziadka dla mnie emanował? Pamiętam jednak jego sposób mówienia, bardzo podobny do dziadkowego: brzmienie, pewne słowa, frazy, które wynieśli z Dolnej Styrii i których się nigdy nie wyzbyli. Kiedy brat dziadka chciał wiedzieć, która godzina, pytał: „ileż to mamy na zegarze?".

W ogrodzie za domem przez wiele lat kryła się szczególna dla mnie atrakcja: potężna bomba lotnicza, do połowy wbita w ziemię, w środku ruiny, która niegdyś była może altaną; gruba, stalowa powłoka miała wybrzuszenia i rozdarcia, ale bomba nie rozpadła się na niezliczone odłamki, korpus pocisku pozostał całością — zardzewiały monument zniszczenia, który, kiedyś, pod moją nieobecność uprzątnięto wraz z resztkami rozbitego domku. W ogrodzie był jeszcze inny relikt wojny, wszelako niewidoczny: żółw o imieniu, zdaje się, Goggi, który zniknął podobno podczas bombardowania i nigdy więcej nie wychynął. Nikt nie potrafił powiedzieć, czy zabiło go ciśnienie powietrza, czy fruwający gruz, czy może, jak to żółwie mają w zwyczaju, Goggi zagrzebał się w ziemi, by już się z niej nie wychylić. Pamiętam jeszcze, jak przy każdej bytności przeszukiwałem ogród, w nadziei, że znajdę znanego mi tylko z opowiadań żółwia, albo przynajmniej jego pancerz, który bardzo chciałem mieć.

7. Kiedy planowałem podróż do Pragi, miałem siedemnaście lat. Było to w roku 1961, zimna wojna zbliżała się do punktu szczytowego. Mój wyjazd do Pragi rozpoczął fazę coraz chłodniejszych stosunków z babcią. Praga — to było złamanie tabu, zdrada wartości, w które babcia wierzyła i w które jej zdaniem ja, syn swojego ojca, też powinienem wierzyć. Kiedy nie zdołała odwieść mnie od planów wyjazdowych za pomocą uwagi o naszym biednym SS, które w Pradze wieszano głowami w dół, próbowała ostrożnego przekupstwa. Zaproponowała, żebym zamiast jechać do Pragi wybrał się w podróż po niemieckich miastach, zwiedził Norymbergę, Spirę, Heidelberg, Weimar, Drezno, wspaniałe miasta niemieckie, pomniki niemieckiej architektury, perły kultury — taką podróż gotowa była opłacić. Fakt, że Weimar i Drezno leżały w komunistycznych Niemczech Wschodnich, wielkodusznie pomijała. Z reguły starała się nie przywoływać w rozmowach ze mną nieżyjącego ojca, teraz jednak w rozpaczy sięgnęła po ten argument. Ojciec w twoim wieku — mówiła — zwiedził miasta niemieckie, na maturze przedłożył nawet pracę o niemieckim mieście,

o Kolonii jako ośrodku gospodarczym niemieckiego Zachodu. To nie zrobiło na mnie wrażenia, uważałem ten temat za nudny, natychmiast nabrałem awersji do wszystkich miast niemieckich, a przede wszystkim do Kolonii.

Ojciec skończył gimnazjum humanistyczne w Wels, średnim mieście górnoaustriackim, leżącym na południe od Linzu. Faktycznie przedłożył na maturze pracę dyplomową o Kolonii, ocenioną na czwórkę. Poza tym, sądząc po świadectwie dojrzałości, był raczej miernym uczniem, tylko z gimnastyki i nieobowiązkowego śpiewu uzyskał oceny bardzo dobre.

Jesienią 1929 roku wyjechał do Grazu na studia prawnicze — tak jak przedtem jego ojciec i stryj. W tym samym roku wstąpił, podobnie jak oni, do korporacji studenckiej, oczywiście do „Germanii". Po pierwszym zwycięskim pojedynku został „burszem", to znaczy awansował z „fuksa" na pełnoprawnego członka. Trzymano się tradycji. Lata w Grazu, na uniwersytecie i w korporacji, ukształtowały ojca w nie mniejszej mierze niż dziadka. Istotnym elementem wiary volkistowskiego korporanta był antysemityzm. Żydzi są winni wszelkich nieszczęść — utrzymywano — w czasie wojny uchylali się od służby wojskowej, zarobili majątki na paskarstwie, podczas gdy niemieccy ziomkowie walczyli i cierpieli. Korporantom zakazywano wszelkich kontaktów z Żydami, żydowskich komilitonów uważano za niezdolnych do udzielenia satysfakcji, chlastano ich klingami, i jeśli tylko nadarzała się okazja, nie szczędzono razów. Uniwersytet w Grazu był pograniczną twierdzą nauki niemieckiej, kuźnią kadr nacjonalizmu a później narodowego socjalizmu.

Upadek monarchii ugodził Styrię w nerw życia: jedna trzecia ziem została odcięta, przypadła Królestwu Serbów, Chorwatów i Słoweńców, pozrywano ważne ciągi komunikacyjne. Wielu Austriaków, nie tylko narodowców niemieckich, upatrywało w przyłączeniu do Niemiec jedynej nadziei dla swego wycieńczonego gospodarczo kraju, którego nikt już nie uważał za zdolny do życia. W Styrii związane z anszlusem nadzieje były zapewne większe niż gdziekolwiek indziej. Tym gwałtowniej się oburzano, kiedy zwycięskie mocarstwa do niego nie dopuściły. W zjednoczeniu z Niemcami wielu Styryjczyków widziało też szansę na szachowanie młodego państwa południowych Słowian, przez które czuli się zagrożeni. Konflikty o granicę na południu, o miasta takie jak Marburg i Radkersburg, służyły jako pretekst do tworzenia formacji paramilitarnych, które szykowały się do rozprawy również z wrogiem wewnętrznym, z czerwonymi, z rewolucją marksistowską.

Studenci z Grazu odgrywali w styryjskich grupach Obrony Ojczystej, z których wyłoniła się Styryjska Obrona Ojczyzny, wiodącą rolę. Styryjska Obrona Ojczyzny była największym i najradykalniejszym ugrupowaniem w całym austriackim ruchu obronnym, miała orientację wielkoniemiecką i optowała za anszlusem. Adwokat z Judenburga, Walter Pfrimer, urodzony w Marburgu, absolwent prawa w Grazu, członek korporacji „Marchia Wschodnia", już wcześniej działał aktywnie w reakcyjnych organizacjach, jak choćby Związek Szkolny „Marchia Południowa". W 1929 roku mnożyły się starcia między „Obrońcami Ojczyzny" a lewicą, zwłaszcza członkami Socjaldemokratycznego Republikańskiego Związku Obronnego. Byli zabici i ranni.

W listopadzie 1929 roku Gerhard Bast uzyskał immatrykulację na Wydział Nauk o Państwie i Prawie Uniwersytetu w Grazu; w tym samym miesiącu zorganizowano tam wielki wiec, na którym prym wiedli junacy z Obrony Ojczyzny. Mój ojciec wiecował z nimi, od czterech tygodni należał do organizacji. Na korporantach grazeńskich ciążył wręcz obowiązek akcesu do batalionu studenckiego Styryjskiej Obrony Ojczyzny, gdzie przyswajali sobie podstawy wyszkolenia wojskowego.

Na zdjęciu (Graz, 1930) widać mojego ojca z przyjacielem, przechadzają się ramię w ramię po mieście, jest zimno, mają na sobie palta zimowe, rękawice i kapelusze, w rękach laski: dwaj eleganccy, młodzi jegomoście, beztroscy dandysi. Ojciec rozkoszował się czasem studenckim, dystansem do drobnomieszczańskiego Amstetten i surowego domu rodzicielskiego, wycieczkami z przyjaciółmi, turystyką górską, wspinaczką, narciarstwem, życiem korporanta i bywalca piwiarni, miał powodzenie u dziewcząt, był szykownym młodzieńcem, wysportowanym, opalonym na brąz, wesołym. Czasem też — lekkoduchem. Nadszedł kryzys gospodarczy, ale kancelaria w Amstetten miała się dobrze. Pewnego razu do Grazu przyjechał dziadek, aby dopilnować syna, przemówić mu do sumienia. Syn wyszedł po niego na dworzec, w towarzystwie przyjaciół. Już na peronie wybuchła kłótnia; obaj byli uparci, popędliwi. Starszy pan wpadł w furię, rozpuścił język, krew uderzyła im do głów, żyły nabrzmiały, wrzeszczeli, aż zagniewany dziadek zawrócił na pięcie i wsiadł do pociągu powrotnego, który już czekał na odjazd. Przywiezioną dla syna miesięczną pensję cisnął na peron, po czym zatrzasnął okno. Mój ojciec usiadł z przyjaciółmi przy stole restauracji dworcowej, zamówili piwo, machali do pieniącego się ze złości starszego pana, podobno rzucali nawet pustymi kuflami w jego stronę, to jednak może być tylko późniejszym ubarwieniem tej historyjki, o której nie wiem już nawet, kto mi ją opowiedział.

Wszelako młodzi ludzie pokazywali oblicze nie tylko beztroskie i wesołe, lecz także inne, dość ponure. Nauczyli się nienawidzić swojego otoczenia, nowego, mikroskopijnego państwa, demokracji parlamentarnej i partii politycznych, klechów i bolszewików, kapitalistów i Żydów, obcych mocarstw, co zakazały Austrii połączenia z Niemcami, Słoweńców, którzy zrabowali im Dolną Styrię; chcieli przenicować społeczeństwo, obalić, rozbić instytucje państwa, wszystko miało zostać podporządkowane silnemu wodzowi. Bezwarunkowe posłuszeństwo w służbie dla niemieckiej wspólnoty narodowej. Wiara w narodowość. Volkistowska jedność i czystość. Tego gotowi byli bronić fanatycznie i bezkompromisowo. A także — zwalczać przeciwników politycznych, inaczej myślących, chrześcijańskich socjałów, czerwonych, jeśli trzeba, przelewając krew i nie bacząc na straty czy przepisy prawa.

W 1930 roku mój ojciec odwiedził Kočevje, być może towarzyszył dziadkowi na polowaniu — sam był zapalonym myśliwym. Widać go na zdjęciu z przyjacielem, być może tym samym, z którym promenował po Grazu; zdjęcie jest za małe, żeby to ustalić, przyjaciel mógł też być mieszkańcem Gottschee. Jeden trzyma drugiego pod ramię, stoją w ogrodzie, na tle wysokiego muru z cegły. Ubrali się jak na bal: w ciemne garnitury, białe chusteczki zatknięte na piersi, jeden jest w krawacie, drugi w muszce; uśmiechają się butnie, weseli młodzianie, dwóch małomiasteczkowych fircyków, zaraz porwą do tańca jakieś ładne panienki.

12 września 1931 roku Walter Pfrimer na czele zbrojnych oddziałów Styryjskiej Obrony Ojczyzny przeprowadził pucz. Puczyści zablokowali najważniejsze szlaki komunikacyjne w Górnej Styrii i zajęli wiele miejscowości. Adwokat z Judenburga, tęgi mężczyzna z ogoloną głową, ogłosił się nowym przywódcą państwa. Wojsko zdołało zdusić pucz niemal bez walki, ludność go nie poparła, również inne organizacje obronne pozostały bezczynne. Pfrimer uciekł za granicę, do Jugosławii, akurat do Mariboru, gdzie się urodził. Nie sądzę, aby mój ojciec brał udział w puczu, w każdym razie nie aresztowano go ani nawet nie zadenuncjowano. Wtedy już zapewne nosił się z myślą, aby z Obrony Ojczyzny przejść do nazistów. Ideologicznie obie formacje niewiele się różniły, obie były niemieckonarodowe, radykalnie antydemokratyczne, antysemickie. W 1931 roku NSDAP (Ruch Hitlera) — uzupełnienie w nawiasie miało niechybnie odróżniać ją od innych, wrogich odprysków narodowosocjalistycznych — nasiliła w Styrii działalność propagandową. Wrześniowe wybory 1930 roku w Niemczech przyniosły NSDAP sześć milionów głosów i wielki sukces. Ten triumf także w Austrii działał jako argument

werbunkowy. Szczególnie intensywnie naziści zabiegali o studentów. Mnożyły się wiece, plakaty, ulotki. Napuszone frazesy w „Der Kampf", ukazującej się w Grazu gazecie styryjskich narodowych socjalistów.

„Student w brunatnej koszuli ma żelazną wolę złamania wszelkich oporów i włożenia całego swego trudu w służbę na rzecz nowych niemieckich Niemiec".

„Właśnie student narodowosocjalistyczny, dziś znów włączony do narodu jako całości, pełen wewnętrznej wiary, widzi swoją przyszłą misję: stać się chorążym idei przyszłości, przywódcą czasów walki, której cele wraz z rozwojem w kierunku narodowo-społecznym uległy przewartościowaniu".

Klęska puczu dała narodowym socjalistom pożądaną okazję do agitacji wśród sfrustrowanych „Obrońców Ojczyzny". W „Der Kampf" ukazało się adresowane do nich wezwanie:

„Dołączcie do Adolfa Hitlera! Zostańcie narodowymi socjalistami!".

30 października 1931 roku mój ojciec odpowiedział na ten apel i wstąpił w Grazu do NSDAP; otrzymał numer członkowski 612 972. W domu nie musiał się spodziewać wyrzutów; dziadek już w sierpniu tego samego roku zapisał się do partii nazistowskiej, otrzymując numer 514 334. Czy czasowa zbieżność tych akcesów była przypadkiem, czy też syn poszedł za przykładem ojca?

Kiedy stawiam sobie to pytanie, często myślę o rodzinie Kaltenbrunnerów, która w męskiej części wykazuje pewne podobieństwa do mojej rodziny. Hugo Kaltenbrunner, ojciec późniejszego szefa Głównego Urzędu

Bezpieczeństwa Rzeszy (RSHA), Ernsta Kaltenbrunnera, urodził się w 1875 roku w pewnej mieścinie górnoaustriackiej; mój dziadek pochodził z rocznika 1880. Obaj studiowali prawo w Grazu, byli korporantami, jeden w „Arminii", drugi w „Germanii", i zostali adwokatami; synowie poszli w ślady ojców: studia prawnicze w Grazu, korporacja, Obrona Ojczysta, NSDAP, SS. Ważna różnica: Hugo Kaltenbrunner nie przyłączył się, tak jak mój dziadek, już we wczesnych latach do narodowych socjalistów, nie zapałał od razu zachwytem dla nich, lecz zachowywał pewien dystans. Poza tym rodzina Kaltenbrunnerów pochodziła z Linzu, gdzie i ja dorastałem. W maju 1931 roku Hildegard Gfrerer, moja matka, wyszła tam za mąż za urzędnika bankowego i artystę malarza Hansa Pollacka, którego nazwisko noszę. Rodziny nie przyjaźniły się ze sobą, ale się znały.

Mój prawdziwy ojciec nie miał jeszcze dwudziestu jeden lat, kiedy wstępował do partii; dziadek miał bądź co bądź lat pięćdziesiąt jeden. Po pierwszej wojnie głosował (tak jak Hugo Kaltenbrunner), na Wielkoniemiecką Partię Narodową, która wyłoniła się ze zbitki rozmaitych partii niemieckonarodowych i antysemickich. Co skłoniło Rudolfa Basta, dobrze sytuowanego adwokata z Amstetten, do zejścia z utartej i pewnej ścieżki życia mieszczańskiego i do włączenia się w szeregi nazistów, tych awanturników z pianą na ustach, którzy jednak uzyskiwali coraz większe wpływy?

Nie wiem tego, nigdy nie zapytałem o to dziadka, byłem za młody. Dziadek umarł w 1960 roku; w ostatnich latach właściwie przestał być komunikatywny — wskutek nałogu alkoholowego. Nigdy też nie indagowałem babci, wtedy nie pytałem w ogóle nikogo, nie dlatego, że nie miałbym śmiałości. Istniało u nas coś w rodzaju milczącej umowy, że nie zadajemy osobistych pytań.

Kiedy po wojnie aresztowano dziadka, udzielił zupełnie niesłychanego wyjaśnienia w sprawie swojego wczesnego akcesu do NSDAP i związanego z tym niskiego numeru legitymacji partyjnej. Tak naprawdę miał wejść w szeregi partii dopiero w kwietniu 1938 roku, po anszlusie. Dzień po wstąpieniu — utrzymywał — w amstetteńskiej piwiarni obchodził swoje imieniny, na które przyszedł ówczesny szef tamtejszej NSDAP, Wolf Mitterdorfer, ażeby zainkasować od niego kwartalną składkę członkowską, 3,90 szylingów. „Dałem Mitterdorferowi — opowiadał dziadek — dziesiątaka, a on mi na to, że za tę sumkę może zadziałać wstecz i zrobić ze mnie członka partii nielegalnej. No to przy winie, pod humorem, dałem mu sto szylingów". Jeśli podzielić je na jednostki czasu, to wyjdzie data wstąpienia: dokładnie sierpień 1931 roku. Wczesne członkostwo — wedle wyjaśnień dziadka — to zatem wymysł, on nigdy nie działał w partii zakazanej, nie był nielegalnikiem. Wszystko to tylko wino, humor, ot, pijacka historia.

18 stycznia 1932 roku student Gerhard Bast wstąpił w Grazu do 38. chorągwi SS. Otrzymał numer 23 064. Tak wynika z odpisu jego akt w kartotece SS, natomiast w załączonym do nich życiorysie pisze on, że 30 października 1931 roku wstąpił jednocześnie do partii i do SS.

To w końcu możliwe, biurokratyczna skrupulatność nie należała jeszcze wtedy do mocnych stron narodowych socjalistów, przyszła dopiero później. Heinrich Himmler chciał zrobić z SS rasową i polityczną elitę przyszłego państwa, nową szlachtę, zaprzysiężoną wspólnotę mężczyzn czysto aryjskiej krwi, uprawiającą rytuały i noszącą insygnia pseudogermańskie, czarne mundury, czapki z trupią główką i podwójnym znakiem runicznym na wyłogach — miał to być mroczny zakon nadludzi. W Styrii organizacje SS istniały wówczas jedynie w miastach uniwersyteckich, w Grazu i Leoben, w sumie była to niewielka gromada, studenci, robotnicy, drobni urzędnicy, wielu bezrobotnych. Nieliczni mogli sobie pozwolić na prawdziwy mundur. W Grazu esesmanów było dokładnie trzydziestu, spotykali się w gospodzie „Pod Czerwoną Wieżą" przy Herrengasse, u tak zwanej „nazistki". W przeciwieństwie do austriackiej NSDAP, mającej własne kierownictwo, SS w Austrii podlegało bezpośrednio reichsführerowi Heinrichowi Himmlerowi. Zebrania grazeńskich nazistów odbywały się najczęściej w piwiarni „Stadtfelder", w oparach piwa czuli się oni równie świetnie jak studenci korporanci. Rozwijali ożywioną działalność, organizowali wykłady i dyskusje („Zabezpieczyć miejsca siedzące! Żydom wstęp wzbroniony!"), pokazy filmowe, kwesty na rzecz ubogich towarzyszy partyjnych, wędrówki, kursy narciarskie i ceremonie z okazji letniego przesilenia Słońca. SS, zgodnie z nazwą [*Schutzstaffel*], wykorzystywano jako „drużyny ochronne" na własnych imprezach albo do zakłócania zgromadzeń przeciwników politycznych. Nieustannie dochodziło do bijatyk, zwłaszcza ze zwolennikami Republikańskiego Związku Obrony.

W lipcu 1932 roku ojciec został skazany przez sąd okręgowy w Grazu za naruszenie paragrafu 411 kodeksu karnego — udział w bójce i umyślne uszkodzenie ciała — na grzywnę w wysokości dziesięciu szylingów. Półtora tygodnia później wystawiono mu pozwolenie na broń: strzelbę myśliwską i broń palną „flobert". Przezornie ubiegał się o ten dokument nie w Styrii, lecz w rodzinnym Amstetten. W styczniu 1933 roku pozwolenie objęło też broń krótszą niż osiemnastocentymetrowa.

W 1932 roku, służąc w SS, ojciec przejął w korporacji „Germania" obowiązki fechtmistrza; podobnie jak trzydzieści lat wcześniej jego dziadek, bił się w studenckich pojedynkach, uprawiał wspinaczkę, udawał się na dalekie wyprawy narciarskie, jeździł polować do Gottschee, złożył egzamin państwowy z historii prawa z wynikiem dostatecznym — osobliwe, że w ogóle zdołał zająć się studiowaniem.

Graz był w owych latach niespokojnym miejscem, starcia między narodowymi socjalistami a socjaldemokratami czy komunistami przybierały na brutalności, obie strony usiłowały wyciągnąć z tych rozpraw jakąś korzyść. We wrześniu 1932 roku pewien osiemnastoletni student, esesman i korporant, stracił życie w bijatyce. „Śmiertelna ofiara czerwonych zbrodniarzy w Grazu. Esesman August Aßmann zasztyletowany przez marksistów" — podawała w tytule „Der Kampf". Pogrzeb stał się wielką akcją propagandową. Na czele konduktu maszerowało SS, następnie Hitlerjugend, orkiestra SA, kompania sztandarowa ze swastykami na proporcach; potem wieńce, na przedzie ogromny wieniec z róż i niezapominajek przysłany przez Adolfa Hitlera, trumna na wozie, w otoczeniu esesmanów niosących płonące pochodnie i korporantów w pełnej gali, wreszcie delegacje niemieckich gimnastyków, Związku Wszechniemieckiego Schönerera, Związku Żołnierzy Frontowych, Obrony Ojczyzny. „Der Kampf" pisała o kondukcie liczącym wiele tysięcy ludzi:

„Kiedy dotarł na cmentarz, zapadła już noc, księżyc rzucał blade światło jak na widmowy pochód żałobników po śmierci młodego Zygfryda i posępnie migotały pochodnie mężów z S.S."

Narodowi socjaliści mieli upodobanie do patosu i napuszonych inscenizacji. „SS" pisało się wtedy z kropkami i liternictwem łacińskim, nie pismem runicznym — drukarnia gazety w Grazu najwyraźniej nie dysponowała wtedy jeszcze potrzebnymi znakami germańskimi.

To była demonstracja siły, potęgi, przedsmak fanatyzmu mas, który niedługo później miał skłonić führera do nadania Grazowi tytułu „miasta buntu narodowego". Narodowi socjaliści lubili zwracać na siebie uwagę i siać niepokój, używając „papierowych moździerzy", pudeł z prochem i lontem, które rzucali albo podkładali w miejscach publicznych. Od moździerzy do zbrodniczych zamachów bombowych droga nie była daleka. Kiedy w maju 1933 roku, cztery miesiące po przejęciu władzy w Niemczech przez Hitlera, bawarski minister sprawiedliwości, dr Hans Frank, przyjechał z wizytą do Grazu, postawiono na nogi policję i wojsko, aby zdławić demonstrację poparcia. Naziści awanturowali się, ciskali „moździerzami” i wypuścili przed „Czerwoną Wieżą”, miejscem spotkań miejscowego SS, żywą świnię z wymalowanymi czerwoną farbą nazwiskami Dollfussa i Vaugoina, ministra spraw wojskowych.

W czerwcu 1933 roku terror narodowosocjalistyczny osiągnął kulminację. Niedaleko naddunajskiego Krems esamani rzucili granaty ręczne w kolumnę rezerwistów policyjnych; wskutek zamachu jedna osoba zginęła, było wielu rannych. Rząd Dollfussa zareagował zakazem działalności NSDAP w Austrii, jednocześnie rozwiązał Styryjską Obronę Ojczyzny. W całym kraju aresztowano czołowych narodowych socjalistów, wielu z nich udała się ucieczka do Niemiec, gdzie wstępowali do założonego w Bawarii „Legionu Austriackiego”.

Owego lata ojciec pojechał do Laška, do cioci Pauliny i wujka Drolca, który grał w kościele parafialnym na organach i kierował chórem. Student z Grazu miał ogoloną głowę, tak że widać było blizny od cięć, białe bruzdy, które znaczyły jego czaszkę. Miał dwadzieścia dwa lata, wyglądał jednak dużo starzej. Wędrowali po wzgórzach łańcucha tüfferskiego, po lasach bukowych i kasztanowych, mijali niewielkie zagrody chłopskie, gdzie gospodarze częstowali ich winem własnej roboty, wspinali się do ruiny zamku, skąd można było objąć wzrokiem całą dolinę Sanny, i popijali piwo w gospodzie „Horiak”, która już od lat nazywała się „Henke”. Było upalnie, lato ubogie w deszcze, powietrze stało nieruchomo w wąskich, pełnych kurzu zaułkach spokojnej mieściny, a ludzie mówili, że latoś będzie dobre wino i obfity zbiór kasztanów.

8. Dom dziadków przy Preinsbacher Straße w Amstetten był dwupiętrowym budynkiem z okresu założycielskiego, z wieżyczką na dachu, gdzie gnieździły się gołębie. Pamiętam chłodny półmrok na schodach i stylizowaną głowę lwa z lanego żelaza, z szeroko rozwartą paszczą, wieńczącą cokolik u podnóża schodów. Pamiętam jeszcze okazjonalne, niewyszukane próby odwagi: wsadzałem palec w tę paszczę, radując się za każdym razem, że nie gryzie. Na półpiętrze znajdowała się kancelaria dziadka, na pierwszym piętrze mieszkanie, piętro wyżej mieszkał człowiek, którego babcia z pogardą nazywała „komunistą", jakby to było wszystko, co można o kimś takim powiedzieć — a i to prawdopodobnie już było za wiele. Lokatora zakwaterował tu po 1945 roku wydział mieszkaniowy urzędu miasta; wszak właściciele domu, dziadkowie, uciekli ze strachu przed Rosjanami. Kiedy wrócili, nie mogli wypowiedzieć podnajemcy mieszkania, ponieważ zachowywał się przyzwoicie i płacił czynsz.

Tuż obok domu płynął niewielki strumyk, który za moich czasów dawno już miał swoje pogłębione i obmurowane łożysko; występował z niego tylko w czasie powodzi, a wtedy zalewał ulicę i piwnice. Między domem a murowanym korytem strumienia ciągnął się wąski, niespełna metrowy pas ziemi, na którym dziadek hodował kwiatki: lilie bulwkowate, dalie, lwie paszcze, róże — nazywał ten przepych kwitnącej roślinności swoją „riwierą". Wydawał się jakiś zagubiony, ten pleczysty mężczyzna ze szczotkowatym wąsikiem, zwanym „muchą", kiedy tak stał wśród swoich kwiatów, przy grządce tak wąskiej, że nie mógł się obrócić; zawsze zapięty na ostatni guzik, jakby właśnie wybierał się na polowanie. Styryjski kapelusz, tradycyjna, wyszywana kurtka z lodenu, pumpy, grube wełniane skarpety, nocnikowate półbuty; jesienią i zimą na kurtce nosił jeszcze zarzutkę w szare cętki, tak zwanego „schladmingera". W kieszonce spodni tkwił scyzoryk, który dziadek trzymał w pochewce z miękkiej, szarej skórki. Nie pamiętam, żebym widział go kiedyś w długich spodniach.

Przy Preinsbacher Straße, niedaleko dziadków, mieścił się Sąd Okręgowy z przyległym aresztem, którego zakratowane okna wychodziły na nasz dom; pomiędzy tymi budynkami rozciągała się zachwaszczona łąka, terytorium okolicznych psów. Po 1945 roku w gmachu sądu rezydowała sowiecka komendantura: na lewo i prawo od wejścia wisiały dwa monumentalne, obwiedzione żarówkami wizerunki Lenina i Stalina, nad nimi wielka, pięcioramienna, czerwona gwiazda. Pod portretami różniących się braci, łysego i wąsala, trzymali wartę rosyjscy żołnierze w brudnozielonych mundurach, ściągniętych w pasie, tak że ich poły odstawały jak spódniczki baletnic, mimo że sami żołnierze w podkutych butach, które podczas marszu trzaskały o bruk, raczej nie wyglądali tanecznie. Na plecach wartownicy mieli pistolety maszynowe z okrągłymi magazynkami, a na głowach furażerki z czerwoną gwiazdą. Dziadek dobrze się z Rosjanami dogadywał, mówił po słoweńsku, oni po rosyjsku, „dober dan", „zdrastwujtie", „živio". Jesienią 1950 roku wrócił do Amstetten; wtedy już rosyjska okupacja straciła w oczach byłych narodowych socjalistów wiele ze swej grozy.

W areszcie siedzieli ludzie — opowiadała babcia — aresztowani przez Rosjan, „ludzie niewinni", dodawała. Wszyscy oni trafiali na Syberię. Do obozów w śniegu i lodzie. Nic nie zawiniwszy — mówiła — po prostu dlatego, że zadenuncjowali ich komuniści, czerwoni. Podobnie jak w tak zwanych czasach systemu naziści, nazywani przez babcię „naszymi ludźmi", którzy również szli za kraty, ich jednak denuncjowali nie komuniści (ci też mieli wtedy zakaz), lecz ludzie Dollfussa, czarni. Dziecku nie było łatwo zorientować się w tym świecie. Próbowałem czasem wyobrazić sobie, jak wyglądali czarni lub czerwoni, to jednak przychodziło mi z trudem, nie znałem ich. Wiedziałem tylko, jak wyglądają naziści.

Po zakazie działalności NSDAP w czerwcu 1933 roku szereg znanych amstetteńskich nazistów trafiło do aresztu przy Sądzie Okręgowym. Dziadka tymczasem nie aresztowano, choć władze miały na niego oko — jego poglądy były dobrze znane w miasteczku. W lipcu 1933 roku doniesiono na niego, gdyż spacerując obok budynku więziennego, wołał rzekomo do aresztantów *Heil Hitler!* Żandarmeria zbadała incydent i stwierdziła, że aresztowani faktycznie śpiewali bardzo głośno „Pieśń Horsta Wessela" oraz inne zabronione piosenki nazistowskie i pozdrawiali przechodzących obok budynku, w tym mecenasa doktora Rudolfa Basta, okrzykiem *Heil Hitler!*, on jednak odpowiedział co najwyżej zawołaniem *Heil!*, *„Heil Hitler!* doktor Bast z pewnością nie wołał".

Wskutek zakazu działalności, rozwiązania partii i jej przybudówek, udało się na pewien czas ograniczyć aktywność nazistów, wkrótce jednak znów ją nasilili, chcieli pokazać, że władza państwowa ich nie zastraszy. Smarowali swastyki i krnąbrne hasła w rodzaju „żyj i z zakazu kpij", nosili jako znak rozpoznawczy białe skarpety, a zamiast zabronionej swastyki białą kartkę na wyłogu albo znaczek Niemieckiego Związku Gimnastycznego: cztery wielkie litery „F", od słów *Frisch, Fromm, Fröhlich, Frei**, tak ułożone, że do złudzenia przypominały swastykę. Władze reagowały karami grzywny i aresztu, również noszenie substytutu odznaki obłożono karą, podobnie jak śpiewanie „Pieśni Horsta Wessela" czy okrzyki *Heil Hitler!* i *Pfui Dollfuß!*** Naziści śpiewali też piosenki rodzimych kompozytorów i poetów. Szczególną popularnością cieszyła się w Amstetten, położonym niedaleko doliny Wachau, piosenka o niemieckiej Wachau, którą śpiewano na ulicach i w gospodach — była nawet na płycie — aż wreszcie ze względu na jej narodowosocjalistyczny wydźwięk

* Odpowiednio: Świeży, Pobożny, Wesoły, Wolny.

** Dosłownie: „Tfu, Dollfuß"; ze względu na podobieństwo brzmieniowe nazwiska Dollfuß i słowa *Teufel* [diabeł] ten pogardliwy okrzyk jest parafrazą przekleństwa niemieckiego *Pfui Teufel!* [Tfu, do diabła!].

została zakazana. Tekst jest wzorcowym przykładem volkistowskiego patosu, który tak cenili naziści:

Zbudź się, niemiecka Wachau

Czemu tak trwożnie szumi Dunaj
Niemiecką ziemią płynąc w świat?
Z grodu do grodu mknie pytanie,
O, Marchio Wschodnia, czy powstaniesz,
Czy trafi siostra pod swój dach
Tu, gdzie ojczyzny wielki gmach.

[...]

I opłacony obcym złotem
Już czai się zuchwały wróg —
By nas zniewolić najbezwstydniej —
Lecz krew niemiecka nie wystygnie!
Pojmać chce zdrajcę cały lud!
Kto by się na to ważyć mógł!

Zbudź się, niemiecka Wachau!
Nibelungowej ziemi chwała!

Aż wreszcie kiedyś mroki nocy
Niechybnie zrodzą nowy brzask
I od Dunaju do Nadrenii
Żyć będzie jedno bratnie plemię
Proporce wieją z wszystkich baszt!
Powstaje z mar bohater nasz!

W niektóre dni nazistowscy więźniowie ryczeli tak głośno, że słychać ich było aż w domach zamożnych mieszczan przy biegnącej na tyłach więzienia ulicy willowej; niektórzy składali zażalenia. Więźniowie w ogóle wiedli rzekomo wesołe życie. Dostarczano im do cel — jak donosił pewien oburzony obywatel — sznycle i wino z restauracji „Todt" i „Sengstbratl", a z piekarni i cukierni Juliusa Exla — świeże bułki i lody.

W styczniu 1934 roku doszło w Amstetten do serii zamachów. Noc w noc eksplodowały w mieście papierowe moździerze: przy rynku głównym, przed urzędami i mieszkaniami prominentnych zwolenników państwa stanowego, wszędzie, gdzie nieznani sprawcy mogli uderzyć, nie narażając się na niebezpieczeństwo. Prymitywne materiały wybuchowe nie wyrządzały wprawdzie wielu szkód, ale nie sposób było nie dosłyszeć przesłania: jesteśmy, trzeba się z nami liczyć. Ponieważ nie udawało się wykryć sprawców, władze aresztowały grupę ważnych narodowych socjalistów, wśród nich aptekarza Wolfa Mitterdorfera i adwokata, doktora Rudolfa Basta — „obaj są znanymi przywódcami swastykowców", jak pisała socjaldemokratyczna gazeta. Wolf Mitterdorfer założył w 1919 roku, wespół z ludźmi podobnych poglądów, lokalny związek antysemicki, w późniejszych latach zasiadał jako mandatariusz narodowosocjalistyczny w radzie gminy Amstetten — aż do zakazu działalności partii w roku 1933. Poza tym Mitterdorfer działał aktywnie w małej gminie ewangelickiej, przy której skupiały się środowiska volkistowskie.

Kiedy wieziono aresztowanych nazistów na dworzec, aby dostarczyć ich do tymczasowego obozu Kaisersteinbruch*, niedaleko Bruck nad Lejtą, setki nazistowskich nielegalników zgromadziły się na trasie; towarzyszyli ideowym przyjaciołom wrzaskliwie protestując, a kilku położyło się nawet na torach, chcąc uniemożliwić odjazd pociągu. Dopiero oddziały żandarmerii i wojska zdołały rozpędzić demonstrantów i przywrócić spokój.

W obozach tymczasowych autorytarnego państwa stanowego — największy znajdował się w Wöllersdorfie (Dolna Austria) — internowano politycznych przeciwników, najpierw komunistów i narodowych socjalistów, a po walkach w lutym 1934 roku również socjaldemokratów. Wielu umieszczano tam prewencyjnie, z powodu ich „znanego władzom nastawienia partyjno-politycznego" albo w związku z podejrzeniem, że szykują akcje antypaństwowe, czego nawet nie starano się im udowadniać. Znanych narodowych socjalistów można też było pociągać do odpowiedzialności finansowej za szkody wynikłe z zamachów bombowych czy bazgraniny na murach, z czym być może osobiście nie mieli nic wspólnego. Te nierzadko arbitralnie interpretowane zarządzenia służyły propagandzie nazistów, która przedstawiała ich jako niewinne ofiary i męczenników dogorywających w „piekle Dollfussa Kaisersteinbruch" za duszę narodu. Nazistów z Amstetten z reguły przewożono do Kaisersteinbruch. Wolf Mitterdorfer, po anszlusie burmistrz w Amstetten, podkreślał z dumą, że najwięcej osadzo-

* Nazwa Kaisersteinbruch oznacza „kamieniołom cesarski".

nych w Kaisersteinbruch „nielegalnych" w proporcji do liczby mieszkańców, wywodziło się właśnie z jego miasteczka. Fakt, że dolnoaustriackie Amstetten przewyższyło pod tym względem wszystkie inne miasta w Austrii, nie był przypadkowy. W ostatnich wolnych wyborach, w 1932 roku, tutejsi narodowi socjaliści dostali ponad jedną czwartą głosów. Obóz Kaisersteinbruch istniał tylko od stycznia do kwietnia 1934 roku — po jego likwidacji większość osadzonych zwolniono, pozostałych przekazano do Wöllersdorfu.

Wśród tych, co pojechali do Wöllersdorfu, znajdował się dziadek. Trzymano go tam do czerwca 1934 roku, następnie udał się do Jugosławii, gdzie przebywał do marca 1935 roku. Tak napisał w ankiecie personalnej NSDAP, którą wypełnił w maju 1938 roku. Pobyt w Jugosławii wydaje się zagadkowy: „konfinowanie do Jugosławii do 1.03.1935", brzmi zapis w ankiecie, ale „konfinowanie" oznaczało sądowy nakaz przebywania w określonym miejscu, dziadek zaś posiadał od 1921 roku obywatelstwo austriackie i władze raczej nie mogły wyznaczyć mu przymusowego miejsca pobytu w Jugosławii. Czyżby wymyślił sobie „konfinowanie", aby uświetnić swoją legendę męczennika? Myślę raczej, że dobrowolnie pojechał do Jugosławii, aby wymknąć się spod nadzoru władz. Gdzie się zatrzymał: w Tüffer, u krewnych, czy w Gottschee, gdzie miał dobrych przyjaciół — tego nie zdołałem ustalić; w każdym razie nie był jedynym austriackim nazistą, który w owym czasie przebywał w Jugosławii. Po nieudanym puczu z lipca 1934 roku sporo towarzyszy partyjnych ze Styrii i Karyntii osiadło u południowego sąsiada. Pewne jest, że w Kaisersteinbruch dziadek spotkał Ernsta Kaltenbrunnera, którego również aresztowano w połowie stycznia. Barczysty adwokat z Linzu o pociętej bliznami końskiej twarzy był najbardziej prominentnym wśród dokładnie pięciuset siedzących w Kaisersteinbruch nazistów. Kaltenbrunner zorganizował strajk głodowy, który ostatecznie doprowadził do rozwiązania obozu.

Władze wielokrotnie zobowiązywały dziadka do naprawy szkód. Spodziewały się, że mecenas z dobrze prosperującą kancelarią bez problemu potrafi zgromadzić stosowną sumę pieniędzy, on jednak odmawiał wszelkich płatności, tłumacząc się rzekomym brakiem środków. Dom z wieżyczką przy Preinsbacher Straße już wcześniej przepisał na babcię.

9. Piekarnia na parę i cukiernia Juliusa Exla przy rynku głównym w Amstetten, skąd podobno w 1934 roku dostarczano nazistowskim więźniom świeże bułki i lody, stanowi dowód trwałości małomiasteczkowego świata. Przetrwała chrześcijańskie państwo stanowe, Trzecią Rzeszę i okres powojenny, jest ponadczasowa. Dla mnie również cukiernia była stałym punktem orientacyjnym w Amstetten. Babcia prowadziła mnie tam i musiałem za każdym razem kłaniać się pięknie przed starszą panią Exel, po czym ona stawiała przede mną porcję lodów z bitą śmietaną i waflem. „U Exla", jak babcia nazywała cukiernię, mimo że zawsze widywałem nie Exla, lecz tylko starszą panią, było pierwszą stacją na trasie firm w Amstetten, które wizytowałem na przełomie lat czterdziestych i pięćdziesiątych, trzymając babcię za rękę. Wiodła mnie od domu do domu, od cukierni Exla do apteki „U Dobrego Pasterza", prowadzonej przez brata Wolfa Mitterdorfera, i dalej do rozmaitych sklepów, których nazwy wyleciały mi z pamięci; wszędzie tam byłem przedstawiany znajomym i przyjaciołom babci — jak później ustali-

łem, samym byłym nazistom — niezmiennym zdaniem: „To jest syn Gerharda".

Słowa te za każdym razem wywoływały zachwyt, który nawet dziecko w wieku szkolnym rozpoznawało jako sztuczny: głaskano mnie po głowie, szczypano w policzki, niektóre kobiety próbowały nawet dać mi całusa, co odczuwałem jako obrzydlistwo; padały też okrzyki, jak znowu urosłem, jaki podobny jestem do ojca i tak dalej — kobietom, nie wyłączając babci, wilgotniały przy tym oczy ze wzruszenia. Wszystko to znosiłem cierpliwie, bo spoza niepożądanych czułości uśmiechała się do mnie zwykle smaczna nagroda — byłem żarłocznym dzieckiem, podatnym na korupcję. Następnie zaczynali półgłosem, nad moją głową, rozmawiać o Gerhardzie, jaki był dziarski, honorowy, przyzwoity, i jak okrutnie obszedł się z nim los. To niezbyt mnie interesowało, bo imię Gerhard z niczym się dla mnie nie łączyło. Nie sądzę, abym w tamtym czasie widział ojca na zdjęciu, a co dopiero, by ktoś mi wyjaśnił, dlaczego mam w Linzu ojca, który żyje, ożenił się z moją matką i traktuje mnie jak rodzonego syna, a drugiego — najwidoczniej martwego — w Amstetten. Dopóki nie skończyłem dwunastu czy trzynastu lat nikt nie uważał za stosowne objaśnić mi tych zawikłanych stosunków rodzinnych. Ani matka w Linzu, ani babcia w Amstetten, ani nikt inny. Sam też nigdy nie łamałem sobie głowy nad tą zagadkową konstelacją, przyjmowałem ją taką, jaką była, i basta. Naturalnie, od pewnej chwili wiedziałem dobrze, jak się rzeczy mają: że prawdziwy ojciec nie żyje, że nazywał się Gerhard Bast, pochodził z Amstetten, gdzie mieszkają ukochani dziadkowie, których mam tylko dla siebie — moje starsze rodzeństwo w Linzu ich nie ma. Byłem chyba czternastolatkiem, kiedy matka napomknęła ostrożnym słowem, co mój ojciec robił na wojnie: SS, gestapo; czułem się trochę zaszokowany, ale szok szybko minął; szczegółów matka nie opowiadała.

„Jeśli ktoś cię spyta, co robił twój ojciec, mów, że był radcą rządowym" — pouczyła mnie babcia. Wiele więcej się od niej nie dowiedziałem. Jednak nie tylko z jej winy, mogłem przecież sam spytać. Zaniechałem tego.

U nas nie zadawano pytań, na tym polegał problem.

Kiedy babcia prowadziła mnie po Amstetten jak małego lorda Fauntleroya, ażeby z dumą przedstawiać mnie innym, ażeby głaskali mnie po głowie, odczuwałem to jako uciążliwość, z drugiej strony rozkoszowałem się uwagą świata dorosłych i niechybnie czekającymi mnie podczas wycieczki porcjami lodów z bitą śmietaną — na koniec zaś marcepanowym kartoflem. To było zawsze ukoronowanie naszej wyprawy do miasteczka, wszelako kartofel czekał nie „U Exla", lecz w innej cukierni, „U Garna", gdzie nikomu mnie nie przedstawiano; tam zjawiałem się, by tak rzec, incognito. O amstetteńskich kartoflach marcepanowych — obtoczonych w kakaowym proszku kulach, z warstwą marcepana na zewnątrz, nacięciami, które upodabniały je do prawdziwych smażonych kartofli, z biszkoptem i tłustym, ciemnym kremem w środku — po dziś dzień myślę z nostalgią. Babcia, która rozpieszczała swojego ukochanego wnuka nieprzytomnie, przysyłała mi marcepanowe kartofle nawet do internatu.

Co do niej samej: była niesłychanie oszczędna. Kiedy szliśmy do restauracji, co zdarzało się rzadko, zamawiała dla mnie sznycla, a dla siebie bulion i nic więcej. Nie miała wymagań, ale niełatwo było ją zadowolić. Pamiętam jeszcze, jak się peszyłem, kiedy odsyłała zupę do kuchni — bo była za chłodna, przesolona lub z innych jeszcze powodów niesmaczna. „Tego się nie da jeść", mówiła surowo, a kelner bez słowa sprzeciwu zabierał talerz. Babcia była despotyczną damą i cieszyła się powszechnym respektem.

10. 25 lipca 1934 roku jednostki austriackiego SS podjęły próbę puczu, podczas którego zamordowano kanclerza Engelberta Dollfussa.

Student Gerhard Bast zareagował na wiadomość o śmierci nie imponującego posturą kanclerza szyderczym zawołaniem: „Dollfuß splajtował", za co wsadzono go na trzy miesiące. Trudno powiedzieć, czy władze wiedziały o jego przynależności do zakazanego SS. Na swoje szczęście, kilka miesięcy wcześniej skończył studia prawnicze, uzyskując absolutorium; na dyplomie poświadczono, że postawa kandydata „w pełni odpowiada zasadom akademickim".

Jeśli chodzi o akademickie postawy studentów, władze uniwersytetu w Grazu nie stawiały zbyt wysokich wymagań. W latach trzydziestych uczelnia ta stała się ostoją aktywności narodowosocjalistycznej, w czerwcu 1933 roku, na krótko przed zakazem, nazistowscy studenci na kilka godzin zajęli budynek główny uniwersytetu, wywiesili na dachu wielką flagę ze swastyką, zabarykadowali wejścia ławkami i wpuszczali wyłącznie nauczycieli, których znali jako sympatyków — takich nie brakowało.

Po zakazie działania partii zwalniano za poglądy narodowosocjalistyczne poszczególnych profesorów i asystentów, jednak wśród studenterii ton wciąż nadawali naziści. Nazistowscy studenci wydawali nielegalne pisemko „Aufbruch", smarowali hasła, odpalali moździerze, tłukli się z przeciwnikami politycznymi i chodzili w góry, gdzie na zboczach i widocznych z daleka szczytach rozniecali ognie w kształcie swastyki, bądź też jeżdżąc na nartach, wygniatali ogromne swastyki w śniegu. Istniało wiele możliwości zademonstrowania zakazanych przekonań.

Na Wielkanoc 1934 roku ojciec wybrał się z przyjaciółmi na narty; pojechali na Großer Bösenstein w paśmie Rottenmanner Tauern. Na zrobionym przez ojca zdjęciu widać trzech młodych mężczyzn i dziewczynę, jak siedzą na wystających ze śniegu skałkach; sympatyczni młodzi ludzie w pludrowatych spodniach narciarskich i pumpach, z podwiniętymi rękawami koszul, w zrolowanych skarpetach, w tle rozległa śnieżna płaszczyzna; nie sposób zobaczyć, czy swoimi hikorowymi deskami wygnietli na niej swastykę. Nie wiem, kim są trzej chłopcy i dziewczyna, może kolegami ze studiów, przyjaciółmi z Amstetten, towarzyszami partyjnymi czy kamratami z SS, dziewczyna to pewnie przyjaciółka jednego z nich.

Naziści przywiązywali wielką wagę do sportu, zwłaszcza do sportowego hartowania młodzieży. Odporni jak skóra, zwinni jak charty, twardzi jak stal Kruppa — tacy mieli być młodzi Niemcy wedle życzeń Hitlera, choć on sam bynajmniej nie odpowiadał temu ideałowi. Nielegalne SS często organizowało takie wspólne wyprawy —

górskie zacisze świetnie się nadawało na konspiracyjne spotkania czy imprezy wzmacniające korporacyjnego ducha: ogniska z okazji przesilenia Słońca czy tak zwane ceremonie Jula, wyprawy podejmowane z ludźmi tych samych przekonań w okresie bożonarodzeniowym*. Owładnięty germańskim obłędem Heinrich Himmler chciał przynajmniej w łonie SS zastąpić chrześcijańskie Boże Narodzenie świętem Jula, które starzy Germanie obchodzili w czasie zimowego przesilenia Słońca. Grudzień miał być zatem przemianowany na „Jul", a niezbywalna choinka na „drzewko Jula".

Mój ojciec był namiętnym wspinaczem i narciarzem, wykorzystywał każdy wolny dzień, by wyruszyć w góry, często z towarzyszami partyjnymi. Pod datą 31 stycznia 1937 roku w jego dzienniku wypraw znajduje się zapis: „Forsteralm. Bieg zjazdowy SS, klajster i szreń, pogoda dobra". 13 marca wspiął się na nartach z Liezen przez Wysoką Bramę do Chaty Liezeńskiej, następnego dnia zjechał przez Kleinmölbing i Hochmölbing do Kreuzspitze. Podczas zjazdu miał spotkanie, które wydało mu się godne notatki w księdze wypraw: „Spotkałem dr. Kaltenbrunnera".

Dr Ernst Kaltenbrunner był już wtedy dowódcą całego austriackiego SS; z zapisu nie wynika, czy kontakt ten został zaplanowany, czy nastąpił przypadkiem.

10 grudnia 1935 roku ojciec obronił w Grazu doktorat z prawa. Jakiś czas przedtem podjął w Sądzie Okręgo-

* Jul — obchodzone w zimie święto starogermańskie, związane z kultem zmarłych i kultem bóstw płodności.

Dr Gerhard Bast, Piz Buin 1936

Mittelhochferner 1940

wym w Amstetten praktykę niezbędną do aplikacji adwokackiej. Po doktoracie został przydzielony do Sądu Powiatowego w St. Pölten, gdzie jednak pracował tylko kilka tygodni, ponieważ zabroniono mu praktyki sądowej z powodu podejrzenia o aktywność narodowosocjalistyczną. Złożył odwołanie od tej decyzji, które jednak oddalono. W postanowieniu prezydium Wyższego Sądu Krajowego w Wiedniu oznajmia się, że dalsza działalność rzeczonego w sądzie stanowczo uchybi reputacji wymiaru sprawiedliwości w oczach patriotycznej opinii publicznej, której jego antyrządowe działania są dobrze znane. Na to ojciec znów złożył zażalenie. Podnoszone przeciwko niemu zarzuty — pisał — zgłaszane przez „ojczyźniane kręgi w miejscu pobytu", a więc w Amstetten, są całkowicie bezzasadne; jeśli twierdzi się, że działa na rzecz zakazanej partii, jest to złośliwe oszczerstwo. W podaniu skupił się też na politycznej postawie swojego ojca:

„Ojciec mój, dr Rudolf Bast, adwokat w Amstetten, jest i zawsze był poglądów narodowych. A zatem od dziecka walczył o niemieckość na pograniczu językowym i ponosił za nią ofiary. Nie odkrył swojej niemieckości dopiero przed dwoma laty. Jako Niemiec z pogranicza językowego ma dość siły charakteru, by nie zmieniać przekonań, lecz trwać przy nich we wszystkich sytuacjach życiowych. Taką narodową postawą cechował się od dzieciństwa, a więc na długo przed wstąpieniem NSDAP na arenę polityczną. Nie można zatem pomawiać mojego ojca o to, że jego narodowa postawa jest zabronioną działalnością partyjną. Wcześniej tak zwane «kręgi ojczyźniane» nie gorszyły się nią. Teraz jednak powiał «inny wiatr» i dał okazję typom spod ciemnej gwiazdy do besztania mojego ojca, a także jego rodziny, i to nie za jego postawę narodową — tę bowiem również dzisiaj uważa się w przypadku Niemca z pogranicza języków za rzecz zrozumiałą — lecz tylko i wyłącznie dlatego, że ojciec mój i jego rodzina są wyznania protestanckiego, on sam zaś piastuje też funkcję kuratora w gminie ewangelickiej Amstetten".

Po wykluczeniu z praktyki sądowej ojciec został koncepistą w kancelarii swojego ojca w Amstetten, a oprócz tego działał w nielegalnym SS, skupiającym najbardziej radykalny element. Od lata 1936 roku dowodził trzecim oddziałem szturmowym (Amstetten) trzeciej chorągwi SS, która później została przemianowana na chorągiew pięćdziesiątą drugą. Esesmanom, studentom, robotnikom, nauczycielom, handlowcom wpajano prymitywne pojęcia podstawowe z zakresu walki ras i żądano od nich, aby szpiegowali egzekutywę oraz przeciwników politycznych. Mieli „ustalać, które samochody jadące z Rzeszy przez Austrię nie mają chorągiewek ze swastyką, a także wykrywać obywateli niemieckich wyrażających się negatywnie o reżimie narodowosocjalistycznym". Meldunki szpiclów przekazywano gestapo w Niemczech.

Pod rosnącą presją Rzeszy Niemieckiej kanclerz Kurt Schuschnigg podpisał w lipcu 1936 roku umowę z Hitlerem, w której wyraził zgodę na zestrojenie austriackiej polityki zagranicznej z niemieckimi interesami; w zamian za to Hitler obiecał szanować suwerenność Austrii i trzymać na wodzy nielegalnych narodowych socjalistów austriackich. Należało się starać, aby przejęcie władzy w Austrii nastąpiło — tak jak w Niemczech —

pod płaszczykiem legalności. Po umowie lipcowej Niemcy hitlerowskie wzmogły oficjalną propagandę w Austrii, a z drugiej strony, władze autorytarnego państwa stanowego usiłowały przeszkadzać rodzimym, wciąż nielegalnym nazistom w akcjach publicznych — ta sprzeczność podkopywała autorytet organów państwowych.

W październiku 1936 roku oddział niemieckiego Narodowosocjalistycznego Korpusu Samochodowego (NSKK), dowodzony przez Adolfa Hühnleina, w sile dwudziestu pięciu pojazdów ozdobionych chorągiewkami ze swastyką, odbył „wizytację" licznych miast austriackich; doszło wówczas do wystąpień publicznych i starć austriackich nazistów z organami władzy wykonawczej. Kiedy kawalkada przetaczała się przez Amstetten, witał ją szpaler wiwatujących nazistów; w pierwszym rzędzie stał dziadek i pozdrawiał nazistowskich kierowców niemieckim gestem. Upomniany przez pilnującego porządku funkcjonariusza dziadek krzyknął do Hühnleina: „Pozdrowienia urzędowo zakazane, *heil!*".

Nałożono za to na pięćdziesięciosześcioletniego adwokata, Rudolfa Basta, karę czterdziestu dwóch dni aresztu. Należy przyjąć, że odsiedział tę karę w więzieniu amstetteńskim, mając zza krat widok na własny dom przy Preinsbacher Straße. Dwa lata później odnotował nawet ten incydent w ankiecie personalnej NSDAP: „6 tygodni aresztu za pozdrowienie dowódcy korpusu Hühnleina w Amstetten 4.10.1936".

Zaledwie tydzień po złożeniu w sądzie wiedeńskim zażalenia rojącego się od zapewnień o niewinności, ojciec został aresztowany wraz z siedmioma innymi obwinionymi — zarzucono im nielegalną działalność w funkcji dowódców SS. Było to w kwietniu 1937 roku. Przeciw doktorowi Bastowi podnoszono, że od 1936 roku dowodził trzecim oddziałem szturmowym (Amstetten) stacjonującej w Krems trzeciej chorągwi SS i pełniąc tę funkcję, przekazywał podwładnym rozmaite rozkazy, między innymi rozkaz Himmlera dotyczący ślubów i zaręczyn, w myśl którego esesmanom wolno było żenić się wyłącznie z kobietami poddanymi uprzednio, tak jak oni sami, surowej kontroli rasowej. Ponadto inkasował składki członkowskie i uczestniczył w tajnych naradach dowódców SS. Jednak śledczym udało się uchylić jedynie rąbka konspiracyjnej siatki. W życiorysie napisanym dla Urzędu Tajnej Policji Państwowej (gestapo) w Berlinie ojciec informował o swojej nielegalnej działalności: „Przez cały okres zakazu byłem aktywnym dowódcą SS. W Grazu dowodziłem oddziałem i zastępowałem dowódcę jednostki. Od maja 1936 dowodziłem oddz. szt. Amstetten oraz chorągwią 52. po aresztowaniu jej dowódców, dopóki również mnie nie aresztowano. W międzyczasie działałem też w służbie wywiadowczej SS".

Na czym polegała ta działalność w wywiadzie nielegalnej SS? Czy ograniczała się do notowania numerów aut niemieckich, które przemierzały Austrię bez chorągiewek ze swastyką, oraz do szpiclowania Niemców z Rzeszy szkalujących reżim nazistowski, czy też kryło się za nią coś więcej? W każdym razie podczas rozprawy w St. Pölten ta działalność nie została wyjawiona. Ojciec, tak jak inni obwinieni, przyznał się tylko do niezbędnego minimum, do tego, co władze i tak wiedziały. Członkowie SS mieli instrukcję, by w razie aresztowania z zasady przeczyć wszystkiemu, czego nie zdołano udowodnić im czarno na białym.

„Powiesz «tak», nie ujdziesz krat, powiesz «nie», wypuszczą cię".

W tym przypadku ojca nie wypuścili, lecz skazali: komisarz bezpieczeństwa miasta St. Pölten dał mu sześć miesięcy aresztu, a lokalny sąd wojskowy jeszcze cztery miesiące odsiadki o zaostrzonym rygorze. Wyrok sądu wojskowego został uchylony przez najwyższy trybunał — z powodu zbyt niskiego wymiaru kary. Skazano również pozostałych oskarżonych, nauczyciela, elektrotechnika, księgowego, robotnika niewykwalifikowanego i trzech handlowców; aplikant adwokacki dr Gerhard Bast, jako dwudziestosześciolatek, był najmłodszy w tej grupie.

W grudniu 1937 roku odroczono mu wykonanie kary na trzy miesiące, dwa miesiące później prezydent Wilhelm Miklas ogłosił amnestię generalną, obejmującą wszystkie sprawy polityczne.

11. Po zwolnieniu z aresztu ojciec najpierw zafundował sobie solidny urlop. Pod koniec stycznia 1938 roku pojechał w góry Rottenmanner Tauern, ulubione miejsce narciarzy z Amstetten. Być może chciał także wymknąć się spod nadzoru funkcjonariuszy państwa stanowego, którzy mimo lipcowej ugody Schuschnigga z Hitlerem nie spuszczali z oka notorycznych narodowych socjalistów.

W lutym aresztowano w Pöchlarn dowódcę SS, jednego z tych, którzy kilka miesięcy wcześniej zostali wraz z Gerhardem Bastem skazani w St. Pölten, a później objęci amnestią. Człowiek ten, w cywilu nauczyciel, wpadł przy okazji konspiracyjnego spotkania z obciążającym materiałem w teczce: między innymi z listem do łącznika, w którym nauczyciel opisywał własną osobę. „Znaki rozpoznawcze: noszę czarną bluzę z białymi mankietami, białą czapkę, brązowe spodnie, białe skarpety. Słowem: wyglądam jak Göhring (*sic!*)". Nazistowscy nielegalnicy nie starali się już nawet zamaskować. Władze początkowo przypuszczały, że również doktor Bast może być uwikłany w sprawę, ale z dochodzenia wynikało, że spędzał czas na nartach.

Kwaterował wraz z przyjaciółmi w chacie na Plannerze, na wysokości 1600 metrów, skąd wyruszali na dalekie narciarskie wyprawy: Kleiner Rotbühel, Großer Rotbühel, Jochspitze, Schreinl, Schoberspitze, Bärneck, Gstemmerzinken; codziennie inna trasa, wspinaczka na foczej skórze, zjazd w śnieżnym pyle, lodowiec, szreń. Wieczory w szałasie. Nie zabrakło też kobiet, jedną z nich była Truda Lipp-Terler, która po anszlusie miała zostać opiekunką kobiet w Niemieckim Związku Ćwiczeń Fizycznych w Styrii. Zgodnie z zapisami w księdze wypraw, ojciec spędził trzy tygodnie na Plannerze, zdumiewająco długo jak na urlop narciarski, ale pogoda była idealna, słoneczne dni, mroźne noce, dużo śniegu. „Gstemmer z Trudą Lipp-Terler i Gerti Elger. Zjazd do Neualm z Ernstlem i Balo, śnieg bajecznie sypki. Neualm z Trudą Trogger, Gerti i Trudą L.-T., śnieg dobry. Figle i ogólna wesołość".

Widać go na fotografii między dwiema kobietami, siedzą na śniegu, wszyscy troje opaleni na brąz, śmieją się, sympatyczni młodzi ludzie beztrosko korzystający z życia. „Między dwiema wiązkami siana..."*, napisał z humorem, choć niezbyt elegancko, na odwrocie.

Styryjscy narodowi socjaliści parli do czynu. Nie chcieli dłużej czekać i robili wszystko, żeby doprowadzić osłabione, zbite z tropu przez agresywną postawę Adolfa Hitlera państwo stanowe do użycia przeciwko nim

* Osioł zdychający z głodu między dwiema wiązkami siana, którego czternastowieczny filozof, Jean Burian, uczynił bohaterem paraboli ilustrującej nieumiejętność dokonania wyboru i podjęcia decyzji.

organów egzekutywy i wojska — gdyby wybuchła strzelanina, sprowokowałaby zbrojną interwencję Niemiec. Wieczorem 19 lutego w Grazu i innych miastach Styrii odbyły się wielkie demonstracje. Naziści mieli na ramionach przepaski ze swastyką, wołali *Heil Hitler!* i „Jeden naród, jedna Rzesza, jeden führer", śpiewali zabronione pieśni. Całkiem jawnie sprzedawano portrety Hitlera, które szły jak woda; zwolennicy Hitlera szli ulicami Grazu z pochodniami i sztandarami, młody człowiek wspiął się na wieżę ratusza i przy aplauzie zebranych wywiesił flagę ze swastyką, która niezwłocznie została ściągnięta przez policję. Ale siły porządkowe nie były już w stanie rozproszyć demonstrantów.

W kolejnych dniach odbywały się dalsze wiece. W Grazu narodowi socjaliści przejęli inicjatywę, swastyki zdominowały wizerunek miasta. Front Ojczyźniany Schuschnigga usiłował pokazać siłę, organizując patriotyczne manifestacje — „Austria czerwono-biało-czerwona, nawet śmierć jej nie pokona!" — a największą zaplanowano na 24 lutego; kanclerz wygłosił wtedy mowę przed parlamentem, która miała być transmitowana przez głośniki na wszystkich ratuszach w Austrii. W Grazu rynek główny zapełnili przede wszystkim naziści, przeszkadzali w transmisji chóralnymi deklamacjami i śpiewem, wreszcie zmusili burmistrza do zdjęcia z ratusza flagi austriackiej i wywieszenia chorągwi ze swastyką; flaga czerwono-biało-czerwona została podarta na strzępy przez ryczący tłum. Wtedy to pierwszy raz swastyka załopotała, by tak rzec, oficjalnie na austriackim gmachu publicznym. W Grazu — mieście ruchu narodowego.

SS stanęło na tamtejszym rynku głównym w całej swojej sile; jeszcze bez mundurów, ale prężąc muskuły, zwierając szeregi. Ojciec nie mógł tam być — z Plannera pojechał do Amstetten, skąd napisał petycję do prezesa Wyższego Sądu Krajowego w Grazu, prosząc o dopuszczenie do praktyki sądowej. W ciągu kilku dni uzyskał pozytywną odpowiedź. Najwidoczniej w Wyższym Sądzie Krajowym w Grazu od dawna działały wpływowe siły, które sympatyzowały z narodowymi socjalistami. Wszelako kandydat na adwokata, dr Gerhard Bast, nie rozpoczął praktyki sądowej. Czekały go większe zadania.

9 marca, trzy dni przed wkroczeniem wojsk niemieckich, dowódca stacjonującej w Grazu 38. chorągwi SS, obersturmbannführer Erwin Remely, awansował go do stopnia untersturmführera. Od tego dnia ojciec służył w sztabie chorągwi, która odegrała ważną rolę przy przejmowaniu władzy w Styrii. Kilka miesięcy później został szefem sztabu w 35. obwodzie SS w Grazu.

Zaraz po anszlusie do Grazu przysłano szefa gestapo z Bremy, Erwina Schulza, aby zorganizował w styryjskiej stolicy policję państwową. Większość funkcjonariuszy gestapo rekrutowała się z policji państwa stanowego, ale do roli dowódców niemiecki szef szukał nowych sił, młodych, energicznych, niezawodnych politycznie prawników, którzy sprawdzili się w nielegalnej działalności, wzorowych narodowych socjalistów.

20 marca mój ojciec, mając dwadzieścia siedem lat, podjął służbę w Tajnej Policji Państwowej w Grazu; jednocześnie został przyjęty do służby bezpieczeństwa (SD), podlegającej reichsführerowi SS. Fakt, że pochodził

z Dolnej Styrii, był dodatkową referencją. Ze starego rodu dolnostyryjskiego wywodził się też zastępca szefa gestapo w Grazu, mecenas Werner Delpin, a także naczelnik regionu Styria i wysoki rangą dowódca SS, Armin Dadieu. Gestapo mieściło się przy Parkring 4, SD przy Leechgasse 34, dowództwo 35. obwodu SS, do którego przydzielono mojego ojca, miało swoją siedzibę na zamku w Grazu.

Nagle został kimś: jeszcze niedawno ścigany przez policję nielegalnik, teraz sprawował władzę, chodził w czarnym mundurze, z trupią główką na czapce; na jego widok inni mundurowi salutowali i dziarsko trzaskali obcasami. W swoim życiorysie poświęca tej ważnej zmianie zaledwie kilka linijek:

„Od 9 marca 1938 roku odbywam służbę w sztabie 38. chorągwi w Grazu; 20 marca 1938 odkomenderowano mnie do SD, gdyż od tego dnia wykonuję obowiązki członka Tajnej Policji Państwowej w Grazu".

Odkomenderowany do SD. Zakładam, że przejście do służby bezpieczeństwa podległej reichsführerowi SS nastąpiło automatycznie, wszystkich funkcjonariuszy gestapo, którzy wstępowali do SS, przyjmowano do SD, i na odwrót. Co skłoniło mojego ojca do pójścia tą drogą, do kariery w policji politycznej państwa narodowosocjalistycznego, która siała grozę i była narzędziem terroru? Dlaczego nie został adwokatem jak mój dziadek? Musiał wiedzieć, czym jest gestapo — zwłaszcza on, z jego pozycją, prawniczym wykształceniem, znajomością aparatu tego reżimu.

Gestapo uaktywniło się natychmiast po anszlusie. Przeprowadzało rewizje, aresztowania i śledztwa, postępując przy tym z największą brutalnością. Wielu ludzi wysłano do obozów koncentracyjnych; następowało to bez przewodu sądowego, wystarczał nakaz aresztowania prewencyjnego wydany przez gestapo, którego nie krępowały żadne przepisy prawne. Jako członek gestapo mój ojciec był faktycznie od pierwszego dnia elementem aparatu terroru, sporządzał listy przyszłych aresztantów i przesłuchiwał ludzi, których arbitralnie uznawano za przeciwników. Czy podpisywał też nakazy aresztowania, czy bił i torturował albo kazał torturować ludzi (bo od tego były specjalne typy, sadyści, siepacze)? Nie wiem. Trwał, jak sądzę, w przekonaniu, że stoi po właściwej stronie, że walczy o słuszną sprawę, o przyszłą Rzeszę, o narodową, rasową jedność i czystość, o to, co tam jeszcze głosiły wszystkie owe hasła, w które wtedy wierzyło wielu. Ale na karierę w gestapo decydowali się przecież nieliczni. Dlaczego akurat on?

To pytanie towarzyszy mi od wielu lat jak posępny cień, o którym wiem, że nigdy się go nie pozbędę.

„Twój ojciec był idealistą, zawsze był przyzwoity, wszystko robił tylko z idealizmu, walcząc o to, w co wierzył; wszyscy byliśmy idealistami, wszyscy w to wierzyliśmy" — powiedziała mi kiedyś babcia; studiowałem już wtedy na uniwersytecie. Wróciłem akurat ze studenckiego pobytu w Polsce, nasze stosunki pozostawały napięte, babcia wiedziała od dawna, że wybrałem inną drogę, nie chciała jednak przyjąć tego do wiadomości. „Nigdy nie zrobiliśmy nic, czego musielibyśmy się wstydzić —

powiedziała jeszcze — ani twój dziadek, ani ojciec, ani stryj, ani ja. Nikt z nas".

Gestapo zapewniało młodym prawnikom możliwości szybkiego awansu i dobre wynagrodzenie, warunki, jakich gdzie indziej nie proponowano. Poza tym Tajna Policja Państwowa rozporządzała szczególnymi uprawnieniami, stała ponad prawem czy raczej poza nim. Owalna odznaka służbowa ze srebrnoszarego metalu z wytłoczonymi słowami „Tajna Policja Państwowa" po jednej, i orłem ze swastyką po drugiej stronie, dawała jej właścicielowi niemal nieograniczoną władzę. „Decyzje i sprawy Tajnej Policji Państwowej nie podlegają czynnościom sprawdzającym ze strony sądów administracyjnych", zapisano w ustawie o gestapo z lutego 1936 roku. Gestapo było państwem w państwie, jego czołowi funkcjonariusze czuli się światopoglądową elitą, wojskiem walczącym z wewnętrznym wrogiem narodowego socjalizmu, ze zdrajcami narodu, Żydami, marksistami, Kościołami. W służbie bezpieczeństwa reichsführera SS (SD) elitarna świadomość rozwinęła się szczególnie, jej członkowie uważali się za elitę elit odpowiedzialną tylko przed Himmlerem i samym führerem. „Najwyższym prawem, najwyższym sędzią rozstrzygającym o wszelkich ograniczeniach wolności osobistej, o własności, a gdyby zaszła taka konieczność, o życiu i śmierci, jest zatem również w Austrii sam führer", pisał o roli służby bezpieczeństwa w Austrii szef SD, Reinhard Heydrich, w kwietniu 1938 roku. Zaprojektowana pierwotnie jako partyjna służba wywiadowcza, od wybuchu wojny SD coraz bardziej przekształcała się w narzędzie ludobójstwa.

Członkom gestapo nie wydano wyraźnego rozkazu, że mają zerwać wszelkie związki z Kościołem, mimo to mój ojciec nie zwlekał z tym. W ankiecie SS w rubryce „wyznanie" można było wybrać jedną z trzech możliwości: ewangelik, katolik, wierzący. „Podkreślić właściwe, przy «wierzący» podać datę wystąpienia z Kościoła". Ojciec podkreślił „wierzący", obok napisał: „tak, kwiecień 1938". Przy „członek Stowarzyszenia Źródło Życia [*Lebensborn*]" widnieje napisane jego ręką „nie"; zajmując się życiem ojca, zdążyłem dobrze poznać ten charakter pisma. Natomiast oczywiście należał do wyróżnionych „szarżą starego bojownika". Widać ją na zdjęciach, gdy ojciec występuje w mundurze; na prawym rękawie ma wyraźnie widoczne „V".

Zaraz po anszlusie aresztowano w Grazu, jak w całej Austrii, oprócz reprezentantów reżimu Schuschnigga także Żydów, czołowych przedstawicieli liczącej równo tysiąc siedmiuset członków gminy wyznaniowej, naczelnego rabina Grazu, Davida Herzoga, kupców, naukowców, ludzi wolnych zawodów; wielu deportowano do Dachau lub Buchenwaldu. Sklepy żydowskie naznaczono i postawiono przed nimi wartowników, aby nie wpuszczali do środka nie-Żydów. Żydów poniżano, plądrowano ich mieszkania. 15 marca 1938 roku zwolniono wszystkich żydowskich urzędników, niedługo później wyrzucono żydowskie dzieci ze szkół publicznych, w kolejnych miesiącach objęto żydowskich lekarzy, adwokatów, weterynarzy, aptekarzy i innych zakazem pracy,

Żydzi mieli zostać wygnani z kraju. Za przeprowadzenie tych akcji odpowiadało gestapo, to ono sporządzało listy obywateli żydowskich, Żydów wierzących i tak zwanych uznaniowych, ludzi, których uznano za Żydów w myśl ustaw norymberskich; w Grazu dotknęło to w sumie dwa tysiące czterysta osób.

Czy mój ojciec był wściekłym antysemitą? Nie znalazłem na to dowodów, co nic nie znaczy, gdyż zasób dokumentów z tego okresu jest skąpy, a w rodzinie się na ten temat nie rozmawiało. Z nowszych prac naukowych wiemy jednak, że nie wszyscy członkowie gestapo i SD musieli być dzikimi antysemitami typu Juliusa Streichera, ba, większość z nich gardziła taką prymitywną formą nienawiści do Żydów, ponieważ urągała ona ich aspiracjom naukowym. Uważali się za pragmatyków, intelektualistów. Chłodnych, zdystansowanych i tym skuteczniejszych, również w zakresie środków walki z Żydami — do Zagłady włącznie.

Latem 1938 roku mój ojciec znów odbył wiele wypraw górskich, niemal w każdy weekend wędrował, najczęściej z przyjacielem, którego w księdze wypraw nazywał Ernstl. Chaty i schroniska: Mödlinger, Haindlkar, Buchstein, Planner. W końcu tygodnia, z 23 na 24 lipca, dotarli do Gstatterboden, żeby wspiąć się na Tieflimauer. Przy klinie północnym podczas ulewy niemal doszło do wypadku; w tym samym miejscu niedługo wcześniej ktoś spadł ze ściany, tym razem nie było tak źle. „Ernstl zaczął spadać. Sparzył się. Znaleźliśmy też trupa", zanotował lakonicznie ojciec, podając też nazwisko i adres denata, jakby chodziło o człowieka, którego gdzieś napotkawszy, prosi się o adres, choć wiadomo, że nigdy się do niego nie napisze; przy nazwisku namalowany krzyżyk.

Ta śmierć prywatnej osoby w górach wydała mu się godna wzmianki; tragiczne odstępstwo od radosnych doznań górskich. Poza tym figle i ogólna wesołość.

12. W Amstetten anszlus dokonał się bez takich turbulencji jak w Grazu. Owszem, tu też nie zabrakło marsza z pochodniami, flag ze swastyką, pieśni: „W górę sztandar! I mocno zwarty szyk! To marsz SA, równy, pewny krok", była euforia i owacje. Naziści triumfowali. Ze starego Sądu Okręgowego przy rynku głównym przy aplauzie tłumu ściągnięto krzyż z poprzecznicami, symbol chrześcijańskiego państwa stanowego. W ewangelickiej hali kościelnej przy Preinsbacher Straße 8, naprzeciw domu dziadków, w kolejne niedziele odbywało się uroczyste nabożeństwo dziękczynne — w radosnej podzięce za anszlus. W „Amstettner Anzeiger" ukazała się notatka, w której przedstawiciele gminy kwitowali wydarzenia: „Boże, błogosław nasz Kościół, naród i führera! *Heil Hitler!*", podpisali: pastor Th. Beermann i dr Rudolf Bast, kurator.

Jednak również i ten mocny filar gminy ewangelickiej od jej zarania, wieloletni kurator i prezbiter, wystąpił rok później ze swojego Kościoła i stał się „wierzący". Dobrowolnie, nie zmuszony przez nikogo. Babcia poszła za jego przykładem.

W sierpniu 1938 roku dziadek w uznaniu zasług dla partii w okresie nielegalności został mianowany szefem Powiatowego Biura Prawnego w Amstetten. Wśród adwokatów w tym dolnoaustriackim miasteczku nie brakowało przekonanych narodowych socjalistów — on jednak był najbardziej energiczny. Jako szef polityczny, dostał mundur; miał go na sobie podczas parteitagu w Norymberdze, kiedy marszowa formacja funkcjonariuszy nazistowskich z Amstetten defilowała przed führerem przy dźwiękach marsza strzelców cesarskich.

„Podnosząc ramię, Adolf Hitler pozdrawia krzepkich synów ze swoich stron. Jaka duma i szczęście musiały natchnąć go w tych niezapomnianych minutach, kiedy to po raz pierwszy na wielkim norymberskim zgromadzeniu partyjnym również oni mogą maszerować w jednym szeregu z towarzyszami tych samych poglądów i tej samej krwi!" („Amstettner Anzeiger", 15 września 1938 roku).

W Amstetten i okolicy zamieszkiwało niewielu ludzi, którzy — w myśl praw narodowosocjalistycznych — nie byli tej samej, czyli niemieckiej krwi: kilka rodzin żydowskich, kupcy, przedstawiciele wolnych zawodów. W październiku 1938 roku dziadek, jako pełnomocnik pewnego mistrza budowlanego z małej gminy Hausmening koło Amstetten, wystąpił do Sądu Krajowego w St. Pölten z powództwem rozwodowym przeciwko małżonce mistrza, Auguście L. Pozwana była Żydówką i wychodząc za mąż w 1933 roku, pozostała w izraelickiej gminie wyznaniowej, co pociągało za sobą wymóg urzędowej dyspensy. Mistrz budowlany uzyskał ją, być może chodziło o wielką miłość albo kierowały nim względy materialne;

bądź co bądź kobieta pochodziła z szeroko rozgałęzionej, majętnej rodziny żydowskiej. Pięć lat później miłość najwyraźniej wystygła, w sensie ekonomicznym czy prywatnym związek z Żydówką i jej powszechnie znaną rodziną też nie był już przydatny, przeciwnie: małżeństwo groziło ujemnymi konsekwencjami zawodowymi i społecznymi. Toteż po wejściu w życie ustaw norymberskich mistrz budowlany nie zwlekał i postanowił jak najszybciej pozbyć się żydowskiej małżonki, która zresztą nie była już pierwszej młodości. To zapewne nie przypadek, że powierzył sprawę rozwodową właśnie mojemu dziadkowi; szef Powiatowego Biura Prawnego znał się przecież doskonale na kwestiach rasowych i prawnych. W złożonym przez siebie pozwie pisał:

„Powód pragnie teraz rozwiązania tego małżeństwa. Jak zostało już powiedziane, pozwana jest Żydówką. Powód natomiast jest Aryjczykiem. Małżeństwo Aryjczyka i Żydówki nie uchodziło w okresie zawierania związku małżeńskiego przez strony za naganne i zostało uznane przez władze austriackie [...]. Od chwili przyłączenia Austrii do Rzeszy Niemieckiej i wejścia w życie w Austrii tak zwanych ustaw norymberskich małżeństwa aryjsko-żydowskie są jednak jednoznacznie zakazane, a zatem uchodzą za naganne.

Z tej przyczyny powód zaczął odczuwać wobec pozwanej nieprzezwyciężoną niechęć, wskutek czego natychmiast zlikwidował wspólne gospodarstwo i od tej pory żyje w faktycznej separacji z pozwaną. A także z tej przyczyny, że małżeństwo zawarte między stronami nie może już spełniać zadania, jakie stawia przed związkiem małżeńskim państwo narodowosocjalistyczne, a zatem stało się bezwartościowe z punktu widzenia ogółu społeczeństwa. Rozpad związku wskutek różnicy rasowej między stronami sprawia, że nie można wymagać od powoda kontynuacji małżeństwa ani oczekiwać przywrócenia wspólnoty życiowej odpowiadającej istocie związku małżeńskiego".

Mistrz budowlany zaczął odczuwać nieprzezwyciężoną niechęć do kobiety, z którą — jak to się mówi tyleż banalnie, co trafnie — przez lata dzielił stół i łoże; nie można więc było wymagać od niego kontynuacji małżeństwa. Sąd przychylił się do tych argumentów, małżeństwo zostało rozwiązane. Czy mój dziadek i małżonek Augusty L. wiedzieli, jakie skutki dla żydowskiej małżonki pociągnie za sobą rozwód? W 1938 roku nie mogli jeszcze przewidzieć ostatniej, zbrodniczej konsekwencji, ale musieli mieć jasność co do tego, że rozwód narazi kobietę na wielkie niebezpieczeństwa. Utraciła ochronę, jaką do końca cieszyli się w Rzeszy Niemieckiej Żydzi pozostający w związkach małżeńskich z tak zwanymi aryjczykami, utraciła pozycję społeczną, majątek, wolność, a na końcu życie.

28 listopada 1941 roku Augusta L. wraz z siostrą, Friederiką Schanzer, i jej córką, Gertrudą, została deportowana do Mińska, gdzie zacierają się jej ślady. Z tysiąca Żydów, których deportowano tym transportem z Wiednia do Mińska, przeżyło tylko kilku, Augusty L. ani jej siostry nie było wśród nich. Jako jedyny z rodziny uratował się syn Friederiki Schanzer, który zdołał uciec do Palestyny. Po wojnie wrócił do Austrii. Później odebrał sobie życie.

Mistrz budowlany kontynuował po 1945 roku swoją karierę — jakby nigdy nic. Jego firma kwitła, w latach powojennych dużo budowano, bombardowania i walki spowodowały w kraju wiele spustoszeń, odbudowa stała się wielkim zadaniem, a mistrz budowlany był pracowity i znów utrzymywał stosunki z kim trzeba. Wkrótce po wojnie pewien budowlaniec o tym samym nazwisku został wybrany w Hausmening do lokalnych władz Austriackiej Partii Ludowej (ÖVP).

Wielu ludzi zdawało się tylko czekać na marzec 1938 roku, aby zerwać kontakty z żydowskimi sąsiadami i znajomymi, publicznie ich ignorować i, o ile to możliwe, unikać. Dziadkowie nie mieli żydowskich znajomych, którym mogliby schodzić z drogi albo odmawiać pozdrowienia, pielęgnowali — jak coś oczywistego, wręcz uwewnętrznionego — nienawiść do Żydów, ta zaś nie domagała się żadnych dodatkowych komentarzy. Miała charakter emocjonalny, irracjonalny. Ciągle dźwięczy mi w uszach słowo „Żyd", tak jak wypowiadała je babcia — z odrazą, jakby mówiła o brudzie albo robactwie.

Co jednak działo się z Guidem, synem siostry dziadka, która w Zagrzebiu poślubiła Żyda? Guido jeszcze w 1940 roku przyjeżdżał do Tüffer, żeby w rodzinnej siedzibie Bastów spędzać czas z krewnymi z Amstetten, z szefem Powiatowego Biura Prawnego, z funkcjonariuszem gestapo w Grazu; żeby gawędzić z nimi o dawnych czasach, wychwalać strudla orzechowego cioci Pauliny, do którego Słoweniec Drolc pilnie wybierał orzechy; żeby popijać? Piło się u Bastów sporo, miało to coś wspólnego z korporacją. „Guido na lekkim kacu", mówi podpis na fotografii, którą zrobił pewnie mój ojciec w 1940 roku w Tüffer. Kuzyn Guido, pół-Żyd, który przyjechał z Zagrzebia, z Jugosławii, którą Hitler już wziął na muszkę jako następną ofiarę swego „parcia na Wschód" — tu Wschód przypadkiem znajdował się na południu. Czy funkcjonariuszowi gestapo wolno było siadać przy jednym stole z pół-Żydem, obojętne, czy z rodziny, czy nie? W sferze prywatnej, na łonie rodziny rasizm widocznie nie odgrywał tak wielkiej roli; tym trudniej *ex post* pojąć to wszystko.

Naczelnym celem narodowych socjalistów było usunięcie Żydów z urzędów i zawodów, wyparcie ich z gospodarki, wypędzenie z miast. Toczyła się perwersyjna walka konkurencyjna: które miasto jako pierwsze będzie „wolne od Żydów"? Amstetten wcześniej niż większość innych miast w Dolnej Austrii, później przemianowanej na Dolny Dunaj (znienawidzona nazwa „Austria" miała zostać wymazana), mogło zameldować o osiągnięciu tego celu. Przedtem jednak należało wywłaszczyć Żydów, „aryzować" lub „odżydzić", jak mawiano z cyniczną precyzją, ich domy, mieszkania i firmy, skonfiskować im wszystko, co wartościowe. „Żyd niech idzie precz, jego forsa [*Gerschtl*] zostaje" — tak formułował ten program, na ludowo i brutalnie, „Völkischer Beobachter" w wydaniu wiedeńskim z kwietnia 1938 roku. W usankcjonowanym przez państwo, ba, zadekretowanym rabunku uczestniczyły też osoby prywatne; największe nadzieje na sukces mogli mieć towarzysze z nielegalnej niegdyś partii. Dochodziło do dzikiej szarpaniny o mieszkania, domy i grunty przeznaczone do „odżydzenia". Kto chciał mieć w tym wyścigu szanse, potrzebował adwokata, który orientował się w nieprzejrzanym gąszczu biurokracji nazistowskiej i pisał niezbędne podania, by składać je zwłaszcza w specjalnie do tego celu powołanym Urzędzie Obrotu Majątkowego przy Ministerstwie Gospodarki i Pracy; tam decydowano, kto dobrze wychodził na podziale żydowskich łupów.

Wielka część aryzacji w Amstetten szła przez biurko mojego dziadka, niektóre z tych spraw załatwiał też jego brat. Ich współpraca nie wchodziła w rachubę, wszak byli ze sobą beznadziejnie skłóceni. We wrześniu 1938 roku dziadek sporządził dla Hansa i Johanny Fortuny, kapeluszników z Amstetten, podanie o zgodę na zawarcie umowy kupna domu przy Adolf-Hitler-Platz 40 w Amstetten, posesji należącej do żydowskiego małżeństwa Geiduschków:

„Jesteśmy Aryjczykami [...]. Jesteśmy członkami N.S.V. i N.S.D.A.P. Nasz syn z pierwszego małżeństwa, Otto Schnabel, jest członkiem partii od czasów nielegalności oraz członkiem N.S.K.K. Córka z pierwszego małżeństwa, Josefa Schnabel, jest członkinią N.S.D.A.P."

Również mistrz malarski Franz Köttl, wraz z małżonką Christiną, chcąc w październiku 1938 roku nabyć dom żydowski w Amstetten, powoływali się na swoją przynależność do nielegalnej partii: „Jesteśmy niemieckimi Aryjczykami, członkami NSDAP jeszcze z okresu nielegalności i pozostajemy aktywni w ruchu nazistowskim". To przygotowane przez dziadka pismo, które z lewej strony u góry nosi jego pieczęć: „Dr Rudolf Bast, adwokat, Amstetten, N.Ö., Preinsbacherstraße 9, telefon: 218". (Wtedy istniały jeszcze wątpliwości czy skróty nazw NSDAP lub NSV, Narodowosocjalistyczna Opieka Społeczna, trzeba pisać z kropkami po każdej literze, czy bez kropek, tylko konieczność powołania się na członkostwo w nielegalnej partii nie budziła wątpliwości). Mimo że naczelnik powiatu w Amstetten najgoręcej poparł podanie, sprawa się przeciągała. Pół roku później dziadek podjął nową próbę i przynaglał do udzielenia zgody, tym razem występując w swojej oficjalnej funkcji szefa Powiatowego Biura Prawnego NSDAP. W tym samym piśmie żądał w imieniu innego klienta zwrotu pięciu tysięcy marek w związku z zamkniętą już sprawą aryzacyjną, dotyczącą „Żydów Adolfa i Rosy Gregerów", ponieważ nie zostały w porę wykryte pewne wady budowlane.

„Sprawy te są bardzo pilne z tej przyczyny, że istnieje pilne zapotrzebowanie na mieszkania Żydów. Heil Hitler!

Szef Powiatowego Biura Prawnego: dr Rudolf Bast".

Adolf i Rosa Gregerowie zostali pozbawieni całego majątku i wypędzeni z Amstetten, najpierw do Wiednia, a w lipcu 1942 roku trafili do obozu koncentracyjnego w Terezinie i dwa miesiące później do Treblinki, do gazu.

Największym żydowskim zakładem w Amstetten była firma handlu skórami i futrem, należąca do braci Hermanna i Rudolfa Wozasków. W połowie 1938 roku na wyraźne żądanie władz powiatu Amstetten przydzielono firmie komisarza zwanego likwidatorem. Bracia Wozaskowie udzielali rzekomo „moralnego wsparcia Żydom w powiecie" i w ten sposób utrudniali proces aryzacji.

Nieruchomości firmy sprzedano, znaczną część majątku Wozasków pożarły opłaty i podatki: „podatek ucieczkowy" i „opłata od majątku żydowskiego" — inne nazwy rabunku państwowego. W wyliczeniach likwidatora stale pojawia się nazwisko doktora Basta. Kolejne sumy w rubryce „koszty — dr Bast": marek 32,–; 160,–; 115,– i tak dalej. Dziadek wspierał likwidatora poradą prawną, obaj zarobili na likwidacji żydowskiej firmy.

Bracia Wozaskowie mieli szczęście: w listopadzie 1938 roku aresztowano ich prewencyjnie, następnie zwolniono, wypędzono do Wiednia, skąd w ostatniej chwili udała im się ucieczka; jeden z nich miał już w kieszeni wezwanie, by się stawił na transport do Polski. Polska oznaczała obóz pracy, potem Auschwitz, Treblinkę, śmierć. Hermann i Rudolf Wozaskowie dostali jeszcze niezbędne papiery wyjazdowe i przez Szwajcarię oraz Włochy dotarli do Stanów Zjednoczonych. Jaką rolę w ich ocaleniu odegrał dziadek — nie sposób dziś dociec. Pewne jest, że pomógł przynajmniej Hermannowi Wozaskowi przezwyciężyć urzędowe szykany i przeszkody na drodze do zdobycia ratującej życie zgody na wyjazd. W listopadzie 1939 roku Hermann Wozasek napisał ze statku, który wiózł jego, żonę, dziecko i brata do Ameryki, list do likwidatora. Dziękował mu za okazaną „życzliwość", niech zachowa dobre wspomnienia o rodzinie Wozasków. Również dla dziadka znalazły się słowa wdzięczności: „Panu doktorowi Bastowi, który złożył stosowne dla nas podanie i tym samym umożliwił mi wyjazd, bardzo proszę przekazać nasze gorące podziękowania i wiele pozdrowień".

Czy wdzięczność była szczera, czy też istniała niezrozumiała dzisiaj przyczyna powstania tego listu, który z perspektywy czasu brzmi dziwnie, został zaś napisany na statku między Gibraltarem i Lizboną, kiedy Wozaskowie znajdowali się już daleko poza zasięgiem gestapo? W każdym razie dziadek po wojnie przypomniał sobie o tej epistole i w roku 1948, kiedy wytoczono mu proces za przynależność do nielegalnej NSDAP, przedłożył ją sądowi w Wiedniu. Jak dowodzi załączone do akt pismo „Żyda Hermanna Wozaska" — argumentował — jako szef Powiatowego Biura Prawnego prowadził działalność całkowicie społeczną i bezinteresowną, ku pożytkowi potrzebujących pomocy rodaków; uważał za swoje zadanie pomagać bez różnicy każdemu, kto prosił go o wsparcie prawne, również „socjaldemokratom, komunistom, ba, nawet Żydom".

Po wojnie zapragnął nagle być już tylko postacią marginalną, która nie ma nic wspólnego ze zbrodniami reżimu nazistowskiego. Niektóre instancje wspierały nazistów usiłujących uniknąć odpowiedzialności; świadczy o tym pismo miejskiej komendy policji w Amstetten z lutego 1948 roku do Trybunału Ludowego przy Sądzie Krajowym w Wiedniu, przed którym oskarżano dziadka:

„Dotyczy: dr. Rudolfa Basta [...] Obwiniony nie uczestniczył w działalności aryzacyjnej, tutejszemu urzędowi nie wiadomo też nic o denuncjacjach".

W określonych warunkach pamięć historyczna bywa zdumiewająco krótka. Dziesięć lat okazuje się wtedy długim okresem, który zaciera wiele wspomnień.

13. „Nowa chata na Plannerze. Kleiner Rotbühel, Großer Rotbühel, Schreinl, Hintere Gollingspitze, jezioro Planner (bieg z pochodniami). Figle, wesołość". Boże Narodzenie 1938 roku i Sylwestra ojciec znów spędzał w górach, z przyjaciółmi i kolegami z Grazu, jak zaznaczył w dzienniku wyprawy. Może pracowali w gestapo, tak jak on w wydziale drugim, który zajmował się „wykrywaniem i zwalczaniem przeciwników". W roku 1939 ojciec objął kierownictwo wydziału, miał wtedy dwadzieścia dziewięć lat. W listopadzie tego roku został asesorem rządowym i automatycznie awansował na hauptsturmführera SS. Jeden awans warunkował drugi, w tej mierze obowiązywały precyzyjne regulacje. Szef policji bezpieczeństwa i SD, Reinhard Heydrich, wystosował pismo do Głównego Urzędu Personalnego SS przy reichsführerze Heinrichu Himmlerze:

„Dot. u'stuf. SS dr. Gerharda Basta, nr SS 23 064.

Dn. 20.11. ww. został mianowany asesorem rządowym i wg RdErl. RFSSuCHdDtpoliRMdI S V 3 nr 72/38 z dn. 23.6.38 należy awansować go do stopnia hauptsturmführera SS.

Uprasza się o sporządzenie stosownego aktu i ogłoszenie awansu w najbliższym numerze dziennika rozporządzeń SS".

Biurokracja terroru żywiła upodobanie do skrótów, które potrafili rozszyfrować tylko wtajemniczeni; w niemałej mierze zapewne dlatego, że chodziło o zatarcie prawdziwego charakteru instytucji i wydarzeń. Ponieważ urząd personalny SS nie zareagował natychmiast, biuro Heydricha wysłało następny list; wtedy wystawiono akt mianowania z informacją do wszystkich właściwych instancji, co oznaczało wielkie zużycie papieru. Zużywano go wiele również w codziennej pracy gestapo, najdrobniejsze zdarzenie urastało do rozmiarów złożonego procesu, który domagał się przedłożeń, podpisów, sprawozdawczości. Źle to pasowało do obrazu efektywnej tajnej policji, która wszędzie miała swoje oczy i uszy, i szybką interwencją dusiła w zarodku każdą próbę „rozkładu i osłabienia organizmu narodowego". W praktyce samo gestapo dusiło się często pod stertą papierzysk, co w niczym nie zmieniało jego istoty.

W listopadzie 1939 roku pewien nieuważny unterscharführer SS zostawił w pociągu jadącym z Jugosławii do Wiednia teczkę służbową — oznaczało to katastrofę, która natychmiast postawiła na nogi gestapo w Grazu, a konkretnie doktora Basta z wydziału drugiego. Nie można było przecież wykluczyć, że teczkę przejęły elementy antypaństwowe. Dr Bast polecił dalekopisem do grepo (służby ochrony pogranicza) w Spielfeld, aby niezwłocznie wysłano trzech funkcjonariuszy na poszukiwanie teczki, jednak placówka w Spielfeld nie chciała brać odpowiedzialności, narzekała na niedostatki kadrowe; może Stl. (szefostwo policji państwowej) w Wiedniu podjęłoby działania, ostatecznie to tam zmierzał rzeczony pociąg. Dr Bast dyktował, tracąc cierpliwość:

„Funkcjonariusze mają wyruszyć natychmiast — dr Bast oznajmia, że jest mu obojętne, jak to zrobicie; natychmiast wysłać funkcjonariuszy, bo zanim Wiedeń się ruszy, oni mogą już tam być — proszę przyjąć to do wiadomości — Heil Hitler i marsz. Marsz".

Krążyły kolejne dalekopisy, w sprawę włączył się komisariat ochrony pogranicza w Leibnitz, a także wydział trzeci gestapo w Grazu; z jego szefem, doktorem Witiską, ustalono, że odkomenderuje do Spielfeld dwóch funkcjonariuszy. Wtedy nadeszła wiadomość, że teczka służbowa odnalazła się w pociągu, w Brucku nad Murą, i że tego samego dnia została odesłana do Grazu na posterunek dworcowy, gdzie, zamiast niezwłocznie o tym zameldować, po prostu ją odłożono. Niechlujstwo, które wymagało kolejnego dochodzenia.

Pięć lat później drogi obu funkcjonariuszy gestapo z Grazu ponownie miały się skrzyżować — w Słowacji. Witiska działał tam jako dowódca sekcji interwencyjnej H policji bezpieczeństwa i SD; na obszarze objętym jego rozkazami mój ojciec dowodził oddziałem specjalnym.

Urlop w 1939 roku znów spędził w górach, na Haindlkar w Alpach Enngstalskich, z przewodnikiem górskim o nazwisku Gaisbauer i niejaką Käthe. Ojciec był wręcz opętany wspinaczką, latem i zimą, z użyciem lin, czekana i raków, na nartach i foczej skórze. Kim była owa Käthe, nie wiem, w dzienniku występuje tylko imię, poza tym żadnych uwag o osobie, sporo natomiast o wspinaczce: „Pogoda piękna, dość zimno. Pierwszorzędne, naprawdę mocne wspinanie. Ostre skałki". Być może widać Käthe na którejś z wielu posiadanych przeze mnie fotografii z jego górskich wypraw, może jest jedną z dziewcząt w nabijanych ćwiekami butach, stylowych pumpach i w krótkiej fryzurze, bez makijażu, zgodnie z wymogiem ideologii. Kiedyś tam zniknęła z jego życia, przypuszczalnie nie zostawiwszy po sobie głębszego śladu.

O życiu prywatnym ojca, o tym, jaki był, co myślał, wiem niewiele, właściwie nic. Do dziś pozostał dla mnie postacią z mroku, kimś o ledwo rozpoznawalnych konturach. „Był niesłychanie dziarski", mówiła babcia — w moich oczach nie przydawało mu to jednak wyrazistości. Najlepiej chyba rozpoznaję go na niektórych zdjęciach, na przykład jako narciarza, gdy charakterstycznie pochylony do przodu, w ówczesnym stylu zjazdowym, mknie w dół ze stromego zbocza, nieustraszony. To inny przymiotnik chętnie używany przez babcię, gdy o nim opowiadała, co zdarzało się rzadko. Nieustraszony. Starałem się dorównać mu w tym, też chciałem wydawać się nieustraszony. Pamiętam taki epizod z Oftering koło Linzu, mieszkałem tam z dziadkiem u pewnego chłopa, który miał syna, niewiele starszego ode mnie. Często bawiliśmy się na klepisku stodoły, gdzie trzymano cudownie pachnące siano. Wysoko, pod samym sufitem przez całą stodołę szedł zastrzał, belka, po której się kiedyś przeczołgałem — aż tak odważny, żeby na niej stanąć i iść, bynajmniej nie byłem. Kiedy dziadek, szukając mnie, wszedł do stodoły, zobaczył, jak pełznę wolno po belce pod dachem. Stał na dole i ani drgnął, jak opowiadał później, bał się nawet zawołać mnie po imieniu. Miałem wtedy może cztery czy pięć lat. Chciałem być nieustraszony jak ojciec.

Na jednym zdjęciu ojciec stoi w rozległym polu, gdzieś daleko widać kawałek lasu. Sylwetka postaci wygląda jak wycięta z bezchmurnego nieba, nie sposób rozpoznać, co rośnie na polu, komonica czy rzepak; ojciec rozstawił nogi, założył ręce na plecach, wysunął podbródek, zapatrzył się w dal. Z całej figury, która zdaje się dosłownie wyrastać z ziemi, bije stanowczość. Twardość. Nieprzystępność. Być może brutalność. Kiedy tak stoi, mógłby — gdyby go rozebrać i powiększyć do monstrualnych rozmiarów — uchodzić za jeden z posągów Josefa Thoraka lub Arno Brekera na berlińskim stadionie olimpijskim w 1936 roku. Zwycięzca. Czy przybrał tę pozę po aktorsku, dla fotografa, który naciskał spust migawki, czy też zdjęcie pokazuje go takim, jakim był naprawdę?

Nie wiem.

Moja niewiedza bierze się stąd, że dorastałem w tak zwanej zdrowej rodzinie, z ojcem, który zawsze tym właśnie dla mnie był: dobrym ojcem. To przypuszczalnie odwodziło moją matkę od rozmów ze mną o ojcu prawdziwym, od opowieści o nim, nawet pod nieobecność drugiego ojca — to się nie godziło. „Tak się nie robi! Uważam to za niestosowne!" Takich zdań matka używała często, miała skłonność do surowych ocen moralnych, mimo że z drugiej strony była osobą bardzo miękką, bardzo kobiecą.

Dr Gerhard Bast, Gottschee 1940

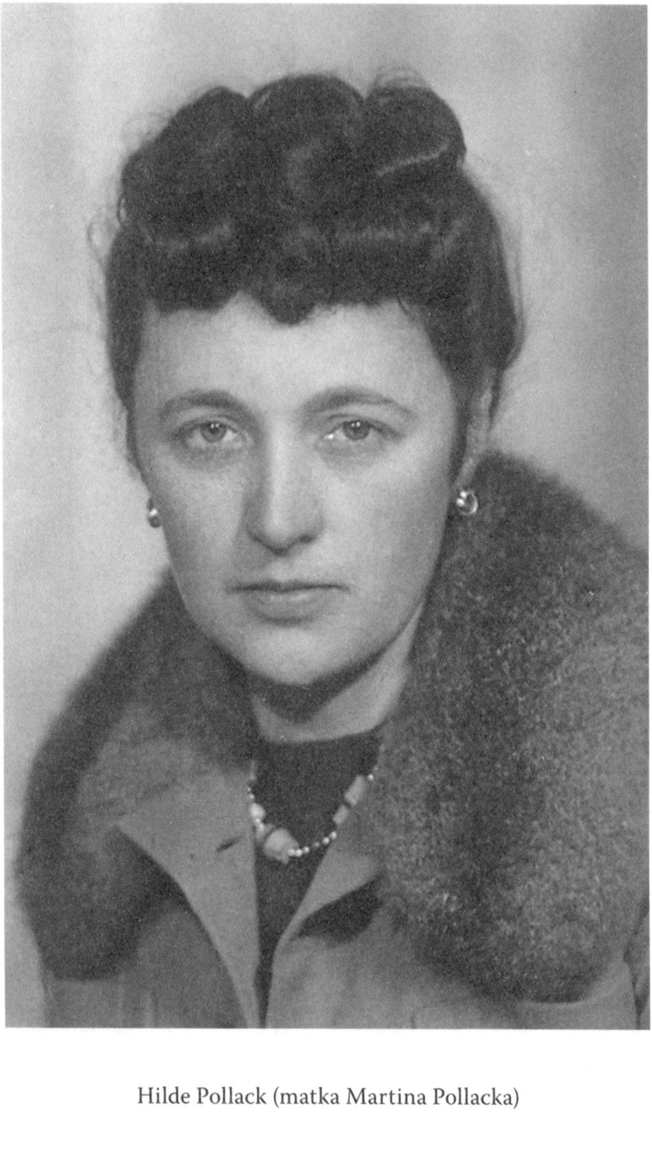

Hilde Pollack (matka Martina Pollacka)

Sytuację komplikował jeszcze fakt, że mój prawdziwy ojciec wdarł się w małżeństwo matki, odebrał ją — jak to się mówi — pierwszemu mężowi. Kiedy się urodziłem, była jeszcze zamężna, z tym samym mężczyzną, którego, wkrótce po śmierci mego prawdziwego ojca, miała poślubić ponownie. Z tego powodu noszę nazwisko ojczyma, który we wszystkich moich papierach, również w świadectwie urodzenia, figuruje jako ojciec. Nigdy się nie dowiedziałem, czy już wtedy wiedział, że spłodził mnie kto inny. Wiem tylko, że wobec mnie i mojej matki był bardzo wielkoduszny, musiał ją kochać ponad wszystko.

Jeszcze w czasie małżeństwa z nim matka urodziła dziecko innego, bękarta, czyli mnie. I kiedy w okresie powojennego zamętu została wdową po poszukiwanym zbrodniarzu wojennym, przyjął ją znowu, razem z dzieckiem, które nie było jego. Nigdy nie czułem się jak bękart, jak ktoś niepożądany.

Te zawikłane stosunki rodzinne sprawiły, że w naszym domu w Linzu milczało się o wszystkim, co choćby z lekka dotyczyło czasów mojego prawdziwego ojca — to było tabu. „Opowiem ci o tym kiedyś później" — mawiała czasem matka — ale nigdy do tego nie dochodziło, a ja jej nie naciskałem. Tak się nie robi! Czy milcząc, wypełniała testament mojego zmarłego ojca? W próbach zabarykadowania się za tymi krótkimi zdaniami o prostej składni, dla ochrony przed niepożądaną poufałością, emocjonalnością, rozpoznaję siebie, odwzorowanie nieznanego ojca, który energicznie wysuwa podbródek i kieruje spojrzenie w dal. Nieprzystępny. Uczuć się nie pokazuje, zatrzymuje się je dla siebie. Mam to we krwi.

Czy coś po nim odziedziczyłem, czy noszę w sobie coś z niego? Cały ojciec, mawiała babcia z miłością, kiedy matka opowiadała, jaki ze mnie zawadiaka. Rzadko się ze sobą spotykały: babcia czasem przyjeżdżała do nas do Linzu, matka natomiast nigdy nie jeździła do Amstetten; tam mieszkał mój prawdziwy ojciec, tam żyli jego rodzice, to miasto było tabu, tylko ja mogłem je odwiedzać. Rozmawiały w mojej obecności, jakby mnie nie było. W szkole podstawowej strasznie rozrabiałem; babcia, słysząc o tym, potrząsała głową i uśmiechała się błogo; „cały Gerhard", mówiła wreszcie. Chodziłem do prywatnej szkoły przy biskupim seminarium dla nauczycieli na Stifterstraße w Linzu. Wszyscy nauczyciele byli duchownymi.

Pierwsze problemy pojawiły się, kiedy w 1950 roku zapisywano mnie do szkoły: nie byłem ochrzczony. Pamiętam, jak siedziałem z matką w salce, naprzeciwko nas jegomość o łagodnym spojrzeniu, w białym sztywnym kołnierzyku (nasi *patres* nie nosili habitów, lecz cywilne ubrania); miał wciągnąć mnie na listę uczniów. Religia?, zapytał i już chciał, automatycznie, wpisać „katolicka". „Wierzący", powiedziała matka naiwnie, a on osłupiał. Podniósł wzrok. W tamtych latach każdy Austriak wiedział, co to znaczy: „wierzący" byli naziści, prawdziwi naziści, a nie niegroźni towarzysze drogi. Matka uśmiechnęła się do ojca dyrektora rozbrajająco. Była piękną kobietą, wtedy trzydziestodziewięcioletnią, ale wyglądała młodziej i potrafiła się uroczo uśmiechać. Wiedziała, jak dostać to, czego chce: wystarczyło się uśmiechnąć. Jednak duchowny nie dał się owinąć wokół palca. „To niemożliwe, łaskawa pani", powiedział sucho, „nie u nas". Nie pozostało nic innego jak zaprowadzić mnie do chrztu. Pamiętam jeszcze tamten smak soli na języku.

Nauczyciele przy Stiftersraße byli łagodni i serdeczni, zupełnie inni niż księża w szkołach katolickich, o których się słyszy wszędzie w kraju. Nie sądzę, abym ja, lub którykolwiek z moich kolegów szkolnych, kiedykolwiek został uderzony bądź musiał stać w kącie. Nasz wychowawca był młodym blondynem o łagodnym głosie i miękkich rysach, nazywał się Wilhelm Huber. Pamiętam, że rumienił się, ilekroć rozmawiał z moją matką, a ją jakby to bawiło. „Gdyby tylko tak nie rozrabiał", skarżył się czasem zatroskany pan Huber; nie był naprawdę zagniewany, ale też poza tym niewiele więcej mógł o mnie powiedzieć. Matka tylko przytakiwała, ostatecznie dzień w dzień wracałem do domu z siniakami i w podartym ubraniu. Rano wychodziłem do szkoły starannie wyszczotkowany, ze spinką we włosach, aby nie spadały mi na oczy (wyrzucałem ją już przy furtce), a w południe wracałem jak włóczęga, który się wytarzał w błocie.

„Jego ojciec też rozrabiał", mówiła babcia. Kiedy do pokoju wchodził ojczym, obie milkły. Ojczym był wobec babci uderzająco uprzejmy, nienaganny, ale zdystansowany. Nazywał ją łaskawą panią i markował pocałunek w rękę. Był tylko trzy lata od niej młodszy. Ona darzyła go wielkim podziwem, „to pan", mówiła, kiedy znów byliśmy w Amstetten i rozmowa schodziła na mojego ojczyma, co zdarzało się rzadko. Nasz dom w Linzu nazywała willą. Ze wspaniałym ogrodem. I kwiaty — wyborowe. „A pan Pollack to prawdziwy pan". Wypowiadała to słowo, *Herr*, krótko: „r" brzmiało jak cios. Pan w każdym calu. Nienaganne maniery. Maniery były dla niej bardzo ważne. Nienaganne maniery i przyzwoitość. „Twój ojciec zawsze był przyzwoity", nie zapominaj o tym, mówiła do mnie.

We wrześniu 1939 roku Hitler napadł na Polskę. W nielicznych papierach osobistych i służbowych, jakie mam po ojcu, wybuch wojny nie odcisnął się w ani jednej linijce. Jakby go to nie dotyczyło. Graz leżał daleko od Gdańska i Warszawy, Polska została pokonana w ciągu kilku tygodni. Mówiło się o wojnie błyskawicznej, dziarsko to brzmiało. W kampanii polskiej po raz pierwszy ważną rolę odgrywały sekcje interwencyjne: „sekcje interwencyjne policji bezpieczeństwa i SD" — „gestapo na kółkach", jak o nich potocznie mówiono. Te jednostki, powołane do życia na rozkaz Hitlera, złożone z członków gestapo, policji kryminalnej i SD, zostały użyte już podczas zajmowania Austrii i Czechosłowacji; miały „ścigać i eliminować elementy wrogie Rzeszy". Jednak wielki sprawdzian oczekiwał je w Polsce, gdzie szły krok w krok za walczącymi oddziałami, aby czyścić z wszystkich wrogich elementów podbite ziemie — Reinhard Heydrich mówił o „narodowym scaleniu ziem" jako akcji wymierzonej w „żydostwo, inteligencję, duchowieństwo i szlachtę". To sekcje interwencyjne przeprowadzały gruntownie. Stanowiły mobilne szwadrony śmierci, podległe nie dowództwu armii, lecz jedynie

Heydrichowi, Himmlerowi i Hitlerowi. Ci chcieli widzieć w przedkładanych im raportach tylko coraz większe liczby ofiar.

Każdy, kto zajmował kierownicze stanowisko w gestapo, musiał liczyć się z tym, że kiedyś zostanie odkomenderowany do sekcji interwencyjnej. Obowiązywała surowa zasada rotacji, ludzi przenoszono z jednej placówki policyjnej do innej lub odprawiano do sekcji interwencyjnej na Wschodzie. Nikt nie powinien za długo pozostawać w jednym miejscu, aby nie nawiązywał trwałych więzi; niechaj się każdy sprawdzi w oddziale interwencyjnym, w walce narodowościowej poza krajem.

Wiosną 1940 roku ojciec nadal szefował wydziałowi gestapo do spraw wykrywania i zwalczania przeciwników. Zdarzały się pierwsze nieśmiałe akcje ruchu oporu w Styrii, zamachy bombowe na pociągi, dokonywane przez niewielkie oddziały walczące pod wodzą austriackich Słoweńców z reżimem nazistowskim. W kwietniu 1940 roku doszło do zamachu na linii kolejowej w pobliżu Judenburga; śledztwo przejął dr Gerhard Bast. Po wnikliwym dochodzeniu i analizie doniesień konfidentów kazał ścigać kilku mężczyzn, którzy mówili „po niemiecku z akcentem słowiańskim".

Zanim jeszcze śledztwo zostało zamknięte, ojciec pojechał na urlop. Do Tyrolu. Wielka wyprawa górska na nartach przez Alpy Ötztalskie. Czy góry były czymś w rodzaju ucieczki przed codziennością, z ponurego budynku przy Parkring 4, gdzie rezydowało miejscowe gestapo? Pierwsze dni urlopu ojciec spędził sam. Maszerował z Sölden przez Dolinę Rettenbach i Przełęczą

Pitztaler do Chaty Brunszwickiej, która nie przyjmowała gości; musiał nocować w sali zimowej. „Znośnie", zapisał w dzienniku wyprawy. W następnych dniach wspiął się samotnie na Wildspitze, Fernerkogel, Mittagskogel, lodowce pokrywał gruby śnieg, na Przełęczy Rettenbach zalegała gęsta mgła, potem zerwała się zamieć. Tydzień później do ojca dołączył przyjaciel, szli razem od chaty do chaty, ze szczytu na szczyt, aż wrócili do Sölden. Ojciec był w drodze razem osiemnaście dni, cały urlop spędził w górach Tyrolu.

„Być może ostatni zjazd na długi czas!", napisał na jego zakończenie.

Ale w 1940 roku udawał się w kolejne podróże, w tym jedną służbową. Mam świadectwo w postaci tuzina fotografii przedstawiających motywy włoskie. Ostia, ruiny rzymskie, w tle pinie, na pierwszym planie mężczyznę w niemieckim mundurze. Jest też pałac, przypuszczalnie w Rzymie, w monstrualnym faszystowskim stylu, przed nim ciemnoskórzy strażnicy w malowniczych turbanach, białych spodniach, obszernych pelerynach, z lancami zdobnymi w chorągiewki; również na korytarzach stoją takie straże, operetkowo wystrojeni Abisyńczycy. Na innym zdjęciu widać grupę mundurowych, być może z SS, którzy tłoczą się na tarasie i podziwiają włoski krajobraz. Niemieccy wyedukowani mieszczanie w mundurach. Wizyta ojca u włoskiego sprzymierzeńca to po trosze urlop, po trosze służba. Tylko jedna fotografia jest zagadkowa: „Šibenik 1940" — mówi podpis na odwrocie, ale Šibenik leży w Dalmacji, a ta w 1940 roku wciąż należała do Jugosławii. Czy to możliwe, żeby grupa oficerów SS odwiedzała w 1940 roku Jugosławię, i to w mundurach?

Owego roku przez Jugosławię wiodła trasa jeszcze jednej jego podróży. Tę podróż — do Słowenii, do miejsc dzieciństwa, Gottschee i Tüffer (gdzie spotkał kuzyna Guido), a potem dalej do Zagrzebia, Sarajewa i Belgradu — dokumentują też tylko zdjęcia. Mam całą paczkę fotografii z typowymi motywami, jakie pstrykają turyści: pomnik Bana Jelačicia w Zagrzebiu i rynek; sądząc po ciężkim odzieniu przekupek i przechodniów, musi być początek roku, może dopiero nadchodzi zima, śniegu nie ma — jeszcze, lub już. Na innym zdjęciu widać niepozorny dom z ogrodem, to jakby przedmieście, raczej biedne, ulica przed domem jest wysypana żwirem, Vrhovec 41, mówi podpis na odwrocie. We Vrhovcu, na przedmieściu Zagrzebia, wedle przekazu rodzinnego siostra dziadka, Käthe, miała majątek, przypuszczalnie dorobiła się go przez zamążpójście. Ponieważ zmarła bezdzietnie, majątek — bodaj jednopiętrowy dom z ogrodem — przypadł synowi jej siostry, Guidowi, uwiecznionemu na jednym ze zdjęć z Laška. Dom o adresie Vrhovec 41 mógł zatem być miejscem jego zamieszkania. Być może tam zatrzymał się ojciec, przyjechawszy do Zagrzebia. U półżydowskiego kuzyna. W Belgradzie siąpił deszcz, na ulicach nie widać przechodniów, wszystko wydaje się szare i mokre. Beograd, Prestol trg, Beograd, Kralja Aleksandra. Znamienne, że podpisywał zdjęcia po serbskochorwacku, nie po niemiecku. Tak jak zawsze pisał „Laško" i „Kočevje", nigdy „Tüffer" i „Gottschee". Czy znał słoweński? Pewnie kilka słów, ostatecznie bywał tam często. W ankiecie SS, dołączonej do jego akt, w rubryce „znajomość języków obcych” widnieje: „brak”.

Co robił w tej podróży? To nie mógł być urlop, bo ten spędził już w górach Tyrolu. Pozostaje właściwie jedna możliwość: w 1940 roku przebywało w Jugosławii uderzająco wielu turystów niemieckich, sami młodzi mężczyźni po cywilnemu, ale sprawiający wrażenie wojskowych — z powodu krótkich fryzur, postawy, zuchowatego sposobu bycia. Wszyscy mieli przy sobie aparaty fotograficzne i pstrykali, co im się nawinęło, mosty, dworce, fabryki, inne obiekty, które mogły być interesujące dla wojska. Na przykład w przypadku nalotu. Policja jugosłowiańska i kontrwywiad doskonale wiedziały, na czyje polecenie krążą tam ci mężczyźni, ale nie mogły nic przeciw nim przedsięwziąć; stosunki między południowosłowiańskim królestwem a Niemcami hitlerowskimi były dobre, nawet jeśli nie dowierzano Niemcom za grosz.

A zatem — podróż szpiegowska. Na polecenie SD, która dysponowała własną służbą zagraniczną? A może wywiad wojskowy „wypożyczył” sobie gestapowca z Grazu? Czy w ogóle coś takiego było do pomyślenia, jeśli wziąć pod uwagę rywalizację między obu organizacjami? Czy funkcjonariuszy rekrutowano do takiej podróży, czy też zgłaszali się na ochotnika? Jako rodowity Dolnostyryjczyk, mający krewnych w Słowenii i Chorwacji, ojciec szczególnie nadawał się do tej misji. Czy traktował ją jako pretekst, żeby odwiedzić krewnych w Jugosławii i przyjaciół w Kočevju, czy też na odwrót, wykorzystał krewnych i przyjaciół jako przykrywkę? Wszystkie zdjęcia z owej podróży zawierają motywy turystyczne: szczelnie okryte chustami kobiety w Sarajewie, obrazki uliczne, gmachy, sceny na rynku. Czy fotografie przedstawiające inne, ważniejsze militarnie motywy zdeponował w jakimś miejscu? Możliwe, że spotykał się też z agenturą w Gottschee (Kočevje), w Tüffer (Laško) i w Zagrzebiu. Nie brakowało w Jugosławii członków niemieckiej pomniejszości, którzy tęsknili do Rzeszy. Cel podróży polegał zapewne na zdobyciu, w ten czy inny sposób, informacji, które miały pomóc w przygotowaniu napaści na Jugosławię. 6 kwietnia 1941 roku ta napaść w istocie nastąpiła.

14. Wczesnym rankiem 6 kwietnia 1941 roku niemiecka Luftwaffe rozpoczęła naloty na jugosłowiańską stolicę — bez wypowiedzenia wojny. Sześćset jedenaście maszyn zrzuciło na Belgrad czterysta czterdzieści ton bomb, w ciągu dwóch dni zginęło tam dwa tysiące ludzi. Trzy dni później oddziały niemieckie zajęły miasto graniczne Maribor (Marburg). Słowenię podbito w trzy dni, nie napotykając istotniejszego oporu. Dawna Dolna Styria i Górna Kraina — bez stołecznej Lublany — weszły do Rzeszy Niemieckiej, Lublana i Dolna Kraina przypadły Włochom, wschodnia część kraju, obszar na północ od Mury Übermurgebiet (Prekmurje) przyznano sprzymierzonym Węgrom.

12 kwietnia gauleiter ze Styrii, Siegfried Uiberreither, pojechał do Mariboru, znów nazywanego Marburgiem, i ogłosił plan „zniemczenia kraju", a w związku z tym — wypędzenie niepożądanych Słoweńców: „Chcemy ten kraj tak przywiązać do siebie, aby było w nim miejsce tylko dla Niemca i tych Styryjczyków, którzy przez lata, dziesięciolecia i stulecia wiernie, po bratersku walczyli ramię w ramię z naszymi rodakami. [...] A cała reszta,

drodzy rodacy, nie robię z tego tajemnicy i mówię publicznie: cała reszta precz! [...] Z lodowatą konsekwencją podejmiemy niezbędne środki [...]".

Dolna Styria znalazła się pod administracją styryjską, około dwieście sześćdziesiąt tysięcy Słoweńców, czyli jedna trzecia ludności, miało zostać wysiedlonych, ważne zadania przypadły tu gestapo i służbie bezpieczeństwa, które zainstalowały się w Marburgu. Były to placówki zagraniczne centrali w Grazu, gdzie jeszcze przed wkroczeniem wojsk do Słowenii pilnie zbierano informacje o Dolnej Styrii i tamtejszych „elementach antyniemieckich". Wraz z okupacją ruszyła fala aresztowań według wcześniej sporządzonych list, na których widnieli zwłaszcza słoweńscy intelektualiści i księża. Niezbędne informacje pochodziły w niemałej mierze z wydziału wykrywania i zwalczania przeciwników, którym w grazeńskim gestapo kierował dr Gerhard Bast. Być może już rok wcześniej, podczas podróży jugosłowiańskiej, spisywał nazwiska. Czy ojciec jeździł w owym czasie do Dolnej Styrii — nie wiem. W każdym razie działał tam jego młodszy brat, Helmut Bast. Mój stryj Helmut. Objął placówkę służby bezpieczeństwa w niewielkiej miejscowości Oberburg (Gornji Grad), położonej między Celje a Lublaną.

Życiorysy obu braci cechuje uderzająca równoległość. Obaj studiowali w Grazu prawo, wstąpili do korporacji pojedynkowiczów „Germania", dumnie obnosili swoje blizny, myśleli w kategoriach niemieckonarodowych, zostali radykalnymi nazistami. Młodszy brat, urodzony w 1914 roku w Amstetten, także się ubiegał o przyjęcie do SS. W pismach urzędowych z 1941 roku tytułuje się go jako kandydata do SS, zawodowo pełnił funkcję komisarycznego szefa placówki SD w Oberburgu. Do jego obowiązków należało ustalanie, które rodziny słoweńskie należy wypędzić, które osoby aresztować, a które (to rzadziej) wypuścić z aresztu.

14 maja 1941 roku skierował ekspresowy list do placówki tajnej policji państwowej w Marburgu, dotyczący sprawdzenia aresztowanego prewencyjnie Cerina Iwana, urodzonego 10 lutego 1884 roku.

„Kierując się względami bezpieczeństwa ogólnego, nie zgadzam się z decyzją o zwolnieniu wyżej wymienionej osoby. Cerin Iwan jest znany w gminie Prassberg z nastawienia antyniemieckiego i wielkiej wrogości wobec wszystkiego, co niemieckie. Ujawnia się to w postawach całej jego rodziny, a zwłaszcza w wychowaniu nieślubnego syna, Divjaka Iwana, o którym poniżej. [...] W przypadku planowanego wysiedlenia należy wydalić całą rodzinę.

Kom. kierownik placówki SD, dr Helmut Bast".

Na fakt, że młodszy brat mojego ojca przez pewien czas działał w służbie bezpieczeństwa SS, natrafiłem przypadkiem. Właściwie chodziło o pomyłkę. Złożyłem wniosek i otrzymałem dokumenty ze słoweńskiego archiwum państwowego w Lublanie, w których wymienia się nazwisko dr. Basta, w 1941 roku działającego w Oberburgu (Gornji Grad). Początkowo myślałem, że to mój ojciec. On jednak służył wtedy w gestapo w Grazu. Nie był też kandydatem do SS, lecz hauptsturmführerem SS. Dlaczego stryj wylądował w końcu nie w SS, lecz u spadochroniarzy — nie potrafię powiedzieć. Być może nie przyjęto go do SS z powodu silnej krótkowzroczności; oznaczało to też koniec kariery w służbie bezpieczeństwa. Odkrycie, że przynajmniej kilka miesięcy pracował w SD, na dodatek w okupowanej Słowenii, nie było dla mnie niespodzianką. Podobnie jak taki szczegół, że również jego ówczesna żona służyła w aparacie terroru — jako sekretarka przy komendancie policji bezpieczeństwa i SD w Marburgu.

Nie jest łatwo w sposób kompletny zrekonstruować przebieg kariery członków gestapo i SD. Dokumenty są rozproszone po różnych archiwach, wiele zaginęło, zostało zniszczonych przez sprawców lękających się prześladowań. Kiedyś, w lecie 1940 roku, mojego ojca wysłano do Niemiec, które wtedy nazywano „starą Rzeszą"; przez jakiś czas pracował w Koblencji. Świadczy o tym notatka tamtejszej komendy policji państwowej z sierpnia 1940 roku, przeznaczona do kartoteki osobowej SS, z informacją, że hauptsturmführer dr Gerhard Bast, z zawodu asesor rządowy, 24 czerwca 1940 roku otrzymał państwową odznakę sportową w brązie; przytacza się nawet numer aktu nadania. W owym czasie ojciec mógł być przydzielony do Głównego Urzędu SD w Berlinie, gestapowską służbę pełnił w Koblencji, być może uczęszczał na szkolenia; ostatecznie nie był wykwalifikowanym policjantem, lecz prawnikiem.

Z okresu koblenckiego pochodzi znalezisko, które skrywały jego papiery. Chodzi o kartkę pocztową Niemieckiego Konsulatu Generalnego w Trieście do powiatowej instancji NSDAP w Amstetten (Biuro Prawne): „Pańskie pismo z 14 bm. do ambasady w Rzymie, dotyczące sprowadzenia dokumentów z prowincji Treviso, zostało ze względów kompetencyjnych przekazane do niemieckiego konsulatu w Wenecji". Kartkę ostemplowano w Berlinie, zapewne przesłano ją tam kurierem, a następnie przekazano dalej do Amstetten, na ręce dziadka, szefa biura prawnego. Rzeczone dokumenty były przypuszczalnie potrzebne do sporządzenia na użytek SS tablicy przodków — tu obowiązywały jeszcze surowsze kryteria niż w przypadku zwykłych towarzyszy partyjnych. Dowódcy SS musieli dowieść swego aryjskiego pochodzenia do XVIII wieku wstecz. Fakt, że mimo trwającej wojny obciążano urzędy i instytucje takimi zleceniami — mój ojciec nie był jedynym badaczem własnej genealogii, dziesiątki tysięcy ludzi w Niemczech i Austrii indagowały w tej sprawie parafie, urzędy stanu cywilnego i konsulaty w sąsiednich krajach — odzwierciedla obłąkany charakter systemu.

W styczniu 1941 roku ojciec wrócił do Marchii Wschodniej (tak oficjalnie określano Austrię) i odebrał w Linzu brązową odznakę sportową SA. W stosownej notatce dla Urzędu Personalnego SS jako zawód podaje się „asesor rządowy, obecnie dowódca komendy policji państwowej w Linzu". To znaczący skok w karierze, nie minęły jeszcze trzy lata od wstąpienia ojca do gestapo. Przejął jednak kierownictwo tylko komisarycznie, zastępując Humberta Achamer-Pifradera, który na jakiś czas odkomenderowany z Linzu, powrócił jednak na swoje stanowisko i piastował je do marca 1941 roku.

Linz, „miasto chrzestne führera" (jak wiadomo, Hitler chodził tam przez cztery lata do szkoły realnej), cieszył się w Trzeciej Rzeszy uprzywilejowaną pozycją, daleko wykraczającą poza jego rzeczywiste znaczenie. Być oddelegowanym do Linzu oznaczało szczególną nagrodę. Tamtejsza komenda policji państwowej, obsadzona dokładnie pięćdziesięcioma funkcjonariuszami, mieściła się w skonfiskowanym Domu Kolpinga*, SD miała siedzibę w willi na wzgórzu nad miastem, Auf der Gugl 4, dwie, trzy minuty spaceru od domu, w którym mieszkała moja matka.

Przypuszczam, że ojciec poznał ją już wtedy, na początku 1941 roku. Ojczym nie miał nic wspólnego z gestapo czy SS, ale i on nie był tylko „towarzyszem drogi". Znał Hitlera z czasów szkolnych, był wprawdzie dwa lata młodszy od późniejszego führera, ale w szkole realnej tylko o klasę niżej (Hitler musiał powtarzać rok). Na świadectwach ojczyma widnieje też nazwisko nauczyciela historii i geografii, Leopolda Poetscha, żarliwego narodowca niemieckiego, który, jak przyznawał sam Hitler, w znacznej mierze ukierunkował jego myślenie. Poetsch od pierwszej do czwartej klasy nauczał ojczyma, który wszelako, w przeciwieństwie do Hitlera, dostawał zawsze najlepsze stopnie, „chwalebny" (za obyczajne sprawowanie) i „celujący" (za postępy). W późniejszych

* Adolf Kolping (1813–1865) — czeladnik szewski, potem wikariusz katedry kolońskiej i pierwszy prezes katolickich stowarzyszeń czeladniczych (organizacji kształcenia czeladników i wspierania ich w chrześcijańskiej praktyce życiowej).

latach jeszcze raz się spotkali. Ojciec należał w Linzu do wielbicieli Geli Raubal, witalnej siostrzenicy Hitlera, którego, jak sam opowiadał, prosił kiedyś o rękę jego pupilki; było to w latach dwudziestych. Hitler odmówił, co ojczym odczuł jako obrazę. Nie przeszkodziło mu to jednak zachwycić się ideami Hitlera. We wrześniu 1940 roku nadburmistrz stolicy regionu, miasta Linzu, powołał artystę malarza do Rady Sztuk Pięknych, rok później, poszerzając zakres jego funkcji, powierzono mu honorową pieczę nad sprawami sztuk pięknych w Miejskim Urzędzie Kultury. Wobec faktu, że Hitler chciał zrobić z naddunajskiego miasta międzynarodową metropolię sztuki, było to z pewnością zaszczytne zadanie, choć niezwiązane z realnymi pełnomocnictwami. Po wojnie w trybie karnym ojczymowi obniżono za to emeryturę.

Można sobie wyobrazić, że obaj mężczyźni, ojczym i ojciec spotkali się przy jakiejś oficjalnej okazji i że była przy tym moja matka. A może ojciec zetknął się z nią przypadkiem, na spacerze w linzeńskiej dzielnicy willowej pod Bauernbergiem, gdzie wyprowadzała owczarka niemieckiego o nieniemieckim imieniu King. Notabene pod koniec wojny o Kinga upomniał się Wehrmacht i powołał go, być może do czegoś w rodzaju pospolitego ruszenia psów, a może po to, by wyszkolić go na „werwolfa"*. Pewne jest, że po 1945 roku zwierzę nie wróci-

* Pospolite ruszenie, tu: Volkssturm — powołane przez Hitlera w 1944 r. dla wsparcia wojsk niemieckich, obejmowało mężczyzn w wieku 16–60 lat. Verwolf — dosł. „wilkołak", nazwa ruchu partyzanckiego stworzonego na rozkaz nazistów wiosną 1945 r.

ło, nie wiadomo, czy zginęło, czy znalazło nowego właściciela. W domu po wojnie często mówiło się o Kingu, jakim był wzorem urody, mądrości i wierności. Nie zachował się na zdjęciach. Posiadam portret matki namalowany przez ojczyma w latach trzydziestych w stylu Nowej Rzeczowości; niewielki obrazek, dwadzieścia na dwadzieścia pięć centymetrów, wizerunek samej twarzy. Jest to fragment dużego malowidła, na którym podobno widniał też wspaniały owczarek niemiecki, spoczywający wiernie u stóp matki. Ten obraz olejny znajdował się w domu, który w grudniu 1944 roku został trafiony bombą; twarz matki — to wszystko, co zostało z obrazu, reszta spłonęła.

Zakres zadań gestapo był wprost nie do ogarnięcia. Oprócz nadzoru nad tak zwanym elementem obcym narodowo — robotnikami cudzoziemskimi, przymusowymi i jeńcami wojennymi — zatrudnionym w zakładach przemysłowych i w rolnictwie, należała do owych zadań również inwigilacja zbiorowości niemieckiej. Trzeba było wyśledzić zorganizowany ruch oporu komunistów, socjaldemokratów czy chrześcijańskich wspólnot religijnych, a także wszelkie możliwe, wymierzone w reżim formy prywatnej krnąbrności. Gderactwo i defetyzm, jak to nazywano, podpadały pod tak zwaną ustawę o czynach podstępnych i mogły zostać ukarane więzieniem lub „aresztem prewencyjnym". Ten ostatni oznaczał często wywózkę do obozu koncentracyjnego na czas nieokreślony. W gestii gestapo mieścił się też „umyślny odsłuch wrogich radiostacji", „rozkład sił obronnych",

„uszkodzenie środków obrony" (sabotaż), uchybienia „norymberskim ustawom rasowym" i wiele innych. Żydów na początku 1941 roku prawie już nie było w Linzu i w rejonie Górnego Dunaju (jak nazywała się teraz Górna Austria), wielu tymczasem wypędzono, tylko nielicznym udało się uniknąć przymusowego wydalenia, głównie tym, którzy żyli w tak zwanych uprzywilejowanych małżeństwach mieszanych, to znaczy — w małżeństwie z aryjskim partnerem, odpornym na presję rozwodową.

„Istnieją powody — pisał 30 stycznia 1941 roku komisaryczny szef gestapo w Linzu, dr Gerhard Bast — żeby więcej niż do tej pory uwagi poświęcić nadzorowi Żydów mieszkających w Regionie Górnego Dunaju". Zgody na wyjątkowe uchylenie zakazu wychodzenia z domu — wywodził dalej — może udzielać Żydom tylko gestapo. Oprócz pełnych danych osobowych należy zebrać możliwie najobszerniejsze informacje o żyjących w Regionie Górnego Dunaju Żydach i żydowskich mieszańcach: czy zgodnie z wymogiem prawnym przyjęli żydowskie imię Izrael lub Sara, czy posiadają dokumenty tożsamości i jakie, czy mieszkają we własnych lokalach, czy też jako podnajemcy we wspólnocie mieszkaniowej z aryjczykiem, czy są abonentami telefonu i radia, czy należą do żydowskiej gminy wyznaniowej, czy też zmienili wyznanie (na jakie). Dodatkowo gestapo chciało mieć wszystkie dane Żydów żyjących w małżeństwach mieszanych: znać miejsce zamieszkania dzieci z tych małżeństw, a także, czy mąż lub synowie są aktualnie w wojsku.

Ten obszerny katalog pytań miał służyć przede wszystkim zastraszeniu partnerów Żydów będących w tak zwanych „związkach chronionych" i zmusić ich do rozwodu. „Region Górny Dunaj" należało całkowicie „wyczyścić z Żydów".

Pamiętam Linz lat pięćdziesiątych, sześćdziesiątych jako miasto bez Żydów. Może byli jacyś nieliczni, musieli być, jednak ich nie zauważaliśmy — poza jednym. Istniał wtedy w Linzu sklep cukierniczy, tak zwany „Zuckerl Schwager". Nie mijałem go po drodze do szkoły, ale znałem — zapewne głównie dlatego, że jego nazwa padała u nas w domu, gdy z jakiegoś powodu mówiło się o Żydach. Właściciele byli podobno Żydami. Ojczym, człowiek zazwyczaj wytworny, bardzo powściągliwy, wykrzywiał się złośliwie i wymawiał nazwę „Zuckerl Schwager" z intonacją, która miała naśladować język jidysz. Brzmiało to mniej więcej jak „Zickerl Schwager". Sklep od zewnątrz nie wyglądał atrakcyjnie, wydawał się staroświecki, wręcz zaśniedziały — dotyczyło to także towarów na wystawie. A może na mój obraz tej witryny rzutowało coś zasłyszanego w domu? Pamiętam jeszcze, jak mówiono, że „Zuckerl Schwager" sprzedaje ciastka ponczowe (uwielbiałem je), które smakują okropnie. Sam ich nigdy nie spróbowałem, bośmy tam nie kupowali.

Dopiero lata później buntowaliśmy się z bratem przeciw antyżydowskim odzywkom, nieraz dochodziło do gorącej wymiany zdań, którą matka nazywała przykrą. Stale zabiegała o harmonię, chciała łagodzić burzę, próbowała dławić w zarodku nadciągające konflikty, podsuwając inne, niewinne tematy. Z reguły niewiele to dawało. Byliśmy młodzi i stosownie bezwzględni, potrafiliśmy ciągnąć te spory godzinami, ba, całymi dniami, bez chwili wytchnienia. Zwykle to ojczym ucinał utarczki słowne, wstawał w milczeniu i odchodził od stołu. Do dziś podziwiam w nim jedno: nie był pamiętliwy. Często z rozmysłem go obrażaliśmy, on jednak nigdy nie dawał nam tego odczuć. I nigdy nie próbował narzucać nam swego stanowiska. Kiedyś wreszcie obie strony złożyły broń, nam jakoś minęła żarliwa ochota na te spory, on unikał drażliwych wypowiedzi.

Nie wiem, jak długo mój ojciec działał w linzeńskim gestapo, w każdym razie w czerwcu 1941 roku wrócił do Koblencji, do tamtejszej komendy policji państwowej. W tym samym miesiącu został mianowany radcą rządowym.

„Nadaję ten akt w oczekiwaniu, że nominat, pozostając wiernym przysiędze, będzie sumiennie wypełniał obowiązki urzędowe i nie zawiedzie zaufania, jakie mu niniejszym okazano. Zarazem zapewniam go o szczególnej opiece z mojej strony. Adolf Hitler, führer”.

15. Sześć miesięcy później mój ojciec także w SS poszedł w górę, awansując do stopnia sturmbannführera, co odpowiadało randze majora w wermachcie. W połowie lipca 1941 roku został przeniesiony z Koblencji do Münster, stolicy regionu Westfalia-Północ, aby zastępować tam szefa gestapo. Münster było dużą placówką ze stu dwudziestoma funkcjonariuszami (w Koblencji i Linzu pracowało po pięćdziesięciu), którzy obejmowali swoim działaniem okręgi administracyjne Münster, Minden i Osnabrück, a także krainy Lippe i Schaumburg-Lippe.

Istniał konkretny powód, dla którego placówkę w Münster obsadzono z takim rozmachem, mimo że gestapo wszędzie narzekało na brak ludzi: Münster stanowiło centrum oporu katolickiego, z którym partia i normalna policja nie dawały sobie rady. W Clemensie Auguście, hrabim von Galenie, biskupie Münsteru od 1933 roku, narodowi socjaliści znaleźli nieprzejednanego przeciwnika, który nie pozwalał zamknąć sobie ust. Biskup wzywał Kościół do ofensywnego wystąpienia przeciw narodowemu socjalizmowi i sam świecił przykładem odwagi. Kiedy w marcu 1937 roku papież w encyklice „Mit breunender Sorge" zajął się położeniem Kościoła katolickiego w Rzeszy niemieckiej i ostro skrytykował reżim narodowosocjalistyczny, biskup Münsteru zadbał o to, aby niezwłocznie upublicznić papieskie słowa w swojej diecezji. W 1941 roku kontrowersyjny duchowny, z racji swojej odwagi nazywany przez wiernych „lwem z Münster", wygłosił trzy kazania, w których napiętnował antykościelną postawę gestapo oraz eutanazję — zadekretowany przez państwo mord na chorych psychicznie i innych niepełnosprawnych. Biskup złożył nawet w związku z tym doniesienie o zbrodni popełnionej przez nieznanych sprawców. W jednym z kazań publicznie nazwał odpowiedzialnych za eutanazję mordercami.

Słowo biskupa odczytane we wszystkich kościołach Münsteru wywołało wielkie oburzenie wśród ludności, odpisy krążyły po całych Niemczech i dotarły aż na front. Gestapo było bezradne; biskup cieszył się takim mirem, że nie ważono się go tknąć.

Z Żydami było inaczej. Przeciwko ich szykanowaniu nie podnosiły się żadne głosy protestu. Od lata 1939 roku Żydzi münsterscy żyli stłoczeni w czternastu tak zwanych „domach żydowskich", co ułatwiało akcje prześladowcze. W grudniu 1941 roku gestapo rozpoczęło deportacje niemieckich Żydów na Wschód. Najpierw jechali do Rygi, Mińska i w Lubelskie, gdzie rozstrzeliwano ich na miejscu albo zamykano w obozach pracy, które w praktyce nie różniły się od obozów zagłady. 25 października 1941 roku szef tajnej policji państwowej, Heinrich Müller, zawiadomił wszystkie podległe placówki, że w przyszłości należy uniemożliwiać wychodźstwo Żydów, wyjąwszy przeprowadzane przez gestapo deportacje na Wschód, nazywane oficjalnie akcjami ewakuacyjnymi — ta regulacja językowa miała przesłaniać ich prawdziwy cel.

Wszystko zostało zaplanowane w najdrobniejszych szczegółach: referat IV B 4 Głównego Urzędu Bezpieczeństwa Rzeszy pod kierownictwem Adolfa Eichmanna informował poszczególne komendy policji państwowej, kiedy i dokąd ma być odprawiony transport oraz ile obejmie osób. Gestapo musiało następnie opracować plan organizacyjny, który obejmował wszystkie niezbędne, precyzyjnie uszeregowane regulacje formalne aż do odjazdu transportu. Układano listy Żydów podlegających deportacji i zawiadamiano kompetentne instancje, władze powiatu i lokalną policję, starostów i burmistrzów, potem dyrekcję kolei państwowych: kiedy i gdzie ma nastąpić „załadunek" Żydów, ile taboru potrzeba — wagonów trzeciej klasy (dla Żydów) i drugiej klasy (dla oddziałów eskortujących) — wreszcie, kiedy transport odchodzi i kiedy ma dotrzeć na dworzec docelowy. Niczego nie pozostawiano przypadkowi.

30 października 1941 roku komenda główna policji państwowej w Münsterze wezwała kompetentne władze wszystkich powiatów i miast wydzielonych z powiatów, by sporządziły listy zamieszkałych tam Żydów. 18 listopada gestapo w Münsterze wydało pierwsze rozporządzenie o ewakuacji czterystu Żydów z okręgu münsterskiego do Rygi; dwustu dalszych miało dojść w Osnabrück, czterystu w Bielefeld. W ulotce informacyjnej

pedantycznie wyliczono, co Żydzi muszą zabrać z sobą, a czego w żadnym razie im zabrać nie wolno:

„W celu inwentaryzacji całego majątku żydowskiego każdy Żyd (również dzieci i żony) musi czytelnie i sumiennie wypełnić załączoną deklarację majątkową w dwóch egzemplarzach. Nie wymienia się (*sic!*) przedmiotów, które podlegający ewakuacji Żydzi zabierają ze sobą.

Każda osoba musi zabrać:

Środki płatnicze do wys. marek 50,– w czekach kredytowych. Jedną walizkę z ekwipunkiem (bez przedmiotów dużej objętości). Komplet odzieży (solidne obuwie). Pościel z kocem. Prowiant na trzy tygodnie (chleb, mąka, kasza, fasola). Naczynia (talerz lub garnek) z łyżką.

Nie wolno zabierać:

Papierów wartościowych, dewiz, książeczek oszczędnościowych itp. Przedmiotów wartościowych wszelkiego rodzaju (złota, srebra, platyny — z wyjątkiem obrączki małżeńskiej), żywego inwentarza. Kuponów żywnościowych (należy pobrać je wcześniej i przekazać za pokwitowaniem miejscowemu urzędowi gospodarczemu). Papiery wartościowe, akty prawne, umowy dotyczące majątku Żyda należy dołączyć do deklaracji majątkowych, o ile Żyd może dostarczyć te dokumenty.

Gotówka i przedmioty wartościowe (ozdoby etc.) mają być odbierane przez funkcjonariuszy wyprowadzających Żydów z mieszkań i wpisywane do załączonego formularza pokwitowania. Pokwitowanie podpisuje Żyd i funkcjonariusz, po czym wraz z gotówką zostaje ono umieszczone w kopercie. Należy też dołączyć do nich deklarację majątkową. Przeznaczonej na osobę sumy pieniędzy do zabrania, w wys. marek 50,–, nie należy wykazywać w pokwitowaniu, lecz po zebraniu tych sum oddać kierownikowi transportu w Münsterze w chwili dostarczenia Żydów. Aby rzeczywiście zabezpieczyć środki pieniężne w tej wysokości, nie ma zastrzeżeń przeciwko pobraniu gotówki od majętnych Żydów, którzy również podlegają wydaleniu, na rzecz Żydów gorzej uposażonych.

W dniu transportu zabezpiecza się mieszkanie (odcięcie gazu, wody, zamknięcie i zaplombowanie drzwi wejściowych). Bez spisu inwentarzowego. Bagaż ręczny Żydów może ważyć najwyżej 50 kg.

Każdemu Żydowi zezwala się zabrać ponadto wg uznania: materac, koc wełniany (nie zezwala się na kołdry puchowe i piernaty), piecyk żelazny, narzędzia podręczne (łopatę, motykę itd.), 1 garnek, 1 naczynie stołowe, 1 wiadro i nieco mydła. Nie wolno zabierać noża, widelca ani przyborów do golenia.

Trzytygodniowe wyżywienie Żydów zapewnia się za pośrednictwem urzędu ds. wyżywienia.

Żydów należy przekazać przed południem dn. 11.12.1941 r. w Münsterze, Warendorferstr., lokal «Gertrudenhof»".

Pismo zostało podpisane przez dr. Basta, mojego Geojca. Osobiście nadzorował zbiórkę Żydów przy „Gertrudenhof", gdzie skrupulatnie przeszukano ludzi i bagaże. „Gertrudenhof" był lokalem chętnie uczęszczanym przez wycieczkowiczów, z ogródkiem piwnym, niedaleko komisariatu gestapo przy Gutenbergstraße. Gestapo zajęło lokal na 11 i 12 grudnia, zamknęło go dla gości, właściciele musieli usunąć się na ten czas do pomieszczeń na pierwszym piętrze. Następnego dnia zaprowadzono Żydów na dworzec i wpędzono do przygotowanych wagonów. Jeden z tych, co przeżyli, Siegfried Weinberg, wspomina, że ludzie, zwłaszcza starsi, byli przy tym łajani i bici. Również transport na dworzec i załadunek do pociągu odbywał się, jak wynika ze sprawozdania, pod nadzorem dr. Basta. Zgoda na wzięcie narzędzi podręcznych i piecyków miała wywołać u ofiar wrażenie, że faktycznie jadą do pracy na Wschodzie.

Kiedy po trzydniowej podróży Żydzi z Münsteru dotarli do Rygi, zagnano ich do getta, gdzie na krótko przedtem rozstrzelano dwadzieścia sześć tysięcy Żydów łotewskich, aby zrobić miejsce dla przybyszów. Ci zastali obraz spustoszenia, wybite kopniakami drzwi, połamane meble, podarte na strzępy ubrania, wszędzie ślady krwi, tu i ówdzie na stołach talerze z resztkami posiłku, garnki na kuchenkach, jedzenie zamarznięte na kość. Od listopada 1941 do lutego 1942 roku deportowano do Rygi w sumie dwadzieścia tysięcy Żydów niemieckich, austriackich i czeskich, spośród których przeżyło niewielu.

Czy ojciec wiedział, co się stanie z Żydami, których wysyłał do Rygi? Młody Żyd, który latem 1942 roku niespodziewanie został w Bielefeld zwolniony z transportu, opowiadał, że poszedł na dworzec po swój już dostarczony tam bagaż; młody gestapowiec przegnał go słowami: „Człowieku, wynoś się stąd albo też wyleziesz przez komin!”.

Mój ojciec nie był młodym gestapowcem, miał wprawdzie dopiero trzydzieści lat, ale już zastępował szefa dużej placówki gestapo, gdzie spływały ważne informacje. Na swoim stanowisku świetnie wiedział o wszystkim, również o tym, co działo się na Wschodzie.

Tydzień po pierwszym transporcie zaczęto planować następny. Okólnik münsterskiego gestapo informował starostów i nadburmistrzów w tym okręgu, że w styczniu 1942 roku ma zostać odprawiony transport Żydów z Dortmundu na Wschód. „Na ten transport komenda główna policji państwowej w Münsterze dostarczy 500 Żydów z okręgu przemysłowego. Ponieważ najprawdopodobniej nie uda się zebrać ich w takiej liczbie, proszę o ustalenie nazwisk Żydów zamieszkałych na tamtejszym terenie, aby mogli uczestniczyć w tym transporcie [...]".

Celem ponownie była Ryga. W przygotowaniach do transportu uczestniczył zastępca szefa gestapo w Münsterze, dr Bast, ale nad spędzaniem i konwojowaniem Żydów na dworzec musiał tym razem czuwać kto inny, bo w styczniu 1942 roku ojciec brał udział w kursie narciarskim SS w Karkonoszach. SS miało tam własną stację narciarską, Langenberg koło Petzer pod Śnieżką; dziś niewielka miejscowość Petzer znajduje się w Republice Czeskiej i nazywa się Pec pod Snežkou. W dniach 10–26 stycznia dwa tuziny członków SS wtajemniczało się pod okiem fachowych kolegów w podstawy jazdy na nartach. Mój ojciec, wyśmienity narciarz, był instruktorem.

„Dzień 1: chodzenie, trzymanie kijów, uchwyt kciukiem i palcem wskazującym, chodzenie z kijami, bez kijów [...]; dzień 2: powtórzenie z 1. dnia, pług, narty w literę V, bez krawędziowania [...]", zapisywał w swoim dzienniku. Z kursu w Karkonoszach mam sporo migawek, które, sądząc po różnicach formatu, pstrykali rozmaici fotografowie: mężczyźni na śniegu, prężący się w szeregu przed instruktorem, niemal wszyscy po cywilnemu, tylko nieliczni w mundurach; portret grupowy przed ośnieżonym masztem (na wierzchołku?); przed startem do zjazdu; przed szałasem narciarskim SS, zastęp opalonych mężczyzn, większość w przewiewnych pumpach, niektórzy w getrach, kilku przewiesiło sobie aparaty fotograficzne, mężczyźni na urlopie. Jedno zdjęcie pokazuje wnętrze obszernej chaty, „Karkonosze 42, wieczór koleżeński w szałasie narciarskim SS", napisano na odwrocie. Widać nie najmłodszych już mężczyzn w swetrach i koszulach, jak siedzą w wielkiej sali i z powagą zaglądają do swoich kufli, nikt się nie śmieje; są z nimi dwie kobiety, na ścianie wisi portret reichsführera SS i szefa policji niemieckiej, Heinricha Himmlera, spoglądającego z góry na swoich chłopców. „Pogoda raczej piękna, bardzo zimno. Śnieg wszędzie świetny, chata SS świetna, jedzenie dobre", podsumował czternaście dni w Karkonoszach ojciec.

Żydzi deportowani do Rygi transportem dortmundzkim opuścili Münster 27 stycznia, ojciec wracał właśnie z Karkonoszy do domu, do Amstetten, gdzie kilka dni spędził u rodziców. Tam zastała go wiadomość, że 30 stycznia führer przyznał mu brązową odznakę NSDAP.

Na początku lutego ojciec pojechał na ćwiczenia strzeleckie SS do Garmisch-Partenkirchen. Widać go na zdjęciu, w mundurze, jak klęczy w śniegu, karabin oparł na skrzyżowanych kijkach, obok mundurowi strzelają w pozycji leżącej do niewidocznej w kadrze tarczy, narty i kije stoją zatknięte w śniegu, w tle wyłania się i odcina na jasnym zimowym niebie masyw Kramera. Członkowie gestapo mieli nie tylko sprawnie pisać raporty i nadzorować transporty. Uwieczniona na fotografii scena przypomina obrazki z zawodów biatlonowych, jakie znamy z telewizji. Niespełna trzy tygodnie później ojciec był z powrotem w Münsterze; z obszaru działań komendy głównej policji państwowej odprawiono tam trzeci transport, liczący dokładnie czterystu Żydów, tym razem w kierunku Lublina. W Lublinie i okolicznych miejscowościach zapędzono ludzi do gett, gdzie panowały straszliwe warunki; wielu zmarło w pierwszych tygodniach z głodu i zimna, kto nie mógł pracować, ginął na miejscu od kuli.

11 czerwca 1942 roku w malowniczym westfalskim miasteczku Oelde powieszono dwudziestosiedmioletniego robotnika przymusowego, Polaka, Polikarpa Raczyńskiego. Raczyński siedział przez pewien czas w areszcie policyjnym, z powodów, które później nikogo nie obchodziły, aż pewnego dnia przy próbie ucieczki wyrwał z okna żelazną sztabę i zdzielił nią w czaszkę policmajstra, zadając mu poważną ranę. Przed egzekucją tłumacz gestapo z Münsteru odczytał Raczyńskiemu wyrok po polsku; księdza przy tym nie było, tylko kilku

gestapowców. Rozkaz wykonania egzekucji wydał najstarszy rangą funkcjonariusz; według obecnego tam lekarza policyjnego był to jegomość mówiący z akcentem austriackim. „Musiało więc chodzić o radcę rządowego dr. Basta".

Pilnowanie i ściganie przymusowych robotników cywilnych z zagranicy oraz jeńców wojennych należało do najważniejszych zadań gestapo, przede wszystkim w sytuacjach, gdy na „obcych narodowo" ciążyła jakaś kara, o co w świetle represyjnego prawa było nietrudno. Zagraniczni robotnicy zostali wyjęci spod niemieckiej jurysdykcji i podporządkowani orzecznictwu gestapo, które stanowiło dla nich policję i sąd w jednym. Traktowano tych robotników w zależności od ich pochodzenia: Francuza na przykład o wiele łagodniej niż Polaka czy Rosjanina. Do przewinień najczęściej ściganych przez gestapo należały kradzieże (garści ziemniaków czy kilku na pół zgniłych brukwi), tak zwane naruszenia stosunku pracy (uchodziło za nie każde niedozwolone oddalenie się z miejsca pracy, za co karano z reguły „obozem wychowania przez pracę" albo umieszczeniem w obozie koncentracyjnym), a wreszcie stosunki intymne z niemieckimi kobietami i dziewczętami. Jeśli francuski robotnik cywilny zadał się z niemiecką dziewczyną, mogło się to skończyć dla niego surową naganą, ewentualnie kilkoma tygodniami aresztu, natomiast członek tak zwanych narodów wschodnich — Polak, Rosjanin, Ukrainiec — trafiał do obozu albo na szubienicę. Kto uchodził za obcego narodowo, a kto nie — zwykłemu obywatelowi niełatwo było o tym rozsądzić. Toteż wydano stosowne wytyczne:

„Spokrewnieni z nami, a zatem nieobcy narodowo są członkowie następujących ludów germańskich: Flamandowie, Holendrzy, Duńczycy, Norwegowie, Szwedzi. Wszyscy pozostali, z wyjątkiem Szwajcarów, są obcy narodowo.

Spośród obcych narodowo naszymi sprzymierzeńcami są Włosi, Węgrzy, Słowacy, Chorwaci, Rumuni i Bułgarzy. Wszyscy pozostali to członkowie państw wrogo do nas usposobionych".

Na wyraźny rozkaz Himmlera, który lękał się „rasowego zepsucia organizmu narodu niemieckiego", gestapo szczególnie gorliwie tropiło przypadki stosunków miłosnych między niemieckimi kobietami i dziewczętami a przedstawicielami nie sprzymierzonych „narodów wschodnich". Tylko w wyjątkowych sytuacjach obwinieni uchodzili z życiem: wtedy, gdy uznano ich za „zdolnych do zniemczenia". W tym celu służba śledcza gestapo fotografowała aresztanta i dokładnie badała go, poddając pomiarom ze względu na jego cechy rasowe. W praktyce zniemczenie oznaczało dla delikwenta natychmiastowy pobór do Wehrmachtu.

W 1942 roku komenda główna policji państwowej w Münsterze skazała na śmierć za rozmaite przestępstwa cały szereg robotników przymusowych, a następnie, kiedy Główny Urząd Bezpieczeństwa Rzeszy potwierdził wyroki, przeprowadziła egzekucje. Wykorzystywano do nich tak zwaną zapadnię, umieszczoną pod belką, na której mocowano stryczek. Trzymano tę składaną zapadnię w Instytucie Anatomii Uniwersytetu w Münsterze, w razie potrzeby przewożono ją na miejsce egzekucji i tam instalowano. Za pomocą dźwigni otwierało się klapę urządzenia zapadowego, sznur dławił skazańca, który zawisał nad powstałą dziurą i umierał. Przy egzekucjach, które w miarę możliwości odbywały się w pobliżu miejsca przestępstwa, zgodnie z instrukcją musiało być obecnych kilku gestapowców, aby wszystko mogło przebiegać bez zakłóceń; wsparcia ze strony osoby duchownej nie przewidywano.

„Dr Bast — jak zeznał po wojnie były funkcjonariusz gestapo z Münsteru przed sędzią śledczym — brał udział prawie we wszystkich egzekucjach i kierował nimi, również pod moją nieobecność. Nabrałem wrażenia, że dr Bast, który w ogóle miał skłonność do bufonady i usta pełne wielkoniemieckich frazesów, odczuwał radość z tych egzekucji i uczestniczył w nich z przyjemnością".

Katów gestapo znajdowało wśród polskich robotników cywilnych, którzy siedzieli za drobne przestępstwa i uchodzili za zdolnych do zniemczenia — katowska robota miała być najwyraźniej rasowym sprawdzianem. Kto umiał dowieść twardości, ba, brutalności, ten prawie nadawał się na Niemca. Podobno nie brakowało kandydatów. W korespondencji Głównego Urzędu Bezpieczeństwa Rzeszy w Berlinie z placówkami gestapo nigdy nie mówiło się o egzekucjach, lecz zawsze o „specjalnym traktowaniu" — tak też określano ludobójstwo na Żydach.

Kiedy w latach sześćdziesiątych członkowie gestapo z Münsteru byli przesłuchiwani przez sędziego śledczego w sprawie wydarzeń w ich placówce, zeznawali jednomyślnie, że nie uważali wtedy egzekucji Polaków za rzecz słuszną, nie mogli jednak uniknąć uczestnictwa w nich, ponieważ zarządziła je instancja nadrzędna. A to, co ona zarządzała, musiało zostać wykonane. Jeden z funkcjonariuszy, w cywilu ogrodnik, wywodził, że ostatecznie w münsterskiej komendzie policji państwowej i w RSHA „siedzieli prawnicy pełną gębą, którzy zajmowali się poszczególnymi przypadkami. Prawnicy muszą w końcu wiedzieć, jak od strony prawa ugryźć każdy poszczególny przypadek. Ja jako asystent nie łamałem sobie nad tym głowy".

Jednym z tych prawników „pełną gębą" był mój ojciec. Jego ówcześni podwładni w Münsterze bardzo różnie zapamiętali mówiącego z austriackim akcentem zastępcę szefa. Jeden przypominał sobie chyba tego „zupełnie wściekłego psa, który stale ryczał". Inny określił go przed sędzią śledczym jako „koleżeńskiego i wspaniałomyślnego człowieka", nie dostrzegał w nim nic niemiłego, wszelako, jak przyznawał, nie miał właściwie służbowego kontaktu z dr. Bastem. Dr Bast, mówił trzeci, był „sportsmenem, który każdą wolną chwilę wykorzystywał na grę w szczypiorniaka". Nie budził wrażenia osoby szczególnie zuchwałej. Inni w ogóle nie pamiętali Austriaka w komendzie münsterskiej, co jest o tyle dziwne, że również następca ojca pochodził z Austrii.

Tydzień po egzekucji Raczyńskiego, w niewielkiej miejscowości Lippramsdorf koło Haltern wykonano wyrok na Polaku, Michale Katarzyńskim. Miał on rzekomo romans z zamężną Niemką, a poza tym kradł swojemu pracodawcy artykuły spożywcze i przekazywał je tej kobiecie. Śmierć Katarzyńskiego została odnotowana w rejestrze zgonów urzędu stanu cywilnego w Haltern — bez podania przyczyny śmierci; nie wiadomo też, czy dr Bast był obecny przy egzekucji. Przekaz mówi tylko, że zaraz po niej, na rozkaz gestapo, kazano przedefilować obok powieszonego mieszkającym w okolicy polskim robotnikom cywilnym. Odpowiadało to przepisowi: egzekucja rodaka miała podziałać na nich odstraszająco. Następnie pracownicy Instytutu Anatomii w Münsterze złożyli zapadnię i załadowali ją na samochód kombi — razem ze zwłokami, które wylądowały na stole sekcyjnym instytutu.

W sumie w okresie służby mojego ojca w Münsterze przeprowadzono egzekucje na co najmniej siedmiu polskich robotnikach przymusowych. Dokładnej liczby nie da się już ustalić, ponieważ pod koniec wojny sprawcy zniszczyli wielką część dokumentów. Jeden z byłych funkcjonariuszy münsterskiego gestapo zeznał, że wiosną 1945 roku otrzymał rozkaz spalenia materiałów obciążających. Przez dwa albo trzy dni tkwił na betonowym dachu centrali gestapo przy Gutenbergstraße w Münsterze i palił akta.

W 1942 roku ojciec w towarzystwie mojej matki wybrał się do Gottschee. Leżą przede mną dwie fotografie, które powstały podczas tej podróży. Pokazują matkę i ojca — najwidoczniej fotografowali się nawzajem — stojących na łące, z tyłu w kotlinie widać domy, przypuszczalnie fragment miasta Gottschee. „Kočevje 42", mówi podpis zgodny z charakterem pisma mojego ojca, na odwrocie jednego z tych zdjęć. Fakt, że sprawujący funkcję dowódczą gestapowiec, w dodatku Dolnostyryjczyk z pochodzenia, wybrał nazwę słoweńską, a nie niemiecką, jest co najmniej niezwykły.

Kiedy powstały obie migawki — wiosną, latem czy jesienią — trudno powiedzieć; drzewa w tle są zbyt odległe, by po wyglądzie liści sądzić o porze roku. W każdym razie nie panował letni upał ani zimowy chłód, bo matka ma na sobie jasny kostium, a ojciec też jasny trencz, nazywany wówczas prochowcem, pod nim zaś trzyczęściowy, ciemny garnitur. Patrzy w obiektyw, uśmiechając się z pewnością siebie, lekko przekrzywił głowę; zdjęcie jest trochę nieostre, nie widać więc blizn na podbródku i lewym policzku. Na twarzy matki też widnieje ślad uśmiechu, ale w jej oczach tli się skrywana niepewność, jakby nie bardzo wiedziała, co ma myśleć o tej sytuacji, która w istocie musiała być srodze skomplikowana. Oboje wyglądają jak para w podróży poślubnej. Matka ma ciemne włosy, świeżo po ondulacji, chustkę w kieszonce na piersi i płaską torebkę wciśniętą pod prawe ramię; wygląda bardzo młodo, dużo młodziej niż on, mimo że jest między nimi niewiele ponad rok różnicy. On ma trzydzieści jeden lat. Ona zostawiła w Linzu męża i dwoje dzieci, młodsze, mój brat przyrodni, przyszło na świat w sierpniu 1942 roku — przed podróżą do Kočevja czy po niej? Na zdjęciu matka wydaje się dziewczęco szczupła, co kazałoby przypuszczać, że wyjechała już po porodzie, może późną jesienią, w końcu października, na początku listopada — ale co zrobiła z niemowlęciem? Zostawiła je w domu, pod opieką dziewczyny do dziecka i męża?

Co najmniej równie zagadkowe jest pytanie, dlaczego w ogóle wybrali się w tym czasie do Gottschee czy, jak napisał ojciec, do Kočevja.

Po zajęciu przez niemieckich okupantów, Gottschee wraz Dolną Krainą i stolicą Lublaną zostało w maju 1941 roku odstąpione Włochom, oczywiście bez rdzennych Niemców gottscheeńskich. Tych kazał Hitler przesiedlić do tak zwanego Trójkąta Rańskiego w południowowschodnim rogu Dolnej Styrii, do miejscowości Rann, Gurkfeld i Lichtenwald, z których przedtem wypędzono słoweńskich mieszkańców. W 1942 roku kraina gottscheeńska, już przedtem rzadko zasiedlona, niemal się wyludniła, stała się obszarem koncentracji i zapleczem jugosłowiańskich partyzantów, którym oddziały włoskie stawiały opór bez przekonania, najwyraźniej nie bardzo wiedząc, czego właściwie mają szukać w głębokich lasach i odległych wsiach tej obcej ziemi. Nieliczni Gottscheeńczycy, którzy nie posłuchali wezwania i nie dali się wysiedlić, może czterystu lub pięciuset spośród dwunastu tysięcy, uciekli przed partyzantami do większych osiedli, zwłaszcza do samego miasta Gottschee, gdzie włoscy okupanci utrzymywali garnizon. Wiosną 1942 roku wielkie połacie włoskiej Provincia di Lubiana znajdowały się już na dobre w rękach partyzantów, którzy nawet wystawiali mieszkańcom paszporty; tylko sporadycznie Włosi podejmowali próby odbicia mniejszych obszarów.

W takich czasach podróż do Gottschee, w dodatku w towarzystwie kobiety, była więcej niż hazardem. Pojawia się też pytanie, czy podróżnicy w ogóle mieli zezwolenie na pobyt na tym terenie. Ojciec posiadał czerwoną legitymację policji bezpieczeństwa i SD, dokument, który otwierał wiele drzwi (a może też szlabany graniczne), ale matka? Była gospodynią domową z Linzu nad Dunajem i z pewnością nie miała czego szukać w Gottschee, na terytorium, jak się oficjalnie mówiło, „grasujących band". Czy ojciec podróżował z misją służbową (choć podlegał służbowo placówce w Münsterze), czy też odbywał nostalgiczną podróż w przeszłość? Czy chciał pokazać ukochanej pejzaż najwcześniejszego dzieciństwa i późniejszych dalekich wypraw łowieckich? Czy odwiedzili któregoś z jego przyjaciół czasów młodości, Niemca, który postanowił tam zostać albo właśnie wrócił (tacy też się wzdarzali)? A może słoweńskiego znajomka, który nie wahał się pokazywać publicznie z członkiem SS i gestapo? Mieszkali w hotelu? A może Włosi przydzielili im kwaterę? Chaty na Krenbichlu zapewne nie mogli odwiedzić, droga do niej wiodła prosto na tereny partyzanckie.

Wszystko wokół tej podróży, udokumentowanej tylko dwiema migawkami, wydaje się tajemnicze, ba, dziwaczne: zarówno moment, jak i cel. Patrzę na oba zdjęcia i zachodzę w głowę, co mogło skłonić moją matkę do tego wyjazdu w nieznane, na terytorium, gdzie szalała wojna partyzancka. Czy ukrył to przed nią? I jeszcze coś, co bardzo chciałbym wiedzieć: o czym rozmawiali podczas jazdy, która musiała zabrać wiele godzin? O jego służbie w Münsterze? Czy opowiadał o kolegach, z którymi w wolnym czasie grywał w szczypiorniaka, o pracy w komendzie, o organizowanych przez nich transportach Żydów, o egzekucjach robotników przymusowych?

Czy wypytywała go o jego działalność, chciała znać szczegóły, czy też wolała, aby pozostały niejasne? Przeczuwała, co robi jej kochanek, co należy do jego zadań? Martwiło ją to?

Nie sądzę. Miała zdolność odsuwania od siebie takich rzeczy, wypierania przykrości, potrafiła widzieć tylko to, co chciała zobaczyć. Polityka — mawiała często — jej nie interesuje. Polityka jest zajmująca tylko dla mężczyzn. Pod tym względem — sądziła — nie trzeba traktować ich zbyt poważnie, raczej jak dzieci. Prześladowanie Żydów, robotników przymusowych, wypędzenie Słoweńców, wszystko to należało do polityki i nie obchodziło mojej matki.

Prawdopodobnie nie chciała też wiedzieć za wiele o Münsterze. Nie przypominam sobie, bym kiedykolwiek słyszał z jej ust nazwę tego miasta. Z drugiej strony: nie miałem też pojęcia, że była kiedyś w Gottschee (Kočevje). Dopóki nie znalazłem zdjęć, na których stoją oboje na jakiejś łące i uśmiechają się do siebie jak para zakochanych.

16.

W listopadzie 1942 roku mój ojciec został przydzielony do sekcji interwencyjnej D jako szef oddziału specjalnego. Sekcja interwencyjna D składała się ze sztabu sekcji oraz oddziałów specjalnych 10a, 10b, 11a i 12, i obejmowała od czterystu do pięciuset osób. Ojca mianowano szefem oddziału 11a. Oficerowie należeli do SD, SS, policji kryminalnej i gestapo, żołnierze rekrutowali się z gestapo lub Waffen-SS. Ponadto sekcja interwencyjna miała do dyspozycji lokalne siły pomocnicze, Rosjan, Ukraińców, później także Czerkiesów, Tatarów i przedstawicieli innych narodów. Rozporządzając parkiem maszynowym ze stu siedemdziesięcioma pojazdami, oddziały specjalne były bardzo mobilne.

Na początku wojny ze Związkiem Sowieckim sekcja interwencyjna D podlegała jedenastej armii niemieckiej (grupa wojsk Południe), która nacierała przez Bukowinę i Besarabię w kierunku Krymu i dalej na Kaukaz. Od czerwca 1941 do lipca 1942 roku jednostką dowodził Otto Ohlendorf, potem zastąpił go Walter Bierkamp. Ohlendorf, nauczyciel akademicki i intelektualista, który przed wstąpieniem do SD pracował w Instytucie Nauk

Ekonomicznych w Berlinie, w 1947 roku, podczas tak zwanego procesu sekcji interwencyjnych w Norymberdze, przedstawił przed amerykańskim sądem wojskowym zadania tych sekcji:

„Sekcje interwencyjne miały następujące zadania: odpowiadały za wszystkie kwestie w zakresie polityki bezpieczeństwa na obszarze operacji jednostek wojskowych, do których były przydzielone, oraz na tyłach wojsk, o ile nie działała tam administracja cywilna. Ponadto miały za zadanie czyścić podbite obszary z Żydów, funkcjonariuszy komunistycznych i agentów. To zadanie należało wykonywać, zabijając wszystkie niepożądane z powodów rasowych i politycznych elementy, które zostały zdefiniowane jako groźne dla bezpieczeństwa".

Akcja „narodowego scalenia gruntów" miała objąć oprócz Żydów także Cyganów, chorych umysłowo i innych niepełnosprawnych, tak zwanych osobników aspołecznych, działaczy komunistycznych i w ogóle wszystkich, którzy uchodzili w oczach Niemców za „azjatyckich podludzi". Dawała glejt ludobójcom. Obowiązywały tak mgliste pojęcia, że dowódcy oddziałów specjalnych sami często wydawali się bezradni. Po zajęciu Krymu pojawiło się pytanie, co ma się stać z Krymczakami, żyjącym tam niewielkim ludem tureckim, który w pewnym okresie swojej historii przyjął wiarę żydowską. Pytanie przekazano do Berlina, gdzie zapadła decyzja: Krymczacy to Żydzi i tak ich należy traktować. A zatem Krymczaków rozstrzelano. Na Krymie zamierzano stworzyć „przestrzeń życiową" dla niemieckich osadników, na przykład przybyszów z Tyrolu Południowego. Odpowiedzialny za kwestie osadnictwa Heinrich Himmler marzył o tym, aby zrobić z Krymu *Gotengau* — krainę Gotów przeznaczoną dla wiernego mu SS.

Na Boże Narodzenie babcia, w trosce o stosowne ukierunkowanie mojego myślenia, zawsze dawała mi w podarunku „dobre książki niemieckie". Raz była to czterotomowa edycja *Walki o Rzym* Feliksa Dahna, wydrukowana — odpowiednio do meritum — czcionką niemiecką czy też gotycką. Miałem wtedy dwanaście lat. Tragiczną historię bohaterskiej walki ostatniego króla Gotów, Totili, przeczytałem z zachwytem.

Otto Ohlendorf zeznał w Norymberdze, że każdy członek oddziału interwencyjnego, który wbrew rozkazowi wzbraniałby się przed udziałem w akcji likwidacyjnej, zostałby ukarany śmiercią — Ohlendorf dopilnowałby tego osobiście. Była to chyba wypowiedź, która miała chronić jego podwładnych, wiadomo bowiem o wielu takich przypadkach, kiedy wysocy rangą funkcjonariusze unikali rozkazu rozstrzeliwania i nawet skutecznie zabiegali o odejście z oddziału interwencyjnego i nowy przydział służbowy. „Można było przynajmniej starać się o przeniesienie z sekcji interwencyjnej — wyjaśniał po wojnie Franz Alfred Six, jeden z młodych intelektualistów w Głównym Urzędzie SD w Berlinie — w każdym razie nikogo za to nie rozstrzeliwano".

Między czerwcem 1941 a lipcem 1943 roku oddziały sekcji interwencyjnej D zamordowały w Rosji południowej ponad dziewięćdziesiąt tysięcy ludzi, w większości Żydów. Ofiary z reguły rozstrzeliwano. Musiały się ustawiać na skraju dołu, dostawały kulę w kark lub potylicę i wpadały do środka. Ich miejsce zajmowała następna grupa — aż dół się wypełniał. Czasami zmuszano ofiary, aby kładły się na dnie dołu, po czym strzelano do leżących. Następni musieli kłaść się na trupach. Niektórzy nie byli martwi, lecz ciężko ranni; grzebano ich żywcem. Od grudnia 1941 roku w sekcji interwencyjnej D do zadawania śmierci używano też wozów krematoryjnych — półtoratonowego Opla „Blitz", ciężarówek „Saurer" i „Deutz". Samochody miały obite czarnym metalem skrzynie i mieściły do trzydziestu osób. Przeznaczono je głównie do zabijania kobiet i dzieci. Za pomocą węża wprowadzano do środka spaliny z układu wydechowego, ofiary umierały w ciągu dziesięciu, piętnastu minut. Rosyjskie oddziały pomocnicze nazywały te wozy *ubijcy dusz* — zabójcy dusz.

„Żydzi wchodzili do «zabójcy dusz», nie wzbraniając się. Nie trzeba było stosować przymusu. Ich zachowanie należy tłumaczyć chyba tym, że często widzieli «zabójcę» [...] na dziedzińcu — zeznawał po wojnie przed sowieckim sądem rosyjski pomocnik z sekcji D. — Po powrocie wozu czyścili go i wiedzieli, że w jego wnętrzu czeka ich śmierć".

Jednak niektórzy oficerowie odmawiali wykorzystywania wozów krematoryjnych. Należał do nich dr Werner Braune, dowódca oddziału specjalnego 11b w sekcji D. Na procesie sekcji interwencyjnych w 1947 roku Braune oświadczył, że zrezygnował z użycia tych wozów, ponieważ jego zdaniem „egzekucja przez rozstrzelanie" była „bardziej honorowa dla obu stron".

Podobnie jak większość dowódców tych oddziałów, Werner Braune był prawnikiem. Wstąpił do NSDAP, tak jak mój ojciec, w 1931 roku. W 1934 roku został przyjęty do SS i jednocześnie do SD. W 1938 roku zastępował szefa gestapo w Münsterze, stamtąd przeniesiono go do gestapo w Koblencji. Oba życiorysy wykazują wielkie podobieństwa, drogi stale się krzyżują: Münster, Koblencja, Główny Urząd Bezpieczeństwa Rzeszy w Berlinie, wreszcie Rosja południowa.

Kiedy latem 1942 roku wojska niemieckie nacierały na Kaukaz, krok w krok za nimi szły oddziały specjalne 11a i 11b. Na Kaukazie zetknęły się z ludnością tradycyjnie niechętną wobec Rosjan i komunistów, a zatem nie brakowało wśród niej chętnych do pomocy Niemcom. Oczywiście, na Kaukazie mieszkali też Żydzi, tak zwani górale żydowscy, którzy strojem i sposobem życia nie różnili się od innych ludów kaukaskich. Pierwszą wielką akcję sekcja D przeprowadziła w sierpniu 1942 roku w Krasnodarze i Ejsku, gdzie wymordowano pensjonariuszy zakładów leczniczych i dzieci w sierocińcach. 1 września 1942 roku w Mineralnych Wodach rozstrzelano pięciuset Żydów, kilka dni później zapędzono tam i też rozstrzelano Żydów z Essentuków i Kisłowodska. W sumie oddziały specjalne wymordowały na Kaukazie około dziesięciu tysięcy Żydów.

Na początku grudnia 1942 roku na Kaukaz przybył mój ojciec, żeby objąć dowództwo nad liczącym niespełna stu ludzi oddziałem specjalnym 11a. Nosił charakterystyczny dla tych jednostek szary mundur Waffen-SS, czapkę polową, bryczesy, buty z cholewami, na lewym przedramieniu romb, znak SD. O jego działalności na Kaukazie nie znalazłem nic, żadnej wzmianki w literaturze, żadnych dokumentów, zeznań świadków ani oczywiście fotografii. Zupełnie jakby wjechał w ciemny tunel i wychynął dopiero po dwóch miesiącach; nikt nie widział, co tam robił. Mogę sobie jednak mniej więcej wyobrazić, co się działo w tym tunelu.

Pamiętam dzień spędzony w archiwum w badeńsko-wirtemberskim Ludwigsburgu, filii Niemieckiego Archiwum Federalnego, gdzie przechowuje się dokumenty Głównego Urzędu Krajowych Administracji Sądownictwa do Badania Zbrodni Narodowosocjalistycznych. Miałem przed sobą kilka grubych segregatorów z napisem: „Obwiniony: Bierkamp, Walter i in., jednostka: sekcja interwencyjna D, miejsce czynu: Rosja południowa". Były to dokumenty procesowe, które przejrzałem. Patrzyłem z okna na drzewo; gałęzie prawie dotykały szyby. Po pniu śmigał pełzacz w biało-brązowe cętki i długim, lekko zakrzywionym dziobem wydłubywał ze szpar insekty. Był lipcowy dzień, niebo bezchmurne. Przez dwa dni przeglądałem zebrany w segregatorach materiał, zeznania świadków, raporty z egzekucji, z wykorzystania wozów krematoryjnych — „zabójców dusz". Nie brakowało też dokumentacji dotyczącej oddziału specjalnego 11a, między innymi jego dowódcy, Paula Zappa, który w Chersonie kazał rozstrzelać pięć tysięcy Żydów. Paul Zapp przed wstąpieniem do służby bezpieczeństwa działał aktywnie w młodzieżowym związku ewangelickiego ruchu kółek biblijnych, a później w „nowopogańskim" Niemieckim Ruchu Religijnym;

oddziałem specjalnym 11a dowodził od początku kampanii rosyjskiej do lipca 1942 roku, następnie odwołano go do Niemiec (w 1967 roku został aresztowany i skazany za 13 449 przypadków morderstwa na karę dożywotniego więzienia). O okresie, w którym mój ojciec stał na czele oddziału specjalnego, znalazłem tylko krótką notatkę, według której obersturmbannführer i wyższy radca rządowy dr Gerhard Bast od listopada do grudnia 1942 roku dowodził o.s. 11a. W notatce mylnie podano rangę i tytuł; ojciec był sturmbannführerem i radcą rządowym. Poza tym nie znalazłem innych jego śladów. Zniknął w tunelu.

Zanim to nastąpiło, kiedyś latem 1942 roku, oddziały 11a i 11b połączono, tworząc oddział interwencyjny 11, który szedł za armią na Kaukaz. W październiku tego samego roku powstał tam „oddział specjalny Astrachań", stacjonujący w Eliście (Stiepnoj), prowincjonalnym mieście w zasnutej kurzawą kotlinie wśród bezdrzewnych stepów kałmuckich. Jednak w listopadzie, co wiadomo ponad wszelką wątpliwość, ojciec przejął oddział specjalny 11a. Czy ten oddział w ogóle wtedy istniał? Czy był tożsamy z oddziałem specjalnym Astrachań? W tej sprawie materiały o Bierkampie i innych milczą. W monumentalnym dziele historyka współczesności, Andrieja Angricka, o sekcji interwencyjnej D na południu Związku Sowieckiego w latach 1941–1943 nie znalazłem nazwiska ojca nawet w indeksie. Natomiast natrafiłem tam na wzmiankę, że dowództwo SS planowało wykorzystanie narciarzy z SS w górskich regionach Kaukazu. Być może dlatego tam go wysłano. Narty na Elbrusie, dalekie wyprawy, jakich dotąd nie przedsiębrał nikt — cóż za pokusa dla pasjonata zimowych wspinaczek! Jednak okazja do wejścia na Elbrus czy Kazbek już się miała nie nadarzyć. Awantura kaukaska okazała się militarnym fiaskiem. Na początku 1943 roku Niemcy pod rosnącą presją Armii Czerwonej rozpoczęli odwrót z Kaukazu, sekcję interwencyjną D rozwiązano, część jej członków odkomenderowano, jako „grupę bojową Bierkamp", do walk z partyzantami na Białorusi, na bagnach Prypeci.

Pamiętam, że kiedy zamknąłem ostatni segregator, miałem przez chwilę poczucie frustracji i rozczarowania. Oczy piekły mnie od lektury, a nie natrafiłem na nic, co dotyczyło mojego ojca. Potem uświadomiłem sobie, co to znaczy. Czy byłoby lepiej, gdybym coś znalazł? Jakiś podpisany przez ojca meldunek z Kaukazu, ze sformułowaniami w rodzaju: „Obszary działań oddziałów zostały oczyszczone z Żydów", „przestrzeń odżydzona", „terytorium przeczesane", „wszystkie niebezpieczne elementy unieszkodliwione"? Mogłem przynajmniej uczepić się nadziei, że był całkowicie zajęty wyprowadzaniem oddziałów specjalnych z bezpośredniego sąsiedztwa frontu.

Zastanawiałem się, czy mam kontynuować poszukiwania w innych archiwach; być może byłyby owocniejsze. Archiwista z Ludwigsburga, pogodny młodzieniec, który przygotował dla mnie dokumenty i z wielką znajomością rzeczy odpowiadał na wszystkie pytania, jakie wyłaniały się podczas lektury, kręcił głową. To oczywiście niewykluczone — powiedział — ale na pewno nie takie proste. „Zasób źródłowy", jak nazywają to archiwiści, nie wygląda dobrze, wielu materiałów wciąż nie opracowano, są rozproszone po wielu krajach, poza tym nikt nie wie, co jeszcze kryją archiwa rosyjskie. Myśl o wielotygodniowych studiach archiwalnych zniechęcała mnie. A gdybym coś znalazł? Czy coś by to zmieniło? I tak wiedziałem już sporo.

Otto Ohlendorf w norymberskim procesie sekcji interwencyjnych przed Trybunałem Wojskowym Stanów Zjednoczonych został skazany na śmierć i powieszony. Ten sam los spotkał Wernera Braunego. Walter Bierkamp w kwietniu 1945 roku popełnił samobójstwo. W procesie sekcji interwencyjnych skazano też Erwina Schulza, który w 1938 roku zorganizował gestapo w Grazu i zatrudnił mojego ojca. Schulz dowodził od maja do września 1941 roku piątym oddziałem sekcji interwencyjnej C, który szalał w Brodach, Berdyczowie i Lwowie. Dostał dwadzieścia lat. W swoim czasie Schulz nie robił tajemnicy ze swojej niezgody na masowe egzekucje, w związku z czym ubiegał się o zdjęcie z funkcji dowódcy. Wycofano go do Berlina, do Głównego Urzędu Bezpieczeństwa Rzeszy, gdzie bez przeszkód kontynuował karierę.

17. W wieku dziesięciu lat miałem trzech przyjaciół Rosjan, a może Białorusinów; wtedy nie widziałem różnicy. Osobliwą koleją rzeczy wszyscy trzej nosili imię Aleksander: Aleksander Mokotow, Aleksander Pożarow, zwany „Pożarem", i Aleksander Lebiediew, którego z jakiegoś powodu przezywaliśmy „Szklar". Było to w 1954 roku, w internacie, do którego trafiłem po szkole podstawowej. Szkoła znajdowała się w krainie salzburskiej, w odosobnionej dolinie pasma Hohe Tauern, siedem kilometrów od najbliższej miejscowości, Mittersill, miasteczka targowego w Pinzgau.

Trzej Rosjanie byli synami tak zwanych DP, *displaced persons* czy też osób przeniesionych, jak nieporadnie nazywał wysiedleńców język biurokracji. Przypuszczalnie ojcowie służyli Niemcom i w czasie odwrotu przyłączyli się do nich wraz z rodzinami, by ostatecznie wylądować w Salzburgu, gdzie w dzielnicy Parsch urządzono wielki obóz dla „dipisów". Miasto i land Salzburg znajdowały się w strefie amerykańskiej; Amerykanie nie wydawali Związkowi Sowieckiemu żołnierzy rosyjskich, którzy walczyli po stronie Niemców z Armią Czerwoną, tak jak czynili to Anglicy z kozakami. Co robili ojcowie moich trzech przyjaciół w czasie wojny i dlaczego uciekli ze swojej ojczyzny — tym się jako dziecko nie interesowałem, a później, kiedy dorosłem na tyle, by zapytać, Rosjan już nie było. Wyemigrowali z rodzicami do Stanów Zjednoczonych, Kanady lub Australii. Obóz Parsch był tylko stacją w ich życiu, tak pogmatwanym przez wojnę.

W szkole, którą od nazwy doliny często nazywano po prostu „Felbertal", było więcej Rosjan i członków innych nacji: Jugosłowian, Węgrów, Ukraińców, Bułgarów, ludzi przybyłych do Austrii z podobnych powodów, uciekinierów z komunistycznej teraz Europy Wschodniej. Ale Mokotow, Požar i Szklar należeli do moich najbliższych sąsiadów. Mieszkali w niedokończonym budynku, gdzie później mieściły się warsztaty stolarskie i ślusarskie (w szkole uczyliśmy się rzemiosła i oprócz matury składaliśmy egzamin czeladniczy), i gdzie zakwaterowano również nas. Uczniowie pierwszej klasy, w sumie jedenastu, mieszkali w jednym pomieszczeniu, w którym później, o ile dobrze pamiętam, stała prasa do oklejania fornirem.

Internat został założony przez rodowitego Rosjanina. Jego dziad, jak niosła wieść, był mistrzem ceremonii na dworze cara rosyjskiego; zapewne z tego powodu do szkoły uczęszczało tak wiele dzieci rosyjskich uciekinierów. Innego powodu należało upatrywać w tym, że była to szkoła prywatna, która w pierwszych latach musiała się zmagać z wielkimi trudnościami finansowymi. Od organizacji protestanckiej dostawaliśmy pomoc materialną w postaci koców, naczyń i żywności — czuję jeszcze na języku mdłą słodycz marmolady z rzepy i ostry smak żółtego sera amerykańskiego (który, sądząc po wyglądzie, musiał wylądować wraz z pierwszymi *GIs* w Normandii); tę żywność składowano w wielkich drewnianych beczkach, podobnych do plecionych koszy, w przedsionku kuchni. W zamian za owe artykuły spożywcze bez terminu ważności szkoła musiała się zobowiązać do przyjmowania dzieci uciekinierów.

Z amerykańskiej rezerwy wojskowej pochodziły też oliwkowozielone, watowane kurtki, które sprzedawano w szkole. Odzież była używana, za to śmiesznie tania. Przez jakiś czas co drugi uczeń paradował w kurtce „US-Army", czymś w rodzaju uniformu szkolnego, niesłychanie lichego, co dla nas czyniło go tym atrakcyjniejszym. Wtręt osobisty: niejedno lato przechodziłem w krótkich spodniach Hitlerjugend z czarnego sztruksu, które dostałem po jakimś znajomym z Amstetten. Uwielbiałem portki HJ, nie dlatego, że były strojem Hitlerjugend (to mnie nie obchodziło), lecz ze względu na wiele praktycznych kieszeni.

W początkowych latach szkoła naprawdę cierpiała biedę, brakowało dosłownie wszystkiego, choćby porządnych łóżek, wszystko zaimprowizowano: klasy, sypialnie, umywalnie. Nie sądzę, byśmy w pierwszej klasie mieli ciepłą wodę, w każdym razie myłem się nieczęsto, co chyba nikomu nie przeszkadzało. Rosjanie byli znacznie starsi od nas, mieli może po piętnaście, szesnaście lat, w oczach dziesięciolatka wydawali się prawie dorośli. Pamiętam, że podziwiałem ich bezmiernie. Byli dla mnie wzorem. Potrafili się boksować, rzucać nożem, zapalić ognisko i posiadali jeszcze inne umiejętności, ważne dla dziesięcioletniego chłopaka. Mokotow, krępy i ciemnowłosy, próbował nauczyć mnie boksu, nie wiem, skąd miał rękawice, być może wyniósł je z obozu. Bardzo się starał nie zrobić mi krzywdy. Kiedyś jeden z nich, chyba Pożar, ostrzygł mnie — ku przerażeniu mojej matki; nie był zdolnym fryzjerem. Szklar, chudy dryblas, zawsze wesoły, pokazywał mi z kolei, jak się rzuca nożem. Robił to po mistrzowsku. Ciskał nim przez całą salkę, tak że nóż wbijał się i drżał w wymalowanym na drzwiach kole. Lekcje Szklara niewiele dawały, nie wykazywałem szczególnej zręczności. Rzucanie nożem było wtedy wielką modą w szkole. Kto tylko miał odpowiedni nóż (a miał właściwie każdy), im większy, tym lepszy, ten ćwiczył. A ponieważ większość budynków była z drewna (baraki, stary blokhauz, zwany domkiem myśliwskim), toteż nie brakowało powierzchni treningowej. Należało jednak stale liczyć się z tym, że w każdej chwili na drodze frunącego noża stanie ktoś nieprzezorny. Administrator nie sprzyjał oczywiście naszemu sztukmistrzostwu, bo nadwerężało ono tę z wielkim przecież trudem zgromadzoną infrastrukturę. Fakt, że żaden z uczniów wskutek czyjegoś rzutu nożem nie stracił wtedy życia, a przynajmniej oka, z dzisiejszej perspektywy wydaje mi się cudem.

Cieszyliśmy się w Felbertalu wielkimi swobodami. W pierwszych latach szkoła działała w myśl surowo przestrzeganych, żelaznych zasad demokracji, w dzisiejszej szkole nie do pomyślenia. Niemal wszystko podlegało decyzjom wspólnoty szkolnej, w której uczniowie i nauczyciele mieli parytetowe prawo głosu. Bez końca debatowaliśmy nad wszystkimi poruszającymi nas kwestiami, następnie odbywało się głosowanie. Nad kwestią posiłków (owsianka na śniadanie czy raczej chleb z odrobiną masła; początkowo było to masło solone z amerykańskich nadwyżek w zapasach), tak samo jak nad nowymi uczniami i nauczycielami, którzy po okresie próbnym musieli poddać się głosowaniu wspólnoty. Nie wiem, czy głosowano też w sprawie Rosjan; kiedy przyjechałem do Felbertalu, oni już tam byli, nie chodzili jednak do gimnazjum (nie spełniali wymogów), lecz odbierali wykształcenie podstawowe. Gdzie mieli swoje lekcje, nie potrafię powiedzieć, początkowo rozmaite klasy były rozsiane po całym terenie i łatwo traciło się orientację. Zresztą lekcje należały wtedy raczej do kwestii ubocznych, przynajmniej z Rosjanami o tym się nie mówiło, od nich uzyskiwało się ważniejszą wiedzę.

Wczesna znajomość, ba, przyjaźń z Rosjanami — żołnierze okupacyjni w Amstetten, wcześniej, jawili mi się zawsze jako egzotyczni przybysze, z którymi tak naprawdę nigdy się nie stykałem — miała wpływ na mój późniejszy rozwój. Z niej wynikała moja ciekawość dla wszystkiego, co wschodnie (być może towarzyszył jej protest przeciwko domowi rodzicielskiemu, nie mający jednak rozstrzygającego znaczenia). Ta ciekawość zadecydowała w końcu o kierunku moich studiów: wyborze slawistyki i historii wschodnioeuropejskiej.

Szkole zawdzięczam też to, że wcześnie uodporniłem się na pewne wpływy ze strony mojej rodziny. Bądź co bądź w ciągu dziewięciu istotnych lat większość czasu spędziłem nie w Linzu czy Amstetten, lecz w Felbertalu.

Nasi nauczyciele byli bardzo młodzi i zaszczepili nam coś, co górnolotnie można by nazwać tolerancją i postawą demokratyczną. W każdym razie nikt nie podejmował prób nawiązywania do przeszłości, którą u mnie w domu (zwłaszcza w Amstetten) traktowano z takim respektem.

Kiedy babcia dowiedziała się o mojej decyzji pójścia na slawistykę, powiedziała, że nie pojmuje, skąd ta moja miłość do Słowian. Siedzieliśmy w restauracji „Todt" przy Rathausstraße w Amstetten, ona nad cienką zupą, którą zaraz miała odesłać do kuchni, ja nad wielkim sznyclem. O tym, że mój ojciec był na wojnie w Rosji, Polsce i Słowacji, nie powiedziała ani słowa; to dotarło do mnie dużo później. Z początku uważała moje studia za kaprys, którego wprawdzie nie pochwalała, ale przecież byłem jej ukochanym ponad wszystko wnukiem, jedynym dzieckiem ukochanego syna, które na wiele mogło sobie pozwolić. Mój stryj, młodszy brat ojca, kręcił tylko głową. On nigdy by do tego nie dopuścił, ale jego nikt nie pytał. Nie minęło dużo czasu i Słowianie stanęli między nami. Babcia niecierpliwiła się coraz bardziej, kiedy opowiadałem o studiach, o moich przyjaciołach w Warszawie, ja reagowałem na jej postawę drażliwie i prowokowałem ją politycznymi hasłami, znamiennymi dla rozpoczynającego się wtedy ruchu studenckiego. Obraziła się, ja bezrefleksyjnie, z młodzieńczą bezwzględnością, przyjąłem to do wiadomości; stawaliśmy się wobec siebie coraz bardziej obcy.

Coraz rzadziej jeździłem do Amstetten, zasłaniając się studiami, które babcia finansowała. Ostateczne zerwanie z nią i stryjem nastąpiło niemal mimochodem, bez dramatycznego powodu. Kiedy wróciłem po dwóch latach studiów w Polsce, babcia, w swojej bezradności, napisała do mnie list, w którym wyraziła (nie całkiem wtedy niedorzeczną) troskę, że a nuż mógłbym pojawić się w Amstetten z jakąś Polką w roli małżonki. Chce mnie ostrzec przed takim związkiem — pisała — w żadnym razie nie mogłaby go pochwalić. Jeszcze gorsze byłoby wyobrażenie, że mogę ożenić się z Żydówką. Mam jej przyrzec, na pamięć ojca, że nigdy tego nie zrobię; wręcz zakazuje mi takiego kroku, oznaczałby, że między nami koniec. Miałem wtedy dwadzieścia cztery lata, byłem radykalnym lewicowcem (uważałem się za trockistę), prawdopodobnie człowiekiem niedojrzałym, na pewno zaś bezkrytycznym wobec siebie. Traktowałem własną osobę z niesłychaną powagą i zareagowałem patetycznym, nieprzejednanym listem, w którym oświadczyłem, że zrywam stosunki z babcią. „Nie chcę — pisałem — mieć nic wspólnego z nią, z jej rodziną i w ogóle z Amstetten, to nieodwracalny koniec, niech mnie odtąd zostawi w spokoju". Takie to było dla mnie proste. Niewykluczone, że zerwania nie dało się uniknąć, kiedy jednak dziś myślę o tym liście, czuję smutek i wstyd.

Nie widziałem już babci przed jej śmiercią, nie pisaliśmy też do siebie. Oboje zaciekle milczeliśmy. Przychodziło mi to z pewnością dużo łatwiej niż jej. Kiedy umierała, wyraziła życzenie, aby mnie jeszcze raz zobaczyć. Stryj przysłał mi telegram, pojechałem natychmiast do Amstetten — umarła tuż przed moim przyjazdem. Pamiętam jeszcze zdanie, którym stryj powitał mnie w bramie: „Umarła jak niemiecka kobieta".

18. W styczniu 1943 roku mój ojciec wrócił z Kaukazu. Nie wysłano go rozkazem na bagna Prypeci, do walk z partyzantami, lecz oddelegowano do Linzu na szefa tamtejszego gestapo. 2 lutego zameldował Urzędowi Personalnemu SS w Berlinie, przy Prinz-Albrecht-Straße 8: „Z powodów służbowych 25.1.1943 zostałem przeniesiony do Komendy Policji Państwowej Linz (Dunaj). Mój adres brzmi: Linz (Dunaj), Langgasse 13".

Przy Langgasse 13 znajdowała się siedziba gestapo: w niegdysiejszym Domu Kolpinga, należącym do katolickiego stowarzyszenia czeladniczego. Tam przydzielono ojcu mieszkanie służbowe. Jednocześnie działał w rejonowej SD, która rezydowała w komfortowej willi „Auf der Gugl", niedaleko domu mojej matki. Rok wcześniej wyjeżdżali razem do Gottschee, zapewne potajemnie, na kilka dni. Teraz on był w Linzu, nie brakowało okazji do spotkań. Czy opowiedziała mężowi o tym drugim mężczyźnie? Domyślał się czegoś? Zauważył zmianę w jej zachowaniu? Czy od początku myślała o tym, żeby opuścić męża, starszego od niej o dwadzieścia jeden lat, dla mojego ojca?

Z dokumentów nie wynika, dlaczego ojciec służył na Wschodzie tylko przez dwa miesiące; być może sam wystarał się o przeniesienie, żeby być blisko mojej matki. Czy dysponował niezbędnymi koneksjami, by zaaranżować coś takiego? W lutym 1943 roku następcą Reinharda Heydricha na stanowisku szefa policji bezpieczeństwa i SD Himmler mianował starego znajomego, rodowitego linzeńczyka: był nim dr Ernst Kaltenbrunner, korporant z Grazu, członek nielegalnego SS austriackiego, w 1934 roku internowany razem z dziadkiem w Kaisersteinbruch. Być może potężny dowódca SS pociągnął za właściwe sznurki liny zapętlonej w Marchii Wschodniej, w Grazu. Wszystko to spekulacje; pewne jest tylko, że mój ojciec w końcu stycznia 1943 roku objął służbę w Linzu.

Kiedy przybył do regionu Górny Dunaj, nastroje były jak najgorsze — jak wszędzie w Austrii, w Marchii Wschodniej. 3 lutego radio nadało meldunek specjalny o upadku Stalingradu. Walczyło tam, poległo lub popadło w niewolę wielu Austriaków. W dotyczącym nastrojów raporcie linzeńskiej SD informuje się, że klęska stalingradzka wywołała w regionie Górnego Dunaju „najgłębszy smutek, niekiedy przygnębienie i upadek na duchu". Służba bezpieczeństwa donosiła o głosach krytycznych, domagających się zakończenia wojny, ba, nawet o napaściach na funkcjonariuszy partyjnych. W Grieskirchen pewna prosta chłopka spoliczkowała i obsztorcowała lokalnego partyjniaka, kiedy ten przekazywał jej wiadomość o „bohaterskiej śmierci" jej syna na Wschodzie: „Jesteście winni, że do tego doszło!".

Wśród ludności dawało się zauważyć rosnące znużenie wojną, zniechęcenie i apatię. Gestapo reagowało zaostrzeniem represji. Skokowo wzrosła liczba aresztowań z powodu naruszeń tak zwanej ustawy o „czynach podstępnych", zwłaszcza — rozkładu sił obronnych i przestępstw „radiowych".

26 marca 1943 roku gestapo w Linzu przekazało na ręce starszego prokuratora przy tamtejszym Sądzie Krajowym wszczęte postępowanie przeciw obywatelowi protektoratu, Thomasowi Kotkowi, „z prośbą o przyjęcie go do roztrzygnięcia prawnokarnego". Pismo podpisał mój ojciec.

Czech Thomas Kotek pracował na kolei czesko-morawskiej i otworzył, rzekomo w złym zamiarze, wagon wypełniony żwirem, wskutek czego żwir wysypał się na tory, blokując przejazd. Usunięcie żwiru przez drużynę konwojową zajęło około dziewięćdziesięciu minut. Na przesłuchaniu Kotek zaprzeczył oskarżeniu; mimo to został skazany za zagrożenie produkcji „zakładu ważnego dla obronności Rzeszy" na dwa i pół roku więzienia.

17 maja 1943 roku ojciec przesłał „postępowanie" przeciw niejakiemu Franzowi Marchhartowi, gospodarzowi w Mühlviertel i ojcu dwojga dzieci, do prokuratury przy Sądzie Specjalnym w Linzu. Marchhart wraz z dwoma jeńcami francuskimi, pracującymi w tym samym gosdpodarstwie, słuchał londyńskiej radiostacji; ktoś ich zadenuncjował. Za umyślny odsłuch wiadomości z zagranicznych nadajników i zabroniony kontakt z jeńcami wojennymi starszy parobek trafił do więzienia na półtora roku.

Dwa „postępowania" z wielu. Również wśród cudzoziemskich robotników przymusowych i jeńców wojennych gestapo rejestrowało narastającą krnąbrność. Mnożyły się przypadki tak zwanych naruszeń stosunku pracy — mimo że oczywiście robotnicy przymusowi i jeńcy nie podpisywali umów o pracę, mogli „naruszać" właściwy dla takich umów „stosunek", za co wymierzano drakońskie kary. W końcu stycznia 1943 roku placówka policji państwowej w Linzu wydała rozporządzenie, w myśl którego te czyny cudzoziemskich robotników miały być odtąd ścigane wyłącznie przez gestapo. W innym rozporządzeniu przypomina się, że niedopuszczalne jest maltretowanie „robotników wschodnich i Polaków z powodu uchybień w pracy". To prawo gestapo zastrzegało tylko dla siebie. W osobnym rozporządzeniu precyzowano, kto należy do kategorii „robotnik wschodni":

„«Robotnikami wschodnimi» są te siły robocze o pozaniemieckiej przynależności narodowej, które ujęto w Komisariacie Rzeszy Ukraina, w Generalnym Komisariacie Białoruś lub na terenach od wschodu graniczących z nimi oraz z wolnymi państwami Łotwa i Estonia, i które po zajęciu tych terenów przez Wehrmacht dostarczono do Rzeszy Niemieckiej włącznie z Protektoratem Czech i Moraw, gdzie są wykorzystywane. Ukraińców, którzy zaliczają się do opisanego powyżej kręgu osób, należy zatem określać jako «robotników wschodnich». Określenie «Rosjanin» jest niedopuszczalne".

Wszystko podlegało regulacji przez gestapo, w jego kompetencjach leżała nawet kwestia, w jaki sposób cudzoziemscy robotnicy mają się witać. „Robotnikom cudzoziemskim — z wyjątkiem Polaków — nie można zabraniać niemieckiego pozdrowienia", jak orzeczono w stosownym przepisie. Każda sprawa przechodziła przez biurko mojego ojca; miał pełne ręce roboty. Wiosną 1943 roku urządzono w magazynach kolejowych, podlegający bezpośrednio gestapo, „obóz wychowania przez pracę" dla cudzoziemskich „bumelantów" i „uciekinierów z miejsca pracy". W pobliżu Linzu znajdowały się osławiony obóz koncentracyjny Mauthausen i podobóz Gusen ze specjalnymi oddziałami dla więźniów gestapo.

W 1943 roku tajna policja państwowa podjęła też działania przeciwko nielicznym w regionie Górnego Dunaju Żydom, którzy przeżyli w tak zwanych małżeństwach chronionych. Kiedy tylko umierał aryjski partner, gestapo natychmiast uderzało. Taki los spotkał w sierpniu 1943 roku adwokata Aloisa Smolkę z Wels, którego za „przyjacielskie stosunki z osobami krwi niemieckiej" najpierw aresztowano i osadzono w więzieniu w Linzu, a w październiku 1943 deportowano do Auschwitz, gdzie zginął.

Poza pełnieniem obowiązków służbowych ojciec musiał też bywać, pokazywać się w swoim dobrze leżącym szarym mundurze z czarnymi dystynkcjami na kołnierzu, w czapce z czarnym otokiem, trupią główką i skrzyżowanymi kośćmi jako kokardką. Musiał występować. Reprezentować swoją instytucję: Tajną Policję Państwową i Służbę Bezpieczeństwa SS. Był potężnym człowiekiem, przed którym wielu zginało karki.

28 marca 1943 roku stolicę regionu Linz odwiedził — z okazji założenia tam filii towarzystwa niemiecko-japońskiego — ambasador Japonii w Berlinie, Hiroshi Oshima. Japończyk był osobistym przyjacielem Hitlera i zagorzałym zwolennikiem narodowego socjalizmu. Jego entuzjazm dla Niemiec hitlerowskich przyniósł mu przydomek „niemiecki ambasador w Niemczech". Z tej wysokiej rangi wizyty mam tuzin amatorskich zdjęć, po części beznadziejnie niedoświetlonych, pokazujących egzotycznego gościa w Linzu: Hiroshi Oshima w Landestheater, w loży obok gauleitera Augusta Eigrubera, nieokrzesańca o wyglądzie czeladnika rzeźnickiego; Hiroshi Oshima przed zamkiem w Linzu, na czele całego regimentu ważnych jegomościów w mundurach i po cywilnemu; Hiroshi Oshima przed cmentarzem w Leonding, gdzie leżą rodzice Hitlera; wreszcie Hiroshi Oshima pochylony nad planami imponującej rozbudowy Linzu, do której Hitler wniósł własne projekty. Na niektórych zdjęciach widać też mojego ojca, w mundurze lub cywilnym ubraniu, zwykle w tle. Ale był i czujnie się przyglądał.

Mieszkając w Linzu, wreszcie znów miewał okazje pójść w góry, na narciarską wyprawę. Na Kaukazie odmawiano mu tego. W dniach 26 lutego–1 marca 1943 roku wybrał się w Totes Gebirge, do schroniska „Linzerhaus" i chaty „Steirersee", z kolegami z gestapo: „z KK Hurnausem, SAK Neumüllerem, SK Pointnerem, SK Scharingerem", jak zanotował w dzienniku wyprawy. Skróty służbowe, tytuły zachowywały ważność również w górach. Komisarz kryminalny, sekretarz kryminalny, co jednak znaczy SAK? Starszy asystent kryminalny? Niektóre sygle, wtedy oczywiste, dziś wydają się nie do rozszyfrowania. Zapomniany tajny kod terroru. „Pogoda piękna, śnieg dobry, stopa dokucza", napisał na koniec. Czyżby na Kaukazie nabawił się kontuzji?

4 kwietnia wystąpił w Linzu Hitler. To błyskawicznie poprawiło powszechny nastrój. Skoro führer znajdował czas, żeby odwiedzić swoje miasto chrzestne, to sytuacja na froncie nie mogła być tak beznadziejna. Szef gestapo w Linzu był jednym z dostojników, którzy przez cały ten dzień mogli przebywać w największej bliskości führera. Czy sprawiało mu to rozkosz?

19. Miał dość służby w gestapo — opowiadała mi matka — bąkał o tym, że będzie się ubiegał o służbę w koloniach (po wygranej wojnie Rzesza Niemiecka chciała przynajmniej odzyskać dawne kolonie zamorskie). Obiecano mu rzekomo, że zostanie wysłany do Afryki jako namiestnik czy ktoś w tym rodzaju. Zaczął się nawet na własną rękę uczyć języka autochtonów, bodaj suahili, jak przypominała sobie babcia. Szczególnych zdolności językowych raczej nie posiadał. Już w 1940 roku w okólniku szefa policji bezpieczeństwa i SD pojawił się apel do członków tych służb, aby ubiegali się o misję w przyszłych koloniach niemieckich. Napisano tam zresztą wyraźnie, że „uprzednia samodzielna nauka języka tubylców" nie jest celowa. Czy ojciec zgłosił się na kurs dla przyszłych urzędników w koloniach? Czy też jego rzekome pragnienie odejścia ze służby w gestapo było tylko legendą, którą po wojnie wymyślono na mój użytek?

Również postać ojca w okresie linzeńskim pozostaje dla mnie jedynie szablonem, wizerunkiem zredukowanym do kilku fotografii i dokumentów. W tym czasie zwłaszcza, bo Linz był miastem ojczyma, u którego dorastałem, którego nazywałem tatą również wtedy, kiedy już od dawna wiedziałem, że nie przez niego zostałem poczęty. Nigdy o tym nie rozmawialiśmy, nie napomykaliśmy nawet mimochodem. Ale nie mówiło się o wielu rzeczach. Należało zachowywać pozory — normalności, ładu, kultury mieszczańskiej — nie tylko na zewnątrz, lecz także na łonie rodziny. W moim stosunku do ojczyma nie było wielkiej poufałości czy uczuciowości, zawsze czułem pewien dystans, ten jednak wynikał chyba z jego usposobienia; ojczym raczej oszczędzał słowa, miał cechy samotnika. Dystans wynikał też może z jego wieku — ojczym mógłby być moim dziadkiem.

Do 1942 roku pracował jako urzędnik bankowy, na kierowniczym stanowisku, potem przeszedł na emeryturę, żeby poświęcić się wyłącznie sztuce, której od młodości oddawał wszystkie uczucia. Nas, dzieci: moją siostrę, brata i mnie, często rysował, co roku musieliśmy mu, jak to nazywał, „posiedzieć". Czasem próbowałem się od tego wykręcić, bo nienawidziłem siedzieć bez ruchu, ale on nie ustępował. Nadal mam wszystkie portrety, na których mnie uwiecznił — od jednorocznego niemowlaka do młokosa — z każdego roku kolorowy rysunek kredką; tylko pierwszy, z 1945 roku, jest czarno-biały, bo nie można było dostać kolorowych kredek. Żadnego z tych rysunków nie powiesiłem, przechowuję je w teczce. Musieliśmy pozować mu w atelier, które znajdowało się w suterenie naszego domu; tam też stał czarny fortepian, który ojczym sam sobie sprawił na stare lata; jedna z nielicznych ekstrawagancji, na jakie sobie pozwolił.

Grywał rzadko, nazywał to „fantazjowaniem" (ku swemu żalowi nigdy nie uczył się gry na fortepianie). Poza tym był niezwykle skromny, wręcz ascetyczny, jeśli chodzi o jedzenie, ubranie, wszystkie sprawy materialne, które nic dla niego nie znaczyły. Pamiętam jeszcze, jak kiedyś nieoczekiwanie zjawiłem się w domu: był sam, matka wyjechała, z jakiegoś powodu zniknęła też Resi, nasza pomoc domowa, a właściwie ktoś dużo ważniejszy, dziewczyna do dzieci, ciocia, przyjaciółka rodzeństwa. Ojczym bardzo marnie radził sobie ze sprawami życia codziennego, na przykład z gotowaniem; nie potrafił nawet przyrządzić jajecznicy. Obie kobiety po brzegi wypełniły lodówkę strudlem jabłkowym, który lubił. Przez tydzień albo dłużej jadł ten strudel, rano, w ciągu dnia i wieczorem, i był zadowolony. Kiedy ofiarowałem się, że zrobię jakieś zakupy dla nas dwóch, pytał zdumiony: „A po co? Jest przecież strudel, on zjadł dopiero połowę, dużo jeszcze zostało".

Mieliśmy duży ogród z owocami i warzywami, latem i jesienią dojrzewało ich mnóstwo, mogłoby się nimi wyżywić kilka wielodzietnych rodzin. Ojczym często wkraczał rano do kuchni, z wiadrem pełnym nadgniłych jabłek, które opadły z drzew, i pytał krzątającą się Resi — pytał nieśmiało, zapewne retorycznie — czy dałoby się zużytkować te spady (czy dałoby „się", nie zaś czy ona mogłaby je zużytkować, zupełnie tak, jakby jeszcze ktoś inny wchodził w rachubę jako wykonawca tej pracy). „Zużytkować" — często posługiwał się tym słowem, tak jak cała jego generacja, która miała za sobą dwie wojny oraz ich wszystkie skutki: niedobory żywności i jej racjonowanie, spustoszenia, straty majątkowe — wiedziała zatem, jakie to ważne, żeby „zużytkować" wszystko, co tylko można. Słowa „wyrzucić" jego słownik nie zawierał. Wszystko się przechowywało: kto wie, może się jeszcze na coś przyda, może się da „zużytkować". W komórce na owoce starannie układało się jabłka i gruszki na półce, żaden owoc nie mógł dotykać drugiego; na innej półce, tuż obok jabłek, leżały znaleziska, na które ojczym natrafił przy pracach ogrodowych, i które zatrzymywał „na wszelki wypadek": odłamki bomb, zardzewiałe żelastwo i inny kram. Tę postawę najdalej idącej oszczędności ojczym zachował też w czasach względnego dobrobytu. Tylko matki nie dotyczyła owa żelazna zasada, matkę najchętniej wciąż obsypywałby prezentami.

„Łaskawy pan tam postawi", mówiła Resi z westchnieniem, spoglądając na wiadro i niezwłocznie zabierała się do obierania jabłek — na strudel jabłkowy, roladę jabłkową, marmoladę jabłkową czy galaretkę jabłkową; znała wiele przepisów, dzięki którym potrafiła wyczarować z nadających się na kompost owocowych spadów swoje wyborne specjały. Resi rozmawiała z rodzicami w trzeciej osobie — jak służba i dobrze wychowane dzieci w epoce, która wtedy już należała do minionych.

Upodobanie do ogrodnictwa przeszło z ojczyma na mnie. Chętnie grzebię w ziemi, sadzę sałatę, wtykam drzewka i również przechowuję wszystko, co znajdę: zardzewiałe żelastwo, zwierzęce kości, ciekawe z wyglądu kamienie, niczego się u mnie nie wyrzuca. Czasem przyłapuję się na tym, że rozmawiając ze sobą, chwalę się przed nim sałatą, moim powodem do dumy. Ojczym umarł w 1968 roku.

Patrząc wstecz, zdaję sobie sprawę, że nigdy nie prowadziliśmy otwartej rozmowy, w której poruszalibyśmy takie tematy, jak moje pochodzenie i rodzina w Amstetten, jego rola jako honorowego szefa Izby Sztuk Pięknych w regionie Górnego Dunaju czy wręcz funkcja mojego prawdziwego ojca — szefa gestapo w Linzu. Ojczym musiał go znać, jednak nigdy nie przeszłoby mu przez usta jakieś nieprzychylne słowo. Milczał, a ja nie pytałem. Panowała między nami głęboka cisza, którą długo uważałem za rzecz normalną.

20. Latem 1943 roku ojciec znów jeździł na wyprawy, najczęściej ciągnęło go w góry styryjskie, znane mu od młodości, w Alpy Ennstalskie, w okolice przełomu Gesäuse. Nie sądzę, by matka kiedykolwiek mu towarzyszyła; w księdze wypraw jest wiele imion, jej wśród nich nie ma. Spotykali się przypuszczalnie w Linzu i w Salzkammergut, nad jeziorem Traun, w Gmunden, w Bad Ischl. Jedna z fotografii pokazuje ojca na wodzie, może to jezioro Traun, siedzi w czółnie i wiosłuje. Z prawej strony widać brzeg, zalesione zbocze nad jeziorem, kilka budek do przechowywania łodzi i pomosty. Być może matka stała na jednym z nich, żeby pstryknąć zdjęcie. Na pamiątkę. Cudowny dzień nad jeziorem Traun. Zastanawiam się, czym tłumaczyła swoją nieobecność w domu. Mówiła mężowi, mojemu ojczymowi, szczerą prawdę? Czy znajomi coś o tym szeptali, robili jakieś uwagi? Linz nie był wielkim miastem, raczej nie udałoby się utrzymać romansu w tajemnicy — w dodatku romansu z szefem gestapo, którego wielu znało.

Również on musiał być ostrożny, SS bardzo pilnowało, przynajmniej na użytek zewnętrzny, żeby jego członków nie obciążała żadna wina moralna. Jeśli dowódca SS wchodził w związek z żoną towarzysza partyjnego, mógł się nabawić kłopotów. SS miało się składać z samych najlepszych nie tylko pod względem „rasowym", lecz także obyczajowym. Zakon niemieckich mężczyzn. Poza tym Himmler żądał od swoich „braci zakonnych", aby w miarę możności między dwudziestym piątym a trzydziestym rokiem życia zakładali rodziny. W 1943 roku ojciec miał już bądź co bądź trzydzieści dwa lata. W ciągu kariery otrzymał różne insygnia SS, między innymi srebrny pierścień z trupią główką i lichtarz Jula (dostawali go członkowie SS, żeby mogli wraz z rodzinami uroczyście obchodzić święto Jula, pomyślane jako substytut Bożego Narodzenia); wstąpił też do organizacji „Lebensborn" (Źródło Życia), niekoniecznie z własnej woli; wysoko postawieni dowódcy SS mieli taki rozkaz i automatycznie odciągano im z pensji składkę członkowską. Wręczanej osobiście przez Himmlera honorowej szpady SS ojciec, jak można wnosić z jego karty ewidencyjnej, nigdy nie otrzymał. Pseudogermańskie parafernalia i instytucje, jak podwójny znak runiczny, lichtarz Jula, pierścień z trupią główką, zamki zakonne SS czy związek prokreacyjny „Lebensborn", służyły podkreślaniu szczególnej pozycji SS w obrębie partii; podobnie zresztą jak sądownictwo specjalne, któremu podlegali wszyscy członkowie SS, SD i policji bezpieczeństwa w Rzeszy Niemieckiej i na terenach okupowanych. Przeznaczono dla nich osobne, wydzielone z normalnego wymiaru sprawiedliwości sądy SS i policji, które zasadniczo posługiwały się w swojej procedurze wojskowym prawem karnym.

31 maja 1944 roku sturmbannführer SS i radca rządowy, dr Gerhard Bast, szef gestapo w Linzu, został skazany wyrokiem sądu SS i policji w Wiedniu na cztery miesiące więzienia za zabójstwo wskutek niedbalstwa.

W doręczonym obwinionemu postanowieniu o karze, które znalazłem w papierach ojca, napisano:

„Został pan obwiniony o to, że 14.11.1943 w Spielbergu spowodował pan wskutek niedbalstwa śmierć człowieka, co nastąpiło w ten sposób, że nie dochował pan należytej ostrożności przy rozładowywaniu broni myśliwskiej, przez co doszło do wystrzału, który śmiertelnie ranił małoletniego naganiacza".

Rzeczonego dnia prominenci SS urządzili na błoniach naddunajskich, między ruiną Spilberg a obozem koncentracyjnym Gusen, polowanie z nagonką, w którym oprócz komendanta podwójnego obozu Mauthausen (Gusen), Franza Ziereisa, i prezydenta policji w Linzu, Josefa Plakolma, brał też udział mój ojciec. Jednym z młodych naganiaczy był dwunastoletni Alois Klaubauf z pobliskiej miejscowości Langenstein. Leśniczy nazwiskiem Missbauer przydzielił każdemu naganiaczowi teren do przeczesania. Po pierwszej nagonce odtrąbiono łowy i naganiacze poszli do myśliwych, którzy zebrali się w przecinającej błonie alei. Nagle padł strzał i Alois Klaubauf osunął się na ziemię; lekarz, który był wśród myśliwych, mógł już tylko stwierdzić zgon, śrut utkwił w okolicy serca.

Leżące przede mną opisy tragicznego zdarzenia generalnie są zgodne. W dokumentacji sądu SS napisano, że Bast chciał rozładować flintę, skierował więc lufę w dół; wtedy z tyłu padły dwa strzały, odwrócił się instynktownie, lufa poszła do góry, a kurek, który zamierzał zwolnić, „prawdopodobnie z powodu chłodnej, wilgotnej aury", ześliznął mu się z kciuka. Naoczny świadek i przyjaciel zmarłego, późniejszy autor lokalnej kroniki Langenstein, w której poświęcił całą stronicę „bezsensownej śmierci Aloisa Klaubaufa", napisał, że strzał padł z powodu niedbalstwa. Doszło do tragedii, ponieważ strzelec rozładowując broń, trzymał lufę poziomo, w kierunku naganiacza.

Wypadek na polowaniu. Splot nieszczęśliwych okoliczności i śmiertelny finał. Kiedy myślę o Aloisie Klaubaufie, który zginął w alei, niedaleko obozu koncentracyjnego Gusen, zastrzelony przez mojego ojca, ponieważ ten zlekceważył podstawową regułę myśliwego i podczas rozładowywania broni trzymał ją poziomo, a nie pionowo, skierowaną w niebo, przypomina mi się fotografia trzyletniego chłopca w fartuchu, obłapiającego dziecięcą rączką karabin — nie mniejszy niż ono. Dziecko o wyniosłym spojrzeniu, z podbródkiem dumnie wysuniętym w stronę fotografa: „patrz, to prawdziwy karabin, mój pierwszy karabin!". Było to w 1914 roku w Laibach (Lublana). Fascynacja bronią, sinawy połysk stali, na której palce zostawiają ślady; trzeba je starannie zetrzeć miękką ściereczką, nic nie powinno plamić czystej, stalowej powierzchni.

W miejscu zdarzenia, na błoniu w Gusen, nad którym do dziś wisi posępny cień obozu koncentracyjnego, położono po wojnie pamiątkowy kamień, surową granitową bryłę (przypuszczalnie ze znajdującego się w gminie

Langenstein kamieniołomu Dirnberg, w którym ciężko pracowali i umierali więźniowie Gusen); z bryły wystaje żelazny krzyż z figurą Chrystusa. W kamieniu wykuto słowa: „Na pamiątkę 1943".

Za spowodowaną niedbalstwem śmierć dwunastoletniego naganiacza, Aloisa Klaubaufa, ojciec został skazany na cztery miesiące więzienia. Tydzień przed wyrokiem przyszedłem na świat w klinice dla kobiet, którą pod koniec 1943 roku z powodu silnych bombardowań przeniesiono z Linzu do Bad Hall. W dokumentach sądu SS mówi się o skazanym, że jest szefem placówki policji państwowej w Linzu, „wiek 33 lata, stanu wolnego (zamierza niebawem zawrzeć związek małżeński)". Musiał zatem wystąpić już do kompetentnego urzędu SS, czyli RSHA w Berlinie, o zezwolenie na ślub. Czy podał też, że narzeczona nadal jest osobą zamężną? Że wkrótce urodzi jego dziecko? Jakkolwiek było, wypadek na polowaniu i związany z tym wyrok przekreśliły tymczasem weselne plany.

Ojciec nie poszedł do więzienia. Prezes sądu, obergruppenführer SS i generał policji, Ernst Rudolf Querner, sam będący zapalonym myśliwym, postanowił zawiesić wykonanie kary, aby dać skazanemu okazję do wykazania się w akcji na froncie wschodnim. Decyzję przedłożono Heinrichowi Himmlerowi, który zgodził się parafować zawieszenie, zarządzając jednocześnie, „że dr Bast ma zostać natychmiast przeniesiony z Linzu do służby czynnej na Wschodzie".

W stosunku do podwładnych, którzy zachowali się w sposób naganny, reichsführer SS nie bywał wyrozumiały. Oczekiwał od swoich ludzi, że będą bez mrugnięcia okiem mordować niewinne, bezbronne osoby: Żydów, Cyganów, chorych umysłowo, komunistycznych funkcjonariuszy, Polaków, Czechów, Słoweńców, członków innych grup i nacji, kobiety i dzieci; jeśli jednak jednego ze sprawców obciążyła wina za wypadek ze skutkiem śmiertelnym, karano go bezlitośnie. Zabójstwo nie równało się zabójstwu. Masowa zbrodnia należała do obowiązków, zabójstwo wskutek niedbalstwa było oznaką słabości. A słabości w SS nie tolerowano.

Wypadek na polowaniu 14 listopada 1943 roku oznaczał koniec kariery mojego ojca w gestapo. Biurokracja jednak pracowała powoli, najpierw sprawę trzeba było przekazać do Berlina, następnie wszcząć śledztwo, przesłuchać świadków. Tymczasem ojciec urzędował nadal.

Przypadkiem wszedłem w posiadanie kopii listu, który ojciec napisał trzy dni po śmiertelnym wystrzale na błoniu w Gusen — jako szef gestapo w Linzu. Pismo znajduje się w Słoweńskim Archiwum Państwowym w Lublanie, wśród materiałów placówki gestapo w Marburgu (Maribor) nad Drawą. Zaadresowano je do marburskiego oddziału tajnej policji państwowej w Grazu. Chodzi o słoweńskiego więźnia nazwiskiem Josef Jersche, urodzonego 4 marca 1888 roku w Tüffer, z zawodu urzędnika stanu cywilnego. Wymieniony, jak podaje się w piśmie, został aresztowany w Marburgu w lipcu 1942 roku, ponieważ rzekomo prowadził nasłuch wrogich radiostacji i rozpowszechniał zasłyszane wiadomości. Od sierpnia 1942 roku przebywa w obozie koncentracyjnym

Mauthausen. Z Tüffer — pisze mój ojciec — wpłynęła do niego prośba, żeby wstawił się za Jerschem; podobno aresztowano go jedynie na podstawie denuncjacji; denuncjator, były burmistrz Tüffer, tymczasem sam został aresztowany i skazany na kilkuletnią karę więzienia za nadużycie urzędu, defraudację i kradzież.

„Proszę o sprawdzenie, czy te wiadomości mogą polegać na prawdzie, a jeśli tak, czy zwolnienie Jerschego z KL Mauthausen byłoby uzasadnione. Jersche jest wprawdzie Słoweńcem, pochodzi jednak rzekomo ze starej rodziny tüfferskiej i zawsze zachowywał się przyzwoicie. W tej sytuacji proszę o wszczęcie kroków w celu zwolnienia Jerschego.

Proszę o niezwłoczne powiadomienie mnie o wyniku sprawy, dr Bast, sturmbannführer SS".

Nasuwa się sugestia, że Jersche był znajomym rodziny ojca, która pochodziła z tej samej miejscowości. Być może ujął się za nim wujek Drolc z Tüffer, może również dziadek z Amstetten — urzędnik stanu cywilnego należał do ich generacji. List rzuca nowe światło na szefa gestapo w Linzu, który trzy dni po wydarzeniu rujnującym prawdopodobnie jego karierę, znalazł czas, by interweniować w sprawie słoweńskiego więźnia Mauthausen.

Gestapo w Marburgu najwidoczniej nie zareagowało natychmiast na interwencję z Linzu, bo 31 grudnia ojciec w ekspresowym piśmie (stempel „bardzo pilne") monituje:

„Dot. mojego pisma z 17 listopada 1943:

Przypominam o w.wym. piśmie z prośbą o jak najszybsze rozpatrzenie".

Nie zdołałem wybadać, co ostatecznie stało się z więźniem Josefem Jerschem, w każdym razie jego nazwisko nie widnieje na liście ofiar śmiertelnych obozu koncentracyjnego Mauthausen.

Tüffer. Ojciec również w czasie wojny nie zerwał kontaktów z tym miasteczkiem targowym w Dolnej Styrii, które po 1918 roku znalazło się w granicach Słowenii. Nie zerwał ich także jako wysoki funkcjonariusz gestapo. Z Tüffer, które na prywatnych fotografiach uparcie nazywał po słoweńsku „Laško", łączyły go emocje, na jakie zwykle rzadko sobie pozwalał. W Tüffer (Laško) spędził niejedno lato u wujka Drolca, Słoweńca, męża Bastówny, cioci ojca. W region jego dzieciństwa odsyłają dwie małe fotografie, nad którymi poważnie łamię sobie głowę. Na obu widać to samo: grupę młodych, wesołych ludzi, którzy stoją lub siedzą na skraju żwirowej drogi; wędrowcy: chłopcy i dziewczęta; kilkoro ma na nogach górskie obuwie, ktoś trzyma harmonię, zdają się dobrze bawić, śmieją się, niektórzy wołają coś do fotografa. Mój ojciec stoi wśród nich, śmieje się z nimi, w dobrej komitywie ze wszystkimi. Pejzażu raczej nie widać, wzgórza w tle zasnuły opary, może to okolica Samoborskiej Góry, tamtejszy łańcuch pagórków? Zagadkowy jest też dla mnie tekst, a ściślej, miejsce i data podane na odwrocie: „Samobor 15.IV.1944". To napisał mój ojciec, nad tym inna ręka dodała: „Franc".

W kwietniu 1944 roku moja matka, w zaawansowanej ciąży, nosiła w Linzu jego dziecko; w tym samym czasie sąd SS w Wiedniu badał sprawę wypadku w Langenstein, śmierci dwunastoletniego naganiacza zastrzelonego przez ojca na polowaniu. On jednak w tym samym czasie wybrał się do Samobora, małej miejscowości niedaleko Zagrzebia, w pobliżu granicy słoweńskiej, ulubionego celu wycieczek, dobrze znanego myśliwym i turystom górskim. Nie wiem, który z młodzianów na zdjęciach jest Francem, ale pisownia wskazuje na Słoweńca. Młodzi mężczyźni i dziewczęta mogliby, sądząc po wyglądzie i ubraniach, wszyscy pochodzić ze Słowenii, z jakiejś wiejskiej okolicy. Może są z Tüffer (Laško)? Droga z Laška do Samobora to niespełna sześćdziesiąt kilometrów, może wybrali się na wycieczkę.

W kwietniu 1944 roku? W towarzystwie członka gestapo, sturmbannführera SS, który śmieje się z nimi i żartuje? Trudno to sobie wyobrazić. Ale są przecież te dwie fotografie, jest napis na odwrocie: „Samobor 15.IV.1944", i jest „Franc".

21. W czerwcu 1944 roku, kiedy armia sowiecka rozpoczęła na terenach między bagnami Prypeci a Dźwiną wielką ofensywę, zmuszając Grupę Armii „Środek" do odwrotu na szerokim odcinku frontu, mój ojciec został wysłany do BdS Mińsk — „BdS" oznacza dowództwo policji bezpieczeństwa i SD. Ojca mianowano dowódcą oddziału specjalnego 7a sekcji interwencyjnej B. W tym okresie Mińsk był już jednak w rękach Rosjan, wojska niemieckie uciekały, uciekała także sekcja interwencyjna B i jej pięć oddziałów, spośród których jeden nosił oznaczenie „7a".

Nie potrafię powiedzieć, kiedy ojciec wyjechał na Wschód. 1 lipca był jeszcze w Amstetten u rodziców. Wizyta pożegnalna. Na dwóch zdjęciach małego formatu widać go w ogrodzie rodziców, wśród drzew; listowie rzuca dziwaczne cienie na piaszczystą ścieżkę, dzień jest słoneczny. Ojciec ma na sobie mundur polowy Waffen-SS, czapkę z trupią główką, na lewym rękawie romb SD. Trzecie zdjęcie pokazuje go z rodzicami: jego ojciec, mój dziadek; krótkie skórzane spodnie (u dorosłych mieszczuchów należały do wypoczynkowego uniformu nazistów,

Hitler był tu modnym wzorem), styryjski kaftan, iksowate nogi; patrzy obojętnie, omijając wzrokiem fotografa, jakby znalazł się na zdjęciu przypadkiem. Niedługo przedtem dziadek wstąpił do SS, w wieku sześćdziesięciu czterech lat! Otrzymał numer 340 111 i — honorowo — rangę untersturmführera SS, munduru mu nie dali. Na fotografii spoziera markotnie. Może nie potrafi przeboleć, że jego syn, któremu sam kupił pierwszy karabin, przez niedbalstwo na polowaniu zastrzelił małego naganiacza? Natomiast ojciec i babcia uśmiechają się do aparatu, babcia wręcz promienieje, widać po niej, jaka jest dumna z syna w mundurze. Ma on na lewej piersi odznaczenie, Krzyż Zasług Wojennych drugiej klasy z mieczami, który dostał w styczniu tego roku. Już po wypadku na polowaniu. Nie wiem, za co go wyróżniono, właściwie mógł otrzymać odznaczenie chyba tylko za akcję na Kaukazie, o której nic nie potrafiłem znaleźć. Za służbę w gestapo w Linzu nie dawano odznaczeń wojennych, na początku 1944 roku region Górny Dunaj nie był jeszcze teatrem wojny.

Matka tymczasem znów przebywała w domu, w Linzu, u męża. Zakładam, że ojciec przed wyjazdem na Wschód widział ją i dziecko. Nie byłem pięknym niemowlęciem, jak opowiadała mi matka, a nieliczne fotografie z tamtego okresu potwierdzają jej osąd. Gruby, z szerokim nosem i łysą czaszką, na dodatek w klinice, w Bad Hall, dostałem żółtaczki i tamtejsze pielęgniarki nazywały mnie czule Dżyngis Chanem. W dzienniku wypraw ojca odkryłem między dwiema pustymi stronicami mały, związany kawałkiem przędzy loczek, który jednak musiano mi obciąć później, bo w czerwcu 1944 roku jeszcze nie miałem na głowie żadnego włoska.

Na początku lipca oddział specjalny 7a dotarł do Białegostoku na granicy z Białorusią. Przez krótki okres nikt nie dowodził oddziałem. Dotychczasowy dowódca, sturmbannführer SS Helmut Looss, został wezwany do Berlina („Po przekazaniu obowiązków służbowych sturmbannführerowi SS, dr. Bastowi, stawi się pan niezwłocznie w dyrekcji biura I w Głównym Urzędzie Bezpieczeństwa Rzeszy celem odebrania dalszych rozkazów"); opuścił jednostkę jeszcze przed przyjazdem swego następcy. Oprócz członków gestapo, SD i policji kryminalnej do oddziału przydzielono tłumaczy i rosyjskich ochotników, tak zwanych *hiwisów* („chętnych do pomocy"); oni również nosili mundury Waffen-SS, ale bez godła z orłem i znaków runicznych na kołnierzu — w sumie około stu osiemdziesięciu ludzi. Oddział specjalny 7a dzielił się na rozmaite pododdziały, które niekiedy w chaosie odwrotu traciły ze sobą łączność. 20 lipca 1944 roku główne siły oddziału stacjonowały w Wygodzie, we wsi na północnowschodnich peryferiach Białegostoku. Członkowie jednostki wiele lat później pamiętali tę datę tak dokładnie, ponieważ owego dnia dokonano zamachu na Hitlera. W Wygodzie do oddziału dołączył mój ojciec.

Kim byli ludzie, którymi miał dowodzić? W oddziałach specjalnych panowała spora fluktuacja, wciąż kogoś do nich przydzielano, kogoś przenoszono gdzie indziej, ale część członków oddziału 7a miała już dłuższy staż i brała udział w akcjach wiosną 1942 roku pod ówczesnym dowództwem Alberta Rappa. Rapp przeprowadził w Rosji wiele egzekucji masowych, między innymi w Klincy, Dobruży, Starodubie. Przebieg rozstrzeliwań opisywali po wojnie naoczni świadkowie, na przykład żandarm polowy, który wiosną 1942 roku stacjonował ze swoją jednostką w Klincy w Rosji środkowej, na linii kolejowej łączącej Homel i Briańsk.

Świadek, policjant z zawodu (po wojnie znów go wykonywał, jakby nic się nie stało), występujący tu jako Josef B., zeznał, że chciał raz zobaczyć, jak wyglądają egzekucje, zlecił więc swojemu tłumaczowi, by ten się wywiedział, kiedy będzie jakieś większe rozstrzelanie. Ów człowiek, zgodnie z poleceniem, ustalił to i Josef B. pojechał wraz z tłumaczem (Rosjaninem niemieckiego pochodzenia) do lasu w pobliżu stadionu w Klincy, gdzie trwały przygotowania do akcji. Zobaczyli podłużny dół, mniej więcej dwu i półmetrowej głębokości, szeroki na trzy metry, nad którym rozstawili się funkcjonariusze SD i rosyjskiej służby porządkowej (OD). Następnie przywieziono ciężarówkami ofiary, Żydów i Cyganów. Na drodze od samochodów do dołu — przypominał sobie świadek — ludzie z SD i OD utworzyli szpaler, wzdłuż którego pędzono przywiezionych. Na jego końcu stało dwóch esdeków, którzy strzelali dorosłym ofiarom z pistoletu w kark i strącali je do dołu. Rozstrzeliwano głównie kobiety i dzieci, były tam też kobiety z niemowlętami; świadek miał jeszcze przed oczyma obraz kilku matek, które po drodze do dołu podawały dzieciom pierś, aby je uspokoić. Tuż przed dołem wyrywano dzieci matkom. Najczęściej dzieci zabijano najpierw, na oczach matek.

Dzieci bardzo małe — opowiadał sędziemu śledczemu Josef B. — esdecy podnosili za ramię, strzelali im w głowę i niedbale ciskali do dołu jak kawałek drewna. Nieco większe musiały się kłaść na skraju dołu twarzą do ziemi, esdek pochylał się nad nimi i strzelał im w głowę z góry, po czym równie niedbale spychał je nogą do dołu. Świadek pamiętał jeszcze małego chłopca, najwyżej dziesięcioletniego, który idąc w stronę dołu bezustannie z płaczem pytał o coś matkę. Świadek zagadnął tłumacza, czego chce ten chłopak. „Pyta matkę — odparł tłumacz — czy będzie bolało".

Egzekucje przeprowadzano z reguły, używając pistoletu służbowego PPK 7,65 mm, którego magazynek mieścił sześć pocisków. Kiedy był pusty, strzelec cofał się, żeby włożyć nowy, a inny stawał na jego miejscu.

Świadek, jak sam zeznał, obserwował tę procedurę przez dwie godziny, a kiedy się napatrzył, odjechał do swojej kwatery. Oddział specjalny 7a rozstrzelał według raportu bieżącego nr 194 z 21 kwietnia 1942 roku w sumie 1657 osób, w tym 1558 Żydów, czterdziestu pięciu Cyganów oraz dwudziestu siedmiu partyzantów i komunistów. Albert Rapp uchodził wśród swoich ludzi za „wściekłego psa"; ułożyli nawet na cześć komendanta piosenkę, którą śpiewali na melodię „A przed nami Madagaskar". Zaczynała się od słów: „Bijemy się o Rappa cześć...".

„Cześć Niemca", „człowiek wielkiej czci" — jakże często to słyszałem. Postawa czcigodna, twój ojciec postępował zawsze czcigodnie — wbijała mi do głowy babcia. Jeśli ktoś cię spyta, co robił, mów, że był radcą rządowym.

Albert Rapp przywiązywał wielką wagę do tego, aby wszyscy członkowie oddziału specjalnego brali udział w rozstrzelaniach; każdy miał wystawić na próbę swoją „nieustępliwość na Wschodzie", swoją twardość. Na początku 1943 roku Rapp został ranny z rąk partyzantów i odwołany (po wojnie zapadł się pod ziemię, aresztowano go w 1961 roku, a w 1965 za zbrodnię wielokrotnego morderstwa na 1180 osobach Sąd Krajowy w Essen wydał nań wyrok dożywotniego pozbawienia wolności). Później oddział specjalny 7a uczestniczył głównie w zwalczaniu partyzantki, kolejne akcje nosiły zmyślne kryptonimy jak „Lodowy Kwiat" albo „Brudas". Pod dowództwem Helmuta Loossa nie odbywały się podobno masowe egzekucje, co nie oznacza, że nie likwidowano ukrywających się Żydów, którzy zostali pojmani podczas akcji antypartyzanckich.

O masakrach niektórzy świadkowie opowiadali tak, jakby chodziło o ciekawostkę, której nie należy przegapić podczas urlopu, skoro już się pojechało w takie miejsce (po wojnie u niektórych członków sekcji interwencyjnych skonfiskowano albumy fotograficzne ze zdjęciami z egzekucji, prywatnymi fotkami na pamiątkę); kiedy czytałem ich opisy, zadawałem sobie pytanie, czy mój ojciec był inny, lepszy niż Albert Rapp i inni dowódcy oddziałów interwencyjnych, którzy zarządzali masowe egzekucje. Czy na ich miejscu postępowałby identycznie? Czy jest jakaś różnica, gdy każe się rozstrzelać pięciu, dziesięciu, pięćdziesięciu lub pięciuset ludzi, czy też staje się to już tylko kwestią techniczną, problemem odpowiedniego rozplanowania?

Z uczestnikami masakr w Rosji (niektórzy się nimi „upajali", jak wspominał potem jeden z członków oddziału specjalnego) w lipcu 1944 roku ojciec szedł na Warszawę; front był coraz bliżej. Gdzieś po drodze, lub może dopiero później — zeznania nie są tu zgodne — oddział wziął około piętnastu czy dwudziestu polskich zakładników, rzekomo właścicieli ziemskich, którym zarzucano, że dają pieniądze polskim partyzantom. 31 lipca 1944 roku, w przeddzień wybuchu Powstania Warszawskiego, oddział przemaszerował przez polską stolicę — jeszcze panował spokój. Jednostka 7a, nazywana wtedy od nazwiska nowego dowódcy „oddziałem specjalnym Bast", najpierw zajęła kwatery w Błoniu, dwadzieścia kilometrów na zachód od Warszawy, następnie część sił, w tym dowództwo i tabor, przeniosła się do dworu w Radziejowicach, niedaleko ośrodka włókienniczego Żyrardów. Inna część została w Błoniu, jeszcze inne rozlokowały się po okolicznych wsiach. Członkowie oddziału opisywali dwór, należący rzekomo do hrabiny Krasińskiej, jako zamek; przypominali sobie jednopiętrowy, jasny budynek z wieżą, który stał nad małym zalewem utworzonym przez rzeczkę Pisię, a otaczały go ogrody warzywne i pola. W Radziejowicach, obok dworu, był jeszcze budynek gospodarczy, tartak i młyn. Zakładnicy zostali zamknięci w czymś, co jeden z naocznych świadków opisywał jako swego rodzaju kasztel. Z pierwotnego wyposażenia pałacu nic nie zostało, skromne sprzęty pochodziły z zasobów Wehrmachtu. Oddział specjalny 7a stacjonował w Radziejowicach do połowy września.

Niepodobna ustalić, co w owych tygodniach mój ojciec i jego ludzie robili we dworze. Członkowie oddziału zeznawali po wojnie przed różnymi instancjami śledczymi, że tkwili tam bezczynnie, grali w piłkę, chadzali polować w okolicy, trochę łowili ryby w rzeczce i w ogóle był to dla nich dobry czas. W tym dobrym czasie w Warszawie, oddalonej o niespełna trzydzieści kilometrów, szalało powstanie polskiego ruchu oporu, w którym po obu stronach brało udział po czterdzieści tysięcy walczących i które trwało do początku października. W niektóre dni, przy wschodnim wietrze, musiały nadciągać od Warszawy gęste chmury czarnego dymu; Niemcy podpalali tam bowiem ulicę za ulicą, by wykurzyć powstańców i cywilów, którzy oszańcowali się w domach. Pomruk grzmiących w Warszawie dział musiał być słyszalny daleko za Radziejowicami.

Wśród Polaków powstanie, które Niemcy stłumili używając wszelkich dostępnych środków, z największą brutalnością, zabrało sto siedemdziesiąt tysięcy ofiar, dwadzieścia tysięcy żołnierzy i sto pięćdziesiąt tysięcy cywilów; wielu rozstrzelano w masowych egzekucjach. Niemcy stracili dziesięć tysięcy ludzi. Po zakończeniu powstania za pomocą miotaczy ognia i dynamitu zamienili polską stolicę, która srodze ucierpiała już podczas walk, w jedno wielkie gruzowisko.

Trudno sobie wyobrazić, by warszawski dowódca SS i policji, którego oddziały za sprawą powstańców znalazły się początkowo w poważnej opresji, zrezygnował ze wsparcia jednostki wyspecjalizowanej w likwidowaniu partyzantów i cywilów. Zwłaszcza jeśli ta jednostka stacjonowała na obszarze bezpośrednio podległym jego rozkazom. Niektórzy członkowie oddziału, wśród nich mój ojciec, kilkakrotnie podczas powstania wyjeżdżali samochodem z Radziejowic — tyle wiadomo na pewno. Jeden świadek zeznał po wojnie, że dr Bast raz pojechał do Warszawy, aby wydostać jakieś składowane tam środki zaopatrzenia; towarzyszyło mu w tym wypadzie kilku członków oddziału. Inny świadek, podówczas szef administracyjny w jednostce, uczestniczył w kilku wyjazdach po wybuchu powstania. Opowiadał, że raz napotkali samochód, w którym siedział obergruppenführer SS, Erich von dem Bach-Zelewski i kilku oficerów. Bach-Zelewski powiedział, że otrzymał rozkaz stłumienia akcji powstańczej i chce wieczorem odbyć naradę; oczekuje, że dr Bast weźmie w niej udział. Szef rzeczywiście pojechał na owo spotkanie, zeznał administrator; pamiętał też, że Bach-Zelewski był przy tej okazji trochę podpity. Co omawiano na spotkaniu, świadek nie umiał powiedzieć.

Nie wiem. Tego nie widziałem. Nic o tym nie słyszałem. Nic takiego nie zauważyłem. Przy tym mnie nie było. Takie i podobne frazy pojawiają się stale w zeznaniach świadków, które utrwalono dwadzieścia lat po wojnie. Zbiorowa amnezja. Ślepota. Głuchota. O niczym nie wiedzieliśmy.

Stłumienie Powstania Warszawskiego nie zmieniło nic w przebiegu wojny. W czerwcu 1944 roku alianci wylądowali w Normandii, w sierpniu — we Francji południowej. Również nacierających wojsk sowieckich nie udało się powstrzymać. Dotarły do Warszawy już w czasie powstania, zatrzymały się jednak na prawym brzegu Wisły, na Pradze, nie przychodząc powstańcom z pomocą. W sierpniu wybuchło też powstanie w Słowacji, wymierzone zrazu w rząd hitlerowskich sprzymierzeńców. Kiedy walki się rozprzestrzeniły, wkroczyły tam oddziały niemieckie, żeby je zdławić. Również oddział specjalny 7a został przeniesiony do Słowacji.

W połowie września członkowie oddziału wraz z całym ekwipunkiem zapakowali się w Żyrardowie do pociągu. Zakładników, których przywlekli do Radziejowic, rozstrzelano. Tak zeznał członek OS 7a, który służył w Radziejowicach jako kierowca i pisarz. „Pamiętam, że w Radcziowiczach (*sic!*) rozstrzelano pewnego dnia około dwudziestu Polaków". Miało się to zdarzyć w parku przy dworze. Kto wydał rozkaz: dr Bast czy jego zastępca, świadek nie potrafił powiedzieć. Utkwiło mu tylko w pamięci, że rozstrzelano zakładników. W końcu nie można ich było zabrać na Słowację, byliby tam bezwartościowi. Więc ich zlikwidowano. Od tego był oddział specjalny. Żeby rozstrzeliwać ludzi. Żydów, Cyganów, polskich zakładników. Najwyraźniej nikt nie wpadł na pomysł, żeby przed odjazdem puścić wolno polskich właścicieli ziemskich. To, czy mój ojciec osobiście wydał rozkaz rozstrzelania (być może miał tego dnia naradę z generałem von dem Bach-Zelewskim), nie jest takie ważne; był dowódcą oddziału, który ochrzczono jego nazwiskiem, ponosił odpowiedzialność, krew piętnastu czy może dwudziestu zakładników (co do precyzyjnej ich liczby nie było pewności, kilku zabitych mniej lub kilku więcej nie sprawiało różnicy) plamiła jego ręce. Przynajmniej w obrazowym opisie tego faktu.

O rozstrzelaniu zakładników, ba, o udziale oddziału dowodzonego przez ojca w wojnie na terenie Polski, dowiedziałem się dopiero podczas pracy nad tą książką — po czterdziestu latach mojego zainteresowania Polską. Studiowałem w Warszawie, tłumaczę polską literaturę. „To dla mnie zagadka", mawiała moja babcia, nie wiedziała, dlaczego ciekawi mnie akurat Polska, polski język i literatura, co też mnie ku temu skłoniło. Teraz rozumiem niedowierzanie, z jakim dawała temu wyraz.

22.

Był przejmująco chłodny poranek listopadowy, kiedy wyruszałem z Bańskiej Bystrzycy w stronę gór i Ružomberoka. Szron jak drobniutki cukier pokrył brązową trawę, nagie krzewy i śmieci przy drodze. W jakimś ogrodzie wisiała na sznurku zesztywniała od mrozu bielizna i kolebała się na wietrze niczym cienkie deszczułki. W Wielkiej Fatrze, paśmie górskim ciągnącym się między Bańską Bystrzycą a Ružomberokiem, wpadłem w gęstą zamieć, która wzięła się jakby z niczego i równie nagle ustała. Ružomberok wyglądał kontemplacyjnie w bladym świetle zimowego słońca.

W tym mieście w środkowej Słowacji, nazywanym przez Niemców Rosenberg, oddział specjalny 7a założył w listopadzie 1944 roku swoją bazę. Z Żyrardowa najpierw wysłano ojca i jego ludzi do Senicy, niewielkiej miejscowości na północ od Bratysławy. Tam główne siły jednostki spędziły sześć tygodni, mniejsze grupy stacjonowały w miasteczkach Myjava i Stará Turá. Główne zadanie oddziałów specjalnych polegało na zwalczaniu słowackich powstańców i partyzantów, w oficjalnym nazewnictwie niemieckim określanych jako „bandyci".

Rzadko zasiedlone regiony górskie Słowacji nadawały się idealnie do działań partyzantów, którzy w 1943 roku utworzyli pierwsze jednostki; dołączali do nich słowaccy bojownicy ruchu oporu, sowieccy uciekinierzy z obozów jenieckich oraz Żydzi. Członkowie oddziału specjalnego szczególnie gorliwie ścigali Żydów, którzy przebywali jeszcze na ich terenie, ukryci po wsiach i lasach (klerykalno-faszystowski reżim słowacki już w 1942 roku zorganizował deportację pięćdziesięciu ośmiu tysięcy Żydów do niemieckich obozów śmierci). Albo rozstrzeliwano ich na miejscu, albo deportowano do założonego przez rząd słowacki obozu pracy dla Żydów w Sered; Niemcy przekształcili go w obóz koncentracyjny, z którego wyjeżdżały transporty do Auschwitz.

Na Słowacji oddział specjalny 7a nie podlegał już sekcji interwencyjnej B, lecz stworzonej specjalnie do walki z powstaniem sekcji interwencyjnej H, stacjonującej w Bratysławie. Dowództwo sprawował standartenführer SS, Josef Witiska, dobry znajomy ojca z Grazu; pracowali tam razem w gestapo. W raporcie z działalności OS 7a za okres 27 września–7 października 1944 napisano w punkcie 2., „Żydzi": „W okresie 1.10.–6.10.1944 na obszarze działania oddziału przeprowadzono akcję wyłapywania Żydów. We współpracy z gwardią Hlinki i słowacką żandarmerią złapano łącznie 158 Żydów".

Ze zwięzłego raportu nie wynika, że wszystkich pojmanych Żydów zamordowano, to się rozumiało samo przez się. Licząca równo pięć tysięcy ludzi gwardia Hlinki, nazwana imieniem księdza i nacjonalistycznego polityka Andreja Hlinki, który do śmierci w 1938 roku działał w Ružomberoku, była paramilitarną formacją, znaną z antysemickich ekscesów i ścisłej współpracy z Niemcami.

22 września 1944 roku moja matka wysłała ojcu zdjęcie, na którym widać ją ze mną na ręku, jak stoi na tle krzewu (wydaje mi się, że rozpoznaję miejsce w naszym ogrodzie w Linzu, gdzie zrobiono ową fotografię). Mam cztery miesiące, żadnego włoska na głowie, matka uśmiecha się szczęśliwie. Na odwrocie zapisała datę. Minął akurat tydzień jego pobytu na Słowacji. Adres pocztowy brzmiał: Dr Gerhard Bast, oddział specjalny 7a, przy szefie sekcji interwencyjnej H policji bezpieczeństwa i SD w Preßburgu.

Musiała zatem wiedzieć, że dowodził oddziałem specjalnym. Czy miała pojęcie, co należy do zadań oddziału specjalnego sekcji interwencyjnej — do zadań jego oddziału? Czy kiedykolwiek go o to pytała? Nigdy o tym nie rozmawialiśmy.

Nie wiem, czy odwiedzał nas w swoim okresie słowackim, od września 1944 do marca 1945 roku. Wyjazdy służbowe członków sekcji interwencyjnej na „ojczysty obszar wojny", jak oficjalnie nazywano już wtedy Marchię Wschodnią, wymagały specjalnej zgody Josefa Witiski. Poza tym matka nadal pozostawała żoną mojego ojczyma, mieszkała z nim. W każdym razie w mocno przetrzebionych dokumentach oddziału specjalnego 7a po takim wyjeździe nie został żaden ślad. Prawdopodobnie tylko wymieniali listy. Dużo później, kiedy miałem około czternastu lat, matka dała mi jeden, przypuszczalnie jedyny list, jaki wtedy do mnie napisał: drukowanymi literami, zdobny w śliczne rysunki kolorową kredką, przedstawiające zwierzęta i ludzi; była to mała historyjka obrazkowa, spisana i zilustrowana dla syna, który jeszcze nie umie czytać, na pamiątkę od kochającego taty. Kiedyś później, w przystępie rozpaczy, a może wściekłości, spaliłem ten list. Z jego tekstu nie zapamiętałem nic.

30 października „za nadzwyczajne zasługi" ojciec został odznaczony przez prezydenta Republiki Słowackiej Wojskowym Krzyżem Zwycięstwa trzeciej klasy z mieczami; na czym owe zasługi polegały — nietrudno zgadnąć. (W ciągu niespełna siedmiu miesięcy swojej działalności na Słowacji dostał, oprócz wspomnianego, jeszcze dwa odznaczenia: Krzyż Zasług Wojennych pierwszej klasy z mieczami i Medal Zasługi dla Narodów Wschodu drugiej klasy w srebrze). Na początku listopada oddział specjalny 7a przeniósł się koleją z Senicy na północny wschód, do Ružomberoka, gdzie kwaterował w byłej siedzibie Sądu Powiatowego. W budynku nazywanym starym kasztelem, na prawym brzegu rzeki Váh (Waag), oddział prowadził więzienie. Oprócz Ružomberoka miał też swoje przyczółki czy punkty meldunkowe, obsadzone często tylko kilkoma ludźmi, w miejscowościach Turčianský Marin, Trstená, Liptovský Mikuláš i Námestovo.

Kiedy szukałem starego kasztelu nad brzegiem Váhu, trafiłem na ogromny supermarket. Z daleka sądziłem w pierwszej chwili, że istotnie mam przed sobą zakład karny, bo fasada i część dachowa centrum handlowego stanowiły odwzorowanie więzienia, ze swoistymi flankami w postaci wieżyczek strażniczych na rogach. Kawałek disneylandu. Za supermarketem, ściana w ścianę, znajdują się pozostałości kasztelu: grube, świeżo wyremontowane mury, puste okna zabite deskami. Zapytałem pracownika supermarketu, co ma się mieścić w tych starych murach; wzruszył ramionami — są różne plany.

Postanowiłem zrobić rundę po mieście, zaczynając od małego pasażu w historycznym centrum, gdzie biegną ulice Podhora, Panská i Mostová: stare kamienice z okresu założycielskiego, złuszczone fasady, mroczne bramy, sklepy odnowione byle jak, dużo plastiku; w jakimś sklepie z telefonami komórkowymi, utrzymanym w barwie pomarańczowej — pomarańczowe sprzęty, ściany, kurtki sprzedawców — tłoczyli się młodzi ludzie, z głośników wiszących nad kilkoma innymi sklepami grzmiała muzyka. Na działce, gdzie trwały prace wyburzeniowe, krzątali się Cyganie, żelaznymi grabiami i szuflami równali zagruzowany teren. Powoli minął mnie samochód policyjny, młody funkcjonariusz przypatrzył mi się chłodno przez lustrzane okulary słoneczne, jakie noszą amerykańscy *highway sheriffs* na hollywoodzkich filmach. Na Panskiej stanąłem nagle przed synagogą, wysoką budowlą w mauretańskim stylu z 1880 roku, pustą i letargiczną. Ujrzałem kilka wybitych szyb, ale żadnych antysemickich graffiti, jakie widzi się na każdym kroku w Polsce. Przed wojną gmina żydowska w Ružomberoku liczyła dokładnie dziewięćset dusz, wśród Żydów dominowali zamożni handlowcy, lekarze, adwokaci, tylko garstka przeżyła Holokaust. Obok kawiarni o słodkiej nazwie „Včela" (Pszczoła), naprzeciw synagogi, stała grupa młodych ludzi w skórzanych kurtkach, palili papierosy i w regularnych odstępach, jak na komendę, spluwali na ziemię. Stromymi schodkami dostałem się do kościoła, białej, potężnej budowli na wzgórzu, która króluje nad miastem; obok znajduje się mauzoleum Andreja Hlinki, wielkiego pasterza (*vel'ky gazda*) narodu. Na cokole stoi rosła, ascetyczna postać słowackiego Savonaroli, dziś znów obdarzanego wielką czcią. Zawróciłem do hotelu „Kultúra", gdzie mieści się też dom kultury; solidny, przedwojenny gmach, który nie zyskał na przebudowie — świadczyła o tym hotelowa widokówka z wizerunkiem budynku w latach dwudziestych i dzisiaj.

W Archiwum Powstania Słowackiego w Bańskiej Bystrzycy wygrzebałem dokument informujący o tym, że 9 grudnia 1944 roku słowacki minister spraw wewnętrznych i dowódca gwardii Hlinki, Alexander (Šano) Mach, przyjechał do Ružomberoka i spotkał się przy kolacji w domu kultury z komendantem stacjonujących tu wojsk niemieckich i szefem SD, sturmbannführerem SS, dr. Bastem. Słowacki minister i mój ojciec zgodzili się, że zjednoczone siły słowackie i niemieckie muszą podjąć bezkompromisowe działania przeciw powstańcom i Żydom. Obaj podkreślali dobrą współpracę gwardii Hlinki i instancji niemieckich.

Siedziałem w przestronnej restauracji hotelowej nad kieliszkiem czerwonego wina, byłem jedynym gościem. Młoda, pulchna kelnerka w minispódniczce i białym fartuszku stała w kącie i obserwowała mnie jak pies gończy; nie miałem odwagi poruszyć dłonią, bo najdrobniejszy gest odczytywała jako wezwanie, by przybiec do mojego stołu i zapytać, czego sobie życzę. Niczego sobie nie życzyłem, siedziałem po prostu jak odrętwiały i wyglądałem na ulicę, nad którą z wolna zalegał zmierzch.

W okręgu Ružomberok oddziały specjalne prowadziły liczne działania przeciw powstańcom i partyzantom, często chodziło o tak zwane akcje karne po napaściach na Niemców mieszkających w Rosenbergu (Ružomberok) i okolicznych wsiach — w środkowej Słowacji żyła znaczna mniejszość niemiecka. Na początku walk powstańczych, w niektórych miejscowościach, również w Ružomberoku, dochodziło do masakr Niemców. Większość członków oddziału specjalnego 7a, przepytywanych przez niemieckich śledczych po 1945 roku, umiała przypomnieć sobie jedynie akcje antypartyzanckie. Podkreślali oni przy tym, że sami wykonywali jedynie zadania zwiadowcze i przygotowywali interwencje, nie uczestniczyli natomiast w walkach; te były sprawą pomocniczego oddziału rosyjskiego (lub ukraińskiego, opinie pozostawały tu rozbieżne), czyli obcej narodowościowo kompanii Waffen-SS pod dowództwem untersturmführera SS, Claudiusa Billerbecka; od jego nazwiska wywiedziono nazwę jednostki: „kompania Billerbeck". Jeden ze świadków, z zawodu przedsiębiorca taksówkowy, zeznał w Norymberdze w 1971 roku, że dopóki on był w oddziale, bynajmniej nie popełniano zbrodni wojennych, a już na pewno nie rozstrzeliwano Żydów. Zawsze dbał o to, aby na podlegającym mu terenie nie przebywali Żydzi, a jeśli już meldowano o nich, starał się, by nie ujawniano ich miejsca pobytu. Inny świadek, Josef Maurer, który w oddziale specjalnym pełnił funkcję dozorcy taboru, wedle własnych zeznań w ogóle „nie zauważył, że na Słowacji prowadzono działania bojowe". Był całkowicie pochłonięty obsługą pojazdów. „O rozstrzelaniach partyzantów czy innych osób w Rosenbergu nic mi nie było wiadomo", oświadczył w zeznaniach.

Podczas przesłuchań niejakiego Františka Brettschneidera, tłumacza oddziału specjalnego w Ružomberoku, przed sądem czechosłowackim w 1946 roku przywołano jednak incydent, który postawił niegdysiejszego dozorcę taboru w nieco innym świetle. A zatem 7 grudnia 1944 roku na rozkaz dr. Basta należało przewieźć z Ružomberoka w inne miejsce dwóch słowackich aresztantów, powstańców Ľudovíta Hrubonia i Pavola Matulę — pod eskortą, której członkiem był hauptscharführer SS, Josef Maurer; tłumacz sądził, że do Bratysławy, zapytał więc, czy może się zabrać. Na leśnych obrzeżach gminy Hrboltová, niedaleko Ružomberoka, samochód stanął i Niemcy, w liczbie pięciu, poszli ze Słowakami w głąb lasu; jeden z Niemców wziął z sobą szpadel. Dokładnie po czterdziestu minutach Niemcy wrócili, bez więźniów. Tłumacz spostrzegł, że Maurer miał teraz na nogach dobre buty, które przedtem nosił Hruboň. Robotnicy leśni znaleźli później zwłoki, pochowano je na cmentarzu w Hrboltovej.

Tylko nieliczni członkowie oddziału specjalnego 7a otwarcie przyznali się po wojnie do rozstrzeliwania Żydów, w którym sami brali udział. „Rozkazy likwidacji Żydów — zeznawał do protokołu były untersturmführer SS, Willi Dadischek, w 1961 roku — uważałem za prawomocne. Nie nabrałem wątpliwości również wtedy, gdy musiałem sam uczestniczyć w egzekucjach. Absolutnie podzielałem opinię, że wszystko, co kierownictwo państwa zarządza w kwestii Żydów, zwłaszcza ich wytępienie, jest słuszne. Wyznawałem pogląd, że likwidacje Żydów służą pomyślności narodu i ówczesnym celom wojennym".

Również ówczesny oberscharführer SS, Ernst Wannert, w cywilu magazynier, w oddziale 7a „referent do spraw grup bandyckich", jeszcze po latach przypominał sobie rozstrzelania, jednak — wyłącznie partyzantów. Ze względu na ciągłe napady bandyckie — wedle magazyniera — wysyłano oddziały do łapania partyzantów. Złapanych „bez wyjątku stawiano przed dr. Bastem, który decydował o ich dalszym losie". „Bez wyjątku" aresztowano ich i przesłuchiwano. „Jeśli okazywało się, że któryś więzień uczestniczył w jakichś okrucieństwach, wtedy dr Bast na mocy swoich pełnomocnictw nakazywał rozstrzelanie takiego więźnia. Ogólnie biorąc jednak — ciągnął świadek — dr Bast postępował humanitarnie, przede wszystkim nie miał w sobie nienawiści do Żydów. Kiedyś, podczas przeczesywania lasu przyprowadzono do niego, jako dowodzącego akcją, ośmioro Żydów, mężczyzn, kobiety i dzieci. Dr Bast w obecności świadków powiedział dosłownie: «Wypuśćcie tych biedaków!». Tak też się stało".

Kiedy o tym czytałem, zadawałem sobie pytanie, czy rzeczywiście tak się wszystko odbyło. Zbyt łatwo gotów byłem uwierzyć w słowa magazyniera. Czyżby tak długo przechował w pamięci dokładne brzmienie zdania, które wypowiedział ojciec, darując Żydom wolność? Z drugiej strony, dlaczego magazynier miałby kłamać? Nie można naturalnie wykluczyć, że chciał przedstawić akcję na Słowacji w łagodniejszym świetle, z jego perspektywy to rzecz oczywista, bądź co bądź składał zeznanie w 1971 roku na policji kryminalnej. Wiarygodność świadka podważyło jego własne stwierdzenie, jakoby „nigdy nie stały [mu] się znane" przypadki zabójstw Żydów lub innych osób cywilnych na Słowacji.

Do końca października 1944 roku wojskom niemieckim, wspieranym przez oddziały interwencyjne i jednostki Waffen-SS, udało się zdławić powstanie słowackie, ale powstańcy nie skapitulowali, lecz nadal prowadzili w górach wojnę partyzancką. 16 stycznia 1945 roku oddział specjalny 7a, wspomagany przez kompanię Billerbeck, przeczesywał osiedla w górzystym regionie Donovaly, na południe od Ružomberoku, w poszukiwaniu partyzantów i ukrywających się Żydów. Górskie wsie leżały w głębokim śniegu. W przysiółku Bully odkryto w ziemiance z gołych kamieni, u Karolíny Bullovej, siedmioro Żydów. Zostali wraz Bullovą żywcem spaleni w jej chacie. W domu Františki Bullovej, nazywanym przez wieśniaków „Reginą", również wytropiono Żydów. Zostali rozstrzelani. Ten dom także spalono. Tak samo postąpili Niemcy w przysiółku Polianka, gdzie znaleźli kilkoro Żydów u Františka Bulli; rozstrzelali ich razem z żoną Bulli, Liną Bullovą. W sumie zamordowano tego dnia dwadzieścia jeden osób.

Kiedy przyjechałem do Donovaly, zacząłem szukać na leżącym przy ulicy cmentarzu mogił Karolíny i Liny Bullovych. Szedłem wzdłuż szeregów wykutych z żelaza krzyży i nagrobków; na wielu widniało nazwisko Bulla lub Bullová i nabożne sentencje w rodzaju: *Nech je im zem slovenská l'ahka!* (Niech im ziemia słowacka lekką będzie). Grobów obu dzielnych góralek nie znalazłem. Skulony staruszek niósł w żółtej, plastikowej konewce wodę na świeży nagrobek, kątem oka dojrzałem wymalowane na drewnianym krzyżu nazwisko: Bullová. W starej części cmentarza tkwiło w wysokiej trawie kilka zardzewiałych krzyży, czas i deszcz zatarły nazwiska na tabliczkach.

Usiadłem na przycmentarnej ławce i wyciągnąłem protokół, który odkryłem w archiwum w Bańskiej Bystrzycy. Spisano go 18 stycznia 1945 roku w Donovaly, w obecności naczelnika gminy, Antona Longauera, miejscowego księdza, przewielebnego Wojtęcha Kambali, dyrektora szkoły powszechnej, Rudolfa Čunderlíka, oraz jednego z mieszkańców, Ludvíka Miartuša. Chodziło o ustalenie tożsamości ludzi zamordowanych dwa dni wcześniej. Osoby, które poddawały zwłoki niewprawnym oględzinom, podały do protokołu wszystkie widome cechy okrutnie zmasakrowanych szczątków, leżących przed nimi w świeżym śniegu styczniowym.

Kollárová — zanotowano w dokumencie — ok. 145–150 cm, ciemny odcień skóry, czerwona bluzka, ok. 35 lat, religia izraelicka. Nie miała przy sobie dokumentów. Wśród zabitych był też jej syn i mąż; syn, jak zapisano w protokole, został zastrzelony w piżamie. Tożsamość męża Kollárovej udało się ustalić tylko z pewnym prawdopodobieństwem, tak bowiem zwęglone były zwłoki. Żydówka Júlia Sairingerová z Bratysławy w chwili śmierci miała na sobie kawową sukienkę i żakiet w tym samym kolorze. Zastrzelono ją w domu Františka Bulli. Nazwisk niektórych zmarłych nie potrafił podać nikt z mieszkańców wsi. Byli tam dwaj mężczyźni, jeden ok. 170 cm wzrostu, drugi, mający na sobie strzępy garnituru w prążki, nieco wyższy, dziewczyna, ok. 150 cm wzrostu, i kobieta w płaszczu z sukna i trzewikach; nic więcej nie dało się o nich napisać.

Pani Mlynárová, matka znanego lekarza z Prešova, miała na nogach zielone pończochy; ją także zastrzelono w domu Františka Bulli, podobnie jak mniej więcej trzydziestopięcioletniego bezimiennego mężczyznę o kasztanowych włosach i siwą kobietę, której wiek świadkowie szacowali na pięćdziesiąt lat. Według informacji mieszkańców, w domu Bulli przebywała babcia oraz małżeństwo z dwoma synami. Wszyscy zamordowani byli wyznania żydowskiego — z wyjątkiem obu wieśniaczek, które jednak nie leżały w śniegu na oczach przerażonych współmieszkańców, ponieważ ich tożsamość nie budziła wątpliwości. Spośród dziewiętnastu ofiar żydowskich udało się zidentyfikować tylko trzynaście, następnie zawieziono zmarłych na łąkę pewnego chłopa z Polianki, nazywaną przez miejscowych Horárska lúka, łąka leśnika, i tam ułożono ich we wspólnym grobie.

Wróciłem do samochodu. Była niedziela, Donovaly wydawało się wymarłe, dwa myszołowy, pokrzykując żałośnie, zataczały szerokie kręgi nad pobliskim grzbietem górskim. Z wyblakłej zimą leśnej zieleni błyskał tu i ówdzie modrzew — jak płonąca żółtym ogniem pochodnia.

W końcu stycznia, na początku lutego 1945 roku oddział specjalny 7a został przeniesiony do Žiliny (Sillein), na północny zachód od Ružomberoku. Zanim oddział opuścił Ružomberok, w kilku rzutach zlikwidowano więźniów starego kasztelu. Wszędzie, w Rosji, Polsce, na Słowacji, było to samo: przed odwrotem mordowano więźniów, oddział specjalny zostawiał po sobie spaloną ziemię, masowe groby. 20 stycznia dwudziestu dwóch więźniów, pojmanych powstańców i partyzantów, a wśród nich dwie młode kobiety, przewieziono z Ružomberoka do oddalonej o cztery kilometry wsi Lisková i tam, pod zalesionym wzgórzem o nazwie Medzihrádky, rozstrzelano. 26 stycznia, w lesistej, podmiejskiej okolicy Likavki, rozstrzelano jedenastu więźniów; miejscowi znaleźli zwłoki i pogrzebali na wiejskim cmentzarzu. 2 lutego, kiedy większa część oddziału znajdowała się już w Žilinie, kolejnych czternastu więźniów przewieziono do leżącej na północny wschód od Ružomberoka gminy Lúčky i w lasku znanym pod nazwą Šiare zabito strzałami w potylicę. Również w samym Ružomberoku odbywały się egzekucje.

W maju 1945 roku, już po wyzwoleniu miasta nad Váhem przez Armię Czerwoną, na dziedzińcu starego kasztelu dokonano strasznego odkrycia. Uciekający w pośpiechu Niemcy zostawiali po sobie góry odpadków. Jakiś oficer polecił wykopać wielki dół, żeby usunąć śmieci. Ledwie je rozgrzebano, natrafiono na części garderoby, buty, sztućce, plecaki i inne utensylia, a pod nimi —

na odziane zwłoki ułożone w dwóch warstwach: głowy leżących w pierwszej warstwie przy stopach tych z drugiej warstwy, dla oszczędności miejsca; w żargonie oddziałów specjalnych nazywano to „techniką sardynkową". Wszystkie zwłoki leżały z twarzą zwróconą w dół. Odsłonięto w sumie dwadzieścia dwa ciała: czternastu kobiet i ośmiu mężczyzn. Lekarz orzekł, że wszyscy zostali zamordowani strzałem w potylicę; sądząc po stadium rozkładu zwłok, musiały leżeć w dole od kilku miesięcy. Przypuszczalnie rozstrzelano więźniów w grudniu 1944 lub w styczniu 1945 roku, w służącej jako loch więzienny piwnicy kasztelu; znaleziono tam na ścianach ślady krwi i pocisków. Wiek ofiar mieścił się z grubsza w przedziale od siedemnastu do pięćdziesięciu lat. Wszyscy mężczyźni byli z pewnością żydowskiego pochodzenia, kobiety, jak uznano na podstawie ich wyglądu, prawdopodobnie także. Odzież zmarłych cechowała się dobrą jakością, zakładano więc, że należeli do stanu średniego; osobistych dokumentów nie znaleziono, jedynie przedmioty osobistego użytku, jak szczoteczki do zębów, termos, maszynki do golenia, tytoń etc. W celu identyfikacji komisja odnotywywała typowe cechy poszczególnych zwłok, dotyczące budowy ciała, koloru włosów, blizn, a także pobierała próbki garderoby, pakowała je do papierowych toreb i opatrywała numerami. Torby i opisy zmarłych zdeponowano na lokalnym posterunku policji. Każde ciało zostało oznaczone tą samą cyfrą co odpowiadająca mu torba, ażeby po ewentualnej identyfikacji krewni mogli je ekshumować. Zaraz potem, w obecności rosyjskiego komendanta miasta, majora Szmełkowa, i urodzonego w Polsce rabina, Izraela Leichtera, ofiary zostały pochowane w dwóch masowych grobach na żydowskim cmentarzu Rybárpole, na przedmieściu Ružomberoka. Po trzech salwach, odpalonych przez kompanię nad grobami, rabin wygłosił psalm.

Spośród dwudziestu dwóch ofiar nie udało się zidentyfikować żadnej, co każe przypuszczać, że również ich najbliżsi krewni oraz przyjaciele stracili życie.

W Žilinie oddział specjalny 7a stacjonował mniej więcej przez cztery tygodnie. W tym okresie mój ojciec otrzymał wiadomość, że przyznano mu Krzyż Zasług Wojennych pierwszej klasy z mieczami; na początku marca jego jednostkę przeniesiono do Senicy, w to samo miejsce, w którym siedem miesięcy wcześniej oddział rozpoczął swoją misję w Słowacji. Armia Czerwona zbliżała się niepowstrzymanie, a partyzanci nasilili swoje działania na północy, od strony Przełęczy Dukielskiej, i na wschodzie, w rejonie Karpat. Wojska niemieckie i sprzymierzone z nimi formacje słowackie zaczęły się szykować do ucieczki. Kiedyś, w marcu 1945 roku, oddział specjalny 7a wycofał się z Senicy w kierunku Brna, gdzie został rozwiązany. Część żołnierzy wysłano do Pragi, innych do Salzburga, dla wzmocnienia owianej legendą „twierdzy alpejskiej", która tak naprawdę istniała tylko w fantazji Hitlera i jego ostatnich stronników. Mój ojciec pojechał do Linzu. Czy otrzymał stosowny rozkaz wymarszu, czy też sam go sobie wystawił — na podstawie dostępnych mi dokumentów nie mogłem ustalić.

Rozstrzelania, ekshumacje, protokoły ze szczegółowymi opisami zwłok, które wydobywano z masowych grobów albo odnajdywano niepogrzebane, w starym kasztelu w Ružomberoku, pod szczytem Medzihrádkym, w lasku Šiare koło Lúčky, na łące leśnika w pobliżu Donovaly; wyliczenia i kategorie śmiertelnych obrażeń, opis znalezionych przy zmarłych części garderoby, wypowiedzi świadków w wielu przypadkach będących sprawcami; wszystkie te oryginalne dokumenty, raporty, protokoły z przesłuchań i adnotacje w aktach — wszystko, co zgromadziłem i wciąż od nowa czytałem, wywoływało w mojej wyobraźni jedynie nieostre obrazy — jak zdjęcia za wcześnie wyjęte z wywoływacza, na których można rozpoznać tylko kontury, a cała reszta należy do fantazji. Kiedy wałęsałem się i rozglądałem wśród zachwaszczonych mogił cmentarza w Donovaly, to tu, to tam rozgarniając zielsko na grobie, przeszło mi przez głowę, że tak wyglądała cała moja praca — próbowałem rozszyfrować coś, co na zawsze pozostanie fragmentaryczne. Wtedy zrozumiałem, że nigdy nie znajdę odpowiedzi na dręczące pytanie, jak to możliwe, że akurat mój ojciec „na mocy swoich kompetencji" kazał popełniać takie czyny, być może sam sięgał po broń. Ojciec, sturmbannführer, któremu dziesiątki lat później jeden z jego ludzi miał wystawić świadectwo niezmiennie humanitarnego postępowania. Humanitaryzm — co oznaczał w języku sprawców?

Co by było, gdyby? Również to najbardziej nonsensowne ze wszystkich pytań nie dawało mi spokoju przez wiele lat, odkąd z ociąganiem podjąłem pracę nad tą książką, potem ją przerwałem i znów do niej wróciłem. Co by było, gdyby? Gdyby pradziadek, ów Paul Bast, który w połowie XIX wieku przyjechał z Nadrenii do Tüffer, zamiast Niemki pojął za żonę Słowenkę? Gdyby rodzina się zesłowenizowała, co w tej okolicy zdarzało się często? Czy wszystko rzeczywiście zaczęło się w owej targowej mieścinie Tüffer w Dolnej Styrii, gdzie współżycie Niemców i Słoweńców od dawna już zatruwał wściekły nacjonalizm? A może później zdarzyło się coś, co w istocie kazało całej rodzinie pójść drogą nienawiści i przemocy — drogą, która w karierze mojego ojca osiągnęła nadzwyczajną kulminację.

Znalazłem fotografię jednego z rozstrzelanych, których w styczniu 1945 roku mieszkańcy wsi Lisková znaleźli pod szczytem Medzihrádkym i pochowali na miejscowym cmentarzu. Przemierzałem akurat wystawę w Muzeum Słowackiego Powstania Narodowego w Bańskiej Bystrzycy. Byłem jedynym zwiedzającym, pracownicy muzeum, w którym mieści się też archiwum, otworzyli wystawę specjalnie dla mnie. Ktoś z dozoru szedł w pewnej odległości za mną, aby w kolejnych pomieszczeniach zapalać mi światło. Wystawa eksponuje powiększone dokumenty i fotografie, mundury, ekwipunek powstańców i Niemców, a przede wszystkim dużo broni, od pistoletów własnej roboty i granatów ręcznych po karabiny maszynowe i lekkie działa. W witrynie numer 37, wśród części umundurowania, starych pistoletów i innych bojowych utensyliów, zobaczyłem zdjęcie oznaczone numerem 18. Według podpisu na skraju gabloty przedstawia ono ludzi, których w styczniu 1945 roku członkowie oddziału specjalnego 7a rozstrzelali pod szczytem Medzihrádkym.

Fotografia ukazuje głowy i tułowia kilku zwłok, nie sposób określić ilu, ponieważ jedne przykrywają drugie. Głowy, przypadkiem lub umyślnie, są ułożone w gwiazdę. W centrum tej dziwacznej martwej natury widać twarz ładnej, młodej kobiety o ciemnych włosach i odprężonym wyrazie twarzy, i można by powiedzieć, że śpi spokojnie, gdyby jej piersi nie przygniatał leżący w poprzek inny zabity z szeroko rozwartymi ustami, jak w niemym krzyku. Nie sposób orzec, czy ten zmarły jest mężczyzną, czy kobietą. O dłoń za głową ciemnowłosej piękności znajduje się głowa innych zwłok nieokreślonej płci; obie głowy nieomal się dotykają, jak oblicza dwojga kochanków odpoczywających w trawie i patrzących w chmury. Te zwłoki z wyszczerzonymi w strasznym uśmiechu zębami wydają się, o ile można to rozpoznać, nagie, natomiast młodą kobietę i leżące na niej ciało okrywa odzież.

Pierwszy raz miałem przed oczyma ofiary mojego ojca i ludzi, którym rozkazywał: uzyskały twarze, zeszpecone i piękne.

23. W marcu 1945 roku moja matka uzyskała rozwód. Ojczym złożył w Sądzie Krajowym w Linzu pozew, podając jako powód cudzołóstwo, co oczywiście było czystą formalnością, niezbędną dla szybkiego załatwienia sprawy. Matka pragnęła poślubić innego mężczyznę, mojego ojca, ojczym nie chciał stawać temu na przeszkodzie. Rozwód miał nastąpić za obopólną zgodą, inaczej niepodobna wytłumaczyć faktu, że ojczym, jako strona występująca z powództwem, pozwolił, aby reprezentował go dr Rudolf Bast, adwokat z Amstetten, mój dziadek, ojciec mężczyzny, z którym matka dopuściła się cudzołóstwa. Być może chodziło o zmniejszenie w ten sposób kosztów sprawy, poza tym nie wychodziła ona poza krąg rodzinny.

17 kwietnia 1945 roku rodzice pobrali się w urzędzie stanu cywilnego w Linzu. Moment rozpoczęcia nowego etapu życia został wybrany jak najgorzej. Tego samego dnia gauleiter Górnego Dunaju, August Eigruber, ogłosił w patetycznym apelu radiowym, że oto wybiła „godzina rozstrzygającego boju". Tak naprawdę bój został dawno rozstrzygnięty, nic tu nie mogły zmienić

ustanowione przez Eigrubera „latające sądy doraźne", które miały łapać i rozstrzeliwać na miejscu „dezerterów i dekowników".

„Trzecia Rzesza", której mój ojciec ślepo i wiernie służył, stanęła w obliczu upadku. 29 marca 1945 roku wojska sowieckie przekroczyły na wschodzie dawną granicę austriacką, do połowy kwietnia zajęły Wiedeń, jednocześnie nacierały w kierunku zachodnim, aż do rejonu Amstetten. Na zachodzie wojska amerykańskie dotarły do Bawarii, na północy — do Turyngii. Górną Austrię przemierzały niekończące się kolumny uciekinierów, tak zwanych folksdojczów z Siedmiogrodu i Węgier, pogorzelców z Wiednia i innych miast, ludzi, którzy szukali schronienia przed nadciągającą armią sowiecką — w Górnej Austrii sytuacja żywnościowa wyglądała lepiej niż na większości obszarów spustoszonych przez wojnę. Na początku kwietnia, po ucieczce z Bratysławy, słowacki prezydent Josef Tiso i cały rząd słowacki zostali umieszczeni w opactwie w górnoaustriackim Kremsmünster na przedgórzu alpejskim; jedynie minister spraw wewnętrznych i głównodowodzący gwardią Hlinki, Šano Mach, z którym mój ojciec jeszcze cztery miesiące wcześniej biesiadował w domu kultury w Ružomberoku, zajął osobną kwaterę w Traunkirchen (Salzkammergut). 4 kwietnia Rosjanie weszli do Bratysławy.

Górna Austria, na długo zanim ujrzała obce wojska, stała się celem alianckich nalotów, które skoncentrowały się na ośrodkach przemysłowych, miastach Linz, Steyr i Wels. 16 grudnia 1944 roku nasz dom w Linzu zniszczyły amerykańskie bomby. Kiedy się walił, Resi, nasza pomoc domowa, była ze mną w piwnicy; podobno półtora dnia tkwiliśmy zasypani w owym pomieszczeniu, które przetrwało eksplozję.

Później często mówiło się o zniszczeniu domu, o niezliczonych obrazach i grafikach ojczyma, o cennych perskich dywanach i sprzętach, które spłonęły. Sam nalot, spadające bomby, szukanie zasypanych pomijano w tych opowieściach, jakby nie były to rzeczy godne wzmianki. Czy kiedy wybuchały bomby, wszyscy przebywali w piwnicy, czy tylko Resi i ja? Gdzie byli inni, ojczym, matka, oboje rodzeństwa, kto nas wyciągnął z ruin? Zniszczenia wskutek bombardowań stanowiły w powojennych Niemczech (i Austrii) temat tabu, coś, o czym nie wolno mówić ani pisać; działo się tak, jak utrzymuje w *Luftkrieg und Literatur* [Wojna powietrzna i literatura] W. G. Sebald, na mocy milczącego i wszystkich jednakowo obowiązującego porozumienia. Mówiło się i pisało przede wszystkim o bohaterskiej odbudowie.

W lokalnej gazecie w Linzu, rocznik 1950, znalazłem relację o artyście Hansie Pollacku, moim ojczymie, wychwalającą jego wolę przetrwania, która już w maju 1945 roku „wcisnęła mu w garść oskard i łopatę", on zaś, „skurczona w tych czasach od głodu, prawdziwie ascetyczna postać", zabrał się do likwidacji rumowiska, by podjąć dzieło odbudowy. „U początków tego dzieła było czyszczenie i wygładzanie 36 tys. cegieł, które wszystkie bez wyjątku przeszły przez jego ręce. Ta wręcz heroiczna praca została ukoronowana w taki sposób, że w 1949 roku mógł sprowadzić do Linzu żonę i dziecko, i rozpocząć «nowe życie» w nowym atelier".

O tym, że Resi i ja spędziliśmy wiele godzin zasypani w zbombardowanym domu nie wspomniano. Sam natknąłem się na ów fakt dopiero podczas pracy nad książką: w aktach sądowych dotyczących dziadka z Amstetten, który mimochodem napomknął o tym w zeznaniu. Nie wspominano także o rozwodzie, który nastąpił krótko po zniszczeniu domu. Również późniejsze przekazy rodzinne milczą o nim; był epizodem nie pasującym do obrazu udanej rodziny, która została sprowadzona do Linzu po uwieńczonej sukcesem odbudowie. Do dzisiaj nie wiem, kiedy matka, po śmierci mego prawdziwego ojca, ponownie wyszła za ojczyma.

Relację w linzeńskiej gazecie ilustrował rysunek ojczyma, przedstawiający zniszczony dom; widać jeszcze, że zrujnowany budynek miał dwa piętra, lewa strona zapadła się, nadal stojący kominek wystaje przez odsłoniętą krokiew, z prawego skrzydła została tylko ściana frontowa — jak potiomkinowska dekoracja. Z jakiegoś powodu zanotował na obrazku dokładną datę: 25 kwietnia 1945, dokładnie tydzień po tym, jak kobieta, którą kochał z takim oddaniem, wyszła za innego. Zdumiewające, że w tej sytuacji znalazł w sobie siłę i spokój, by w artystycznej formie uwieczniać fizyczne zniszczenie własnego domostwa.

Po zbombardowaniu domu matka pojechała ze mną i obojgiem rodzeństwa najpierw do Amstetten, do dziadków. Ale i Amstetten nie było całkiem bezpieczne, również stanowiło cel alianckich bombowców, a Armia Czerwona już się zbliżała. Wraz z dziadkami, którzy jako znani narodowi socjaliści mieli wszelkie powody, by obawiać się Rosjan, matka uciekła znów do Górnej Austrii, do Hofkirchen, niewielkiej miejscowości w Mühlviertel. Zostaliśmy tam krótko. Mühlviertel, region Górnej Austrii położony na północ od Dunaju, także, podobnie jak cała Dolna Austria, przypadł w udziale Rosjanom jako ich strefa okupacyjna. Zanim dziadkowie umknęli z Amstetten, zniszczyli materiał obciążający, flagi ze swastykami, portrety Hitlera i dokumenty; wśród nich przypuszczalnie papiery mojego ojca. Broń palną dziadek zawinął w nasączone olejem szmaty i zakopał w miejscu, którego po latach miał szukać daremnie.

Z Hofkirchen dziadkowie udali się dalej, do Oberbuch koło Oftering, przysiółka na południowych obrzeżach Linzu, gdzie przygarnęli ich chłopi. Matkę z dziećmi ewakuowano do odległego zakątka Doliny Enns w Styrii; tam mieszkaliśmy kilka lat.

Ślub rodziców przypadł na czas upadku i panicznej ucieczki po kraju pogrążającym się w chaosie: z Linzu do Amstetten, z Amstetten do Hofkirchen, z Hofkirchen do Linzu, z Linzu do Mitterbergu; matka z trojgiem małych dzieci, pięcioletnim, trzyletnim i rocznym, ojciec świadom tego, że już wkrótce będzie poszukiwany za zbrodnie wojenne. Co go skłoniło, by w tej sytuacji ożenić się i przywiązać do siebie kobietę z trojgiem dzieci — trudno zrozumieć. Na ślubie podał jako adres zamieszkania Linz, Langgasse 13; adres gestapo, któremu szefował do chwili wyjazdu na Wschód. Nie potrafię powiedzieć, czy po powrocie ze Słowacji nadal pełnił służbę w linzeńskim gestapo, wiem tylko, że tydzień po jego ślubie budynek przy Langgasse 13 całkowicie zniszczyła bomba.

Poległo przy tym ponad pięćdziesięciu funkcjonariuszy tajnej policji państwowej, wśród nich jej ówczesny szef, niejaki dr Leopold Spann.

Nigdy nie widziałem żadnych zdjęć ze ślubu rodziców, przypuszczalnie nie było takich. Załatwiono sprawę raczej pospiesznie. Nie było powodów do świętowania. Także SS już się nie pojawiło. Reichsführer SS, Heinrich Himmler, wymyślił dla członków swojego czarnego zakonu specjalne „święcenia małżeńskie", by zastąpić nimi źle widziany ślub kościelny. Podczas takiej uroczystej ceremonii narzeczeni otrzymywali z rąk dostojnika SS chleb i sól. W kwietniu 1945 roku nikt nie myślał o tego rodzaju pompie, ojciec zrezygnował też prawdopodobnie ze starań o obowiązkowe zezwolenie Głównego Urzędu Bezpieczeństwa Rzeszy. U kogo miałby o nie zabiegać? W Berlinie panowała aura zagłady. RSHA znajdował się w zasięgu sowieckich dział, biurokraci terroru zajmowali się przygotowaniami do ucieczki, wielu dawno się ulotniło, centralny aparat SS poszedł w rozsypkę, Heinrich Himmler podjął, za pośrednictwem szwedzkiego dyplomaty, próbę wszczęcia osobnych negocjacji z aliantami zachodnimi, szef RSHA, rodowity linzeńczyk, Ernst Kaltenbrunner, na własną rękę knuł specjalny plan pokojowy, aby ratować własną skórę, Hitler zaś tkwił w swoim bunkrze, rezonował o rychłym kontruderzeniu, które z całym impetem ostatecznie wymiecie Rosjan spod Berlina, i już w następnej chwili mówił o samobójstwie. Popełnił je 30 kwietnia 1945 roku.

Nie wiem, czym zajmował się mój ojciec w ostatnich tygodniach istnienia Trzeciej Rzeszy. Czy przydzielono mu zadania w gestapo, czy w SD — obie te służby na krótko przed końcem wywoziły swoje archiwa do Kremsmünster, aby tam je zniszczyć i zatrzeć ślady zbrodni. Być może pełnił służbę w Ausseerland, gdzie w ostatniej fazie wojny znajdowały się liczne instancje dowódcze i napływali wysocy dostojnicy reżimu, jakby sami wierzyli w ową legendarną „twierdzę alpejską" — urojenie, które puściła w obieg nazistowska propaganda, żeby napędzić strachu zachodnim aliantom i wymóc na nich lepsze warunki pokoju. Ta nadzieja pozostała niespełniona.

Czy ojciec wierzył w alpejską twierdzę? Trudno to sobie wyobrazić. Znał ten region i musiał wiedzieć, że nie podjęto żadnych działań przygotowawczych, by rozpocząć budowę instalacji obronnych, które miałyby objąć całe przedgórze, od Amstetten do Linzu i Salzburga; nie było nawet konkretnych planów dotyczących skromniejszej wersji: tak zwanej twierdzy głównej „Alpy", nie mówiąc już o wszczęciu prac, które musiałyby trwać miesiące, jeśli nie lata. Ostateczny rozkaz rozbudowy twierdzy głównej „Alpy" Hitler wydał 28 kwietnia 1945 roku, na trzy dni przed samobójstwem. 9 maja weszło w życie zawieszenie broni.

Mój ojciec oglądał chaos ostatnich dni, upadek reżimu, z najbliższej odległości, zaznał go, by tak rzec, na własnej skórze. Tym bardziej musi dziwić to, że właściwie nie przygotowywał się na okres późniejszy, nie załatwił sobie nawet fałszywych papierów przed ucieczką, co dla funkcjonariusza gestapo na dowódczym stanowisku nie mogło być trudne. Czy klęska sparaliżowała jego energię, sprawiła, że stracił głowę? Czy też chciał wytrwać aż do gorzkiego końca? W każdym razie nie myślał o tym, żeby się ujawnić i odpowiadać za swoje czyny. Widział zbliżający się koniec, ale najwyraźniej tak naprawdę się z nim nie liczył. Podobnie reagowali też inni sprawcy. Potężny Ernst Kaltenbrunner na początku maja 1945 roku zaszył się wraz z kilkoma zaufanymi ludźmi w leśniczówce Altaussee, gdzie kilka dni później wytropili go Amerykanie. Miał przy sobie fałszywe papiery, którymi legitymował się jako lekarz Wehrmachtu. To były całe jego przygotowania do ucieczki. Dał się pojmać, nie stawiając oporu.

Kiedy mój ojciec zniknął pod koniec wojny, to jego matka błagała krewnych i przyjaciół o załatwienie dokumentów dla syna. Pewna młoda kobieta, krewniaczka, poszła więc do istniejącego w Linzu punktu meldunkowego dla wypędzonych folksdojczów i podała się za Niemkę sudecką. Jak mi opowiedziała, w małym biurze siedział pogrążony w jakiejś pisaninie urzędnik, a na stole przed nim piętrzyła się sterta niewypisanych legitymacji. Kobieta uraczyła urzędnika historią swojej rzekomej ucieczki z kraju sudeckiego, pochylając się przy tym w taki sposób, że położyła prawą rękę na stosie formularzy i zaraz znów ją cofnęła. W ten sposób „wyprowadziła" jeden pusty formularz. Tę właśnie legitymację, wystawioną zapewne własnoręcznie przez ojca na nazwisko Franz Geyer, robotnik z Krška (Gurkenfeld) w Słowenii, znaleziono w kwietniu 1947 roku przy jego zwłokach.

Dlaczego wybrał akurat nazwisko Franz Geyer, naturalnie nie sposób już dziś odgadnąć. Podczas moich poszukiwań słoweńskich natrafiłem na pewnego piernikarza o tym nazwisku, który w 1825 roku założył w Tüffer, w byłym szpitalu, browar przejęty później przez Słoweńca, Josefa Kuketza. Browar „Laško Pivo" istnieje nadal, jest gigantycznym, dominującym w okolicy zakładem, którego produkty można dostać w całej Słowenii. Niemcy z Tüffer, tędzy piwosze, z pewnością dobrze znali nazwisko rodzimego pioniera browarnictwa.

2 maja 1945 roku, trzy dni przed oddaniem Linzu, bez walki, w ręce wojsk amerykańskich i tydzień przed wejściem w życie rozejmu, mój ojciec przebywał w Bad Ischl. Miejsce i datę umieścił w testamencie, który wtedy sporządził. Jest to jedna niepełna, ręcznie zapisana stronica, kilka zdań, w których ustanawia mnie jedynym spadkobiercą wszystkich posiadanych przez siebie rzeczy i dóbr wartościowych, co oczywiście niewiele znaczyło, ponieważ kiedy poniósł nagłą śmierć na Brennerze, nie posiadał wiele oprócz tego, co miał na sobie. Dom rodziców w Amstetten, gdzie przechowywano większość jego rzeczy, został po ucieczce dziadków splądrowany. W swojej ostatniej woli ojciec wyraził też życzenie, żebym później przyjął jego nazwisko rodowe, czego po pewnym wahaniu — przez jakiś czas brałem to bowiem pod rozwagę — ostatecznie zaniechałem.

W Bad Ischl zaciera się dla mnie wszelki ślad po ojcu. Później, zapewne przez prawie rok, błąkał się po okupowanej Austrii, stale w poszukiwaniu kryjówki, możliwości ucieczki dokądś, gdzie nikt go nie zna, gdzie nie zgubi go własna przeszłość. W dzienniku wypraw, w którym odnotowywał swoje przeżycia górskie, znalazłem na ostatniej stronie krótkie zapiski pochodzące być może z okresu ucieczki. Nazwiska kilku Słoweńców z Laška, po których spodziewał się pewnie pomocy (akurat po Słoweńcach, tak gnębionych przez narodowych socjalistów), a także trasę szlaku wiodącego bocznymi drogami z St. Veit nad Glaną w Karyntii do Doliny Enns, dokąd nas ewakuowano.

Matkę wraz z nami ulokowano w odludnej zagrodzie w niewielkiej gminie Mitterberg am Grimming, u miłej rodziny chłopskiej z pięciorgiem dzieci; oprócz nas mieszkała tam jeszcze jedna rodzina uciekinierów, folksdojcze. Często przyjeżdżał ojczym z Linzu i mieszkał u nas po parę tygodni. Matka, tak niedawno rozwiedziona, znów z nim żyła. Przynajmniej w oczach otoczenia. Nie sądzę, by ktokolwiek poza nimi dwojgiem wiedział, że byli po rozwodzie. Być może zaraz po śmierci mojego ojca pobrali się znowu, już w Styrii; pytałem o to brata, lecz on również nic nie wie.

Kiedyś w okolicy pojawił się też mój ojciec. Próbował dostać robotę drwala, lecz w tamtych czasach każdy wiedział, co znaczą blizny na twarzy: człowiek po studiach, korporant, szermierz idei wielkoniemieckich, volkistowskich, ukrywający się nazista — zbrodniarz wojenny. Znał okolicę Mitterbergu ze swoich górskich wypraw — chata na Plannerze, skąd nieraz wyruszał na narciarskie szlaki, znajduje się tylko o parę godzin od tej mieściny, być może tam znalazł schronienie. Obcy parobek drwalski z bliznami budził podejrzenia, zanim jednak interweniowały władze, już go nie było. Czy istotnie przyjechał wtedy do nas w odwiedziny, nie umiem powiedzieć, to w każdym razie prawdopodobne. Nie pamiętam tego, tak jak w ogóle nie pamiętam ojca. Widzę wyraźnie niektóre szczegóły z tamtego czasu, jego jednak nie widzę, żadnego jego obrazu nie potrafię wywołać w pamięci.

Moje wspomnienia z pobytu w odludnej zagrodzie mitterberskiej są słabe i pełne luk — ale są. Pamiętam woły w oborze, zapach, który się tam unosił, przyjemne ciepło krów, psa podwórzowego i przede wszystkim złośliwego koguta, który kiedyś, być może dlatego, że dokuczyłem którejś z jego kwok, sfrunął mi na głowę i jął bezlitośnie dziobać, aż jakiś dorosły przepłoszył go od wrzeszczącej ofiary. Pewnego dnia odwiedził nas dziadek. Wspiąłem się na drzewo, przypuszczalnie chciałem zademonstrować mu swoją odwagę i zręczność, ale zabrakło mi śmiałości, żeby zejść na dół. Dziadek, korpulentny starzec, już po sześćdziesiątce, stał pod drzewem i wrzeszczał, że mam natychmiast schodzić. Wreszcie straciłem równowagę i spadłem jak kamień, nie robiąc sobie krzywdy. Z jakiegoś powodu utkwiło mi w pamięci nazwisko małego folksdojcza, chłopaka, który mieszkał z rodzicami i z nami w owej zagrodzie; nazywał się Uwe Mund. Mój brat kiedyś omal nie wybił mu oka, bawiąc się własnoręcznie zmajstrowanym drewnianym pistoletem, który funkcjonował jak katapulta ładowana wystruganymi strzałami.

Na początku maja 1948 roku, ponad rok od śmierci ojca, moja matka została aresztowana w Mitterbergu. Zawieziono ją do aresztu śledczego przy Sądzie Krajowym w Grazu, trzymano tam prawie dwa tygodnie, po czym zwolniono. Pamiętam dwóch austriackich policjantów kryminalnych, którzy zabierają matkę odkrytym amerykańskim jeepem. A może mi o tym opowiadano? Podobno dzieci, wśród nich ja, płakały, ale tego już sobie nie przypominam. Z jednym z owych funkcjonariuszy matka od razu dobrze się rozumiała; później bywał u nas w Mitterbergu i aż do swojej śmierci pozostał przyjacielem rodziny.

Dlaczego matkę aresztowano, nie umiałem ustalić, być może udzieliła pomocy znajomemu ojca, uciekającemu zbrodniarzowi wojennemu, a może tylko znaleziono przy nim jej nazwisko. Chodziło o urodzonego w Karyntii oficera SS, Viktora Nagelera, którego ojciec poznał na Słowacji. Nageler działał tam jako doradca przy gwardii Hlinki. Po zakończeniu wojny zaczął gromadzić wokół siebie w Linzu byłych członków SS, chcąc stworzyć grupę neonazistowską. Jakie mu przyświecały zamysły, sam chyba dobrze nie wiedział, być może chciał powołać do życia ruch partyzancki, tak zwany „Werwolf"? Do tych niejasnych planów dobrze pasował pseudonim, jaki sobie wybrał w związku ze swoją podziemną działalnością: „Trenck"*. Garstkę wiernych mu popleczników nazywał „pandurami". W maju 1947 roku Trencka-Nagelera aresztowano i osadzono w obozie pracy Salza am Grimming, niedaleko Mitterbergu. Stamtąd udało mu się uciec. Zakładam, że w owym czasie próbował nawiązać kontakt z moją matką. W końcu kwietnia 1948 roku ponownie

* Franz Trenck (1711–1749), pułkownik, kuzyn ordynansa Fryderyka Wielkiego, podczas austriackiej wojny sukcesyjnej dowodził korpusem pandurów (żandarmerii węgierskiej), który wsławił się okrucieństwem.

go ujęto, kilka dni później matkę zabrała policja kryminalna — związek tych faktów jest oczywisty. Szczegóły o Trencku i jego pandurach znam z wycinków prasowych z późnych lat czterdziestych, które znalazłem w papierach matki.

Również z Nagelerem łączyła nas wieloletnia luźna przyjaźń. Po drugim aresztowaniu ponownie zdołał uciec, by ostatecznie rozpłynąć się w Niemczech, gdzie pod fałszywym nazwiskiem wiódł bezpieczną egzystencję mieszczańską. Znalazł posadę agenta przy renomowanym niemieckim wydawnictwie szkolnym. Można przypuszczać, że na wyższym piętrze wydawnictwa rezydował ktoś, kto się przynajmniej domyślał, o co chodzi z tym Austriakiem. Od czasu do czasu Nageler odwiedzał nas w Linzu; nazywał się teraz inaczej, był mężczyzną ogromnej postury, „panem" w każdym calu, pewnym siebie i nieskończenie próżnym. Życie w Niemczech północnych obudziło w nim miłość do wszystkiego, co uważał za typowo północnoniemieckie: prostolinijność, szczerość, niezłomność. Austriaków nazywał ofermami, ludźmi kłamliwymi i leniwymi, ludkiem cwaniaków. On sam — mówił o sobie ten rodowity Karyntczyk — czuje się całkowicie Niemcem z północy. Pamiętam jeszcze, jak kiedyś stał w naszym przedpokoju i przeglądał się, zakochany w sobie, w wielkim, wiszącym tam lustrze. Gładził włosy, obracał głowę w lewo, w prawo, poprawiał krawat, szczerzył zęby do własnego konterfektu, po czym z podziwem powiedział do siebie: „Admirał!". Chętnie by nim został. Z zawodu był chyba nauczycielem szkoły ponadpodstawowej, w czasach nazistowskich ostro poszedł w górę, i jak wielu podobnym do niego ta kariera uderzyła mu do głowy.

Na temat losów ojca w miesiącach, kiedy krążył niczym łódź podwodna po wyzwolonej przez aliantów Austrii, nie zdołałem wiele ustalić. Większość struktur państwowych w kraju rozsypała się, co ułatwiało zniknięcie. Poza tym w Austrii przebywało około miliona „dipisów", czyli więźniów uwolnionych z obozów koncentracyjnych, byłych robotników przymusowych, zbiegłych lub wypędzonych folksdojczów, obywateli państw sprzymierzonych z Niemcami hitlerowskimi, którzy nie chcieli wracać do siebie. Wielu z nich miało wątpliwe papiery albo żadnych, nikt jednak nie obnosił blizn na twarzy, owego zdradzieckiego znamienia volkistowskich, uzbrojonych studentów, spośród których większość została radykalnymi nazistami. W latach 1938–1945 twarz w bliznach była swoistym wyróżnieniem wskazującym na przynależność do elity, teraz dla niejednego stała się przekleństwem. Mundur można było zdjąć, tatuaż SS, drwiąco nazywany przez żołnierzy „zgorzelą SS", w razie potrzeby się wycinało (choć taka blizna budziła podejrzenia), ale blizn od rapiera nie dało się zoperować. Kto je nosił, był podejrzany, zwłaszcza jeśli podawał się za zwykłego robotnika lub drwala.

Od swoich rodziców, którzy znaleźli schronienie w Oftering koło Linzu, ojciec nie mógł oczekiwać pomocy. Dziadek — jako były narodowosocjalistyczny nielegalnik, funkcjonariusz nazistowski (szef Powiatowego Biura Prawnego NSDAP w Amstetten) i być może zbrodniarz wojenny — sam dostał się pod obserwację austriackich i amerykańskich służb. 21 września 1945 roku rozpoznano go na dworcu w Linzu i przekazano w ręce Counterintelligence Corps (CIC) armii amerykańskiej, który umieścił dziadka w amerykańskim obozie dla internowanych, Marcus W. Orr w Glasenbach koło Salzburga, nazywanym w skrócie obozem Glasenbach. Trzymano tam ponad dziesięć tysięcy narodowych socjalistów, głównie Austriaków, ale też byłych niemieckich generałów z Albertem Kesselringiem na czele, Chorwatów, Węgrów, Serbów i Słowaków, wśród nich ostatniego słowackiego premiera, Josefa Tiso.

Amerykanie umieścili dziadka na swojej liście, ponieważ w marcu 1945 roku uczestniczył rzekomo w ekscesach przeciwko pojmanym lotnikom amerykańskim w Amstetten. Tego samego dnia Amstetten przeżyło ciężki nalot. Z tego powodu dłuższy postój miał tam pociąg, w którym wśród pasażerów znajdowało się piętnastu amerykańskich jeńców wojennych, przewożonych do Frankfurtu. Kiedy Amerykanów prowadzono przez rynek, zgromadził się podburzany przez funcjonariuszy partyjnych tłum, kobiety i mężczyźni, i zaczął bić Amerykanów pięściami, łopatami i kijami; jakiś mieszkaniec Amstetten miał nawet w ręku pejcz. Próby obrony jeńców przez eskortujących nie powiodły się. Biorąc pod uwagę, jakiej broni używał tłum, wydaje się wręcz cudem, że wśród Amerykanów nie było zabitych, a jedynie ranni. Świadkowie utrzymywali, że wśród rozjuszonego motłochu widzieli też mojego dziadka.

W związku z tym w styczniu 1947 roku wytoczono mu oraz dwudziestu czterem innym mieszkańcom

Amstetten proces przed Wysokim Amerykańskim Specjalnym Trybunałem Wojskowym w Salzburgu. Dziadek zaprzeczył wszelkiemu udziałowi w ekscesach. Tłumaczył się, że owego dnia, a były to urodziny jego żony, siedział w domu przy sutym posiłku i poszedł na rynek dopiero później, zaalarmowany przez służącą. Wtedy było już po wszystkim. Udał się więc do gospody na małą wódkę, gdzie z oburzeniem wypowiadał się o maltretowaniu jeńców. Nie można było podważyć tej wersji, zatem dziadka uniewinniono. Zapadło w sumie dziesięć wyroków uniewinniających, piętnastu mieszkańców Amstetten skazano na pracę przymusową. Postępowanie przeprowadzono tak poprawnie i uczciwie, że, jak pisała o procesie w Salzburgu gazeta amstetteńska, „musi to wprawić w zdumienie osoby postronne, zwłaszcza jeśli zważyć, iż Amerykanie wyrokują o tych, którzy porwali się na ich braci".

Uczciwy proces i wyrok uniewinniający dziadka nie mogły jednak w niczym odmienić ryczałtowej oceny Amerykanów, jaką jeszcze całe lata później ferowano w rodzinie Bastów: Amerykanie to świnie! Dlaczego wszyscy oni to świnie, nigdy, o ile wiem, bliżej nie wyjaśniano, chodziło o dogmat, którego nie można kwestionować, tak jak pewnika, że Ziemia nie jest płaska, lecz okrągła. Ziemia jest kulą, a Amerykanie to świnie.

Dziadka uwolniono wprawdzie w Salzburgu od zarzutu maltretowania jeńców, ale nie został wypuszczony na wolność, lecz przekazany Amerykańskiemu Trybunałowi Wojskowemu w Norymberdze, który zatrzymał go na jakiś czas w areszcie, a potem odesłał do obozu dla internowanych w Glasenbach. Dla Norymbergi nie był osobą dość znaczną. W lipcu 1947 roku przekazano go w końcu Sądowi Krajowemu w Wiedniu, gdzie przed Trybunałem Ludowym wytoczono mu proces o zbrodnię zdrady stanu. Dotyczył on przynależności dziadka do NSDAP w latach trzydziestych, kiedy partia nazistów była w Austrii zakazana. Przynależność do nielegalnej NSDAP automatycznie uchodziła za zdradę stanu.

Podczas przesłuchań dziadek zaręczał, że wstąpił do NSDAP dopiero po anszlusie; datę członkostwa od 1931 roku wyjaśnia owa większa wpłata, na podstawie której antydatowano wstąpienie dziadka do partii. Wyjaśnieniu nie dano wiary, kłam zadał mu w niemałej mierze znajdujący się w aktach arkusz personalny NSDAP, który dziadek wypełnił własnoręcznie wkrótce po anszlusie. Wymieniał tam z dumą wszystkie swoje zasługi dla nielegalnej partii: podawał, że w okresie zakazu był kasjerem lokalnej komórki partyjnej i placówki SS w Amstetten, bezpłatnie reprezentował towarzyszy przed sądem, pisał dla nich zażalenia, rekursy i odwołania, a poza tym prowadził w tych sprawach obszerną korespondencję z innymi adwokatami, między innymi z Arthurem Seyss-Inquartem; naturalnie pomagał aresztowanym towarzyszom, udzielając świadczeń pieniężnych i rzeczowych, regularnie też uczestniczył jako darczyńca w nielegalnej pomocy zimowej dla narodowych socjalistów.

Nazista pierwszej godziny, który niezmordowanie, bezinteresownie poświęcał się dla partii. Po 1945 roku wszystko to nagle wyglądało całkiem inaczej.

Mimo że dziadek najwyraźniej zeznawał nieprawdę, po tygodniu zwolniono go z aresztu i mógł wrócić do

Oftering. W sumie około dwóch lat spędził w aresztach: w Linzu, w Glasenbach, w Norymberdze i przy Sądzie Krajowym w Wiedniu. W tym okresie, jak później mi opowiadano, bardzo się postarzał. W aktach karnych Trybunału Ludowego znalazłem odręczne petycje dziadka, napisane drżącym, koślawym pismem. Cierpiał na rozszerzenie serca z ciężkim uszkodzeniem mięśnia sercowego, powiększenie wątroby (przypuszczalnie wskutek picia) i rozedmę płuc, ponadto na ciężkie depresje po śmierci syna, o której dowiedział się w areszcie norymberskim. Na domiar wszystkiego w Oftering doznał wypadku, jadąc jednokonnym powozem, tak zwanym gigiem, i złamał sobie kilka żeber. W oświadczeniu dla sądu usiłował wyjaśnić swoje stanowisko polityczne; w sensie politycznym nie nabrał rozumu.

„Urodziłem się w Tüffer, dzisiaj w Jugosławii, dlatego też jestem Niemcem z pogranicza językowego i tu spędziłem swoją młodość do trzydziestego roku życia. Przez cały ten czas toczyła się zażarta walka między nami, Niemcami, i Słoweńcami o nasz język i naszą narodowość. Naturalnym skutkiem tej walki było to, że my, rdzenni Niemcy, od zawsze mieliśmy nastawienie narodowe — na długo, zanim pojawił się choćby zarodek NSDAP — i zachowaliśmy je. Tak zwana «zmiana barw» była nam obca i nigdy w najmniejszym stopniu nie wchodziła dla nas w rachubę".

Wszystko zaczęło się więc w Tüffer w Dolnej Styrii. Pod koniec XIX wieku. Dziadek napisał swoje oświadczenie w sierpniu 1948 roku. Jakiś czas przedtem zawieziono mnie do niego, abym spędził parę miesięcy pod jego opieką; babcia przebywała w Amstetten i próbowała odzyskać zajęty przez Rosjan dom, moje rodzeństwo umieszczono gdzieś indziej. Dziadek był starym, ciężko chorym, zgorzkniałym człowiekiem, zatwardziałym nazistą i oczywistym przeciwieństwem idealnej niańki, ja jednak mam o nim tylko dobre wspomnienia. Opowiadał mi o swoim dzieciństwie w Tüffer, o polowaniach w Gottschee, o niedźwiedziach i wilkach; spacerował ze mną po polach, pokazywał, jak się struga gwizdawki z witek wierzbowych i jak się łowi ryby. Nie wiem, jak długo byłem u dziadka w Oftering, kilka tygodni, może miesięcy. Z Oftering przyjechałem do Amstetten, do babci, której po długich naleganiach przydzielono wreszcie mieszkanie w jej własnym domu. Proces dziadka o zdradę stanu prowadzono niezbyt skwapliwie do roku 1950, po czym wstrzymał go prezydencki akt łaski.

Podobnie jak większość austriackich narodowych socjalistów, dziadek ostatecznie wykręcił się tanim kosztem. Nic takiego, jak autorefleksja, czy wręcz skrucha, nie nastąpiło. Niewątpliwie oznaczałyby dla niego ową „zmianę barw", która wydawała mu się niewyobrażalna. Wszelako takiej zmiany barw, czy raczej przekonań, nikt też od niego i jemu podobnych nie żądał. W owych latach austriackie partie polityczne, partia ludowa i socjaliści w jednakowym stopniu, podejmowały już wysiłki pozyskania dla siebie byłych narodowych socjalistów, którzy stanowili ogromny elektorat.

We wrześniu 1955 roku, roku austriackiej umowy państwowej, rosyjski komendant miasta Amstetten zwolnił ostatnie mieszkanie w domu mojej babci. Był to jeden z ostatnich obiektów nadal zajmowanych przez Rosjan. Nastąpiły uciążliwe negocjacje z władzami miasta w sprawie odszkodowań za straty wynikłe ze spustoszeń i inne szkody okupacyjne. Mieszkanie poddano oględzinom, spisano protokoły, przepytano świadków, którzy być może potrafili opisać stan posiadania dziadków przed 1945 rokiem. Był wśród nich weterynarz Hans Schutting, wieloletni towarzysz polowań dziadka. Ów pan Schutting miał udzielić informacji o urządzeniu mieszkania dziadków, nie okazał się jednak szczególnie pomocny; nie umiał powiedzieć, jakie meble znajdowały się w jadalni, bawialni czy gabinecie, ba, nie znał nawet liczby osób we wspólnym gospodarstwie. Wiedział jedynie, że dziadek i jego rodzina nosili prostą i schludną garderobę. Ze wszystkich sprzętów domowych utkwił mu w pamięci tylko jeden: strzelba myśliwska, tak jakby w całym mieszkaniu, w którym Schutting często gościł, nie znajdowało się nic poza owym karabinem. Wszelako tę broń myśliwską potrafił opisać dokładnie, z najdrobniejszymi szczegółami; chodziło o śrutówkę marki Sauer & Sohn, kaliber 16, z zamkami bocznymi i lufą ze stali trójpierściennej. Była prawie nowa. Jego zdaniem karabin zabrali okupanci.

O swoim towarzyszu polowań Hansie Schuttingu dziadek zawsze mówił z wielkim szacunkiem; wspólnie pasjonowali się łowiectwem i bronią. Spotykałem tego weterynarza w Amstetten, pamiętam go jako krzykacza o niskim głosie, w stroju myśliwego, w butach z cholewami. Napawał mnie niejakim lękiem.

24. Południowotyrolska gmina Olang, po włosku Valdaora, znajduje się w Dolinie Hochpuster, u stóp Kronplatzu i na krańcu Pragskich Dolomitów. Właściwie Olang składa się z czterech miejscowości — Oberolang, Mitterolang, Niederolang i Geiselsberg — z których każda ma własny kościół. Jesienią 1946 roku ojciec uciekł do Doliny Puster, gdzie w górskiej zagrodzie w Niederolang znalazł kąt i pracę parobka. Właściciel, góral Johann Brunner, miał największe gospodarstwo w Olang i okolicy, z rozległym lasem, alpejskimi pastwiskami i dwudziestoma sztukami bydła. Jakim szlakiem, pieszo, rowerem czy innym środkiem transportu ojciec dotarł do Tyrolu Południowego — nie zdołałem ustalić.

Dzięki szczęśliwemu przypadkowi natknąłem się podczas wizyty w południowotyrolskiej gminie na starego mieszkańca Niederolang, który pamiętał obcego parobka u górala. Kiedy pokazałem mu różne fotografie ojca, rozpoznał go na jednej z nich: ojciec w stroju wspinaczkowym, w starym kapeluszu filcowym na głowie, jaki nosił być może również w Olang jako parobek. „Można było poznać po tym obcym — opowiadał stary — że nie zaznał za młodu roboty w gospodarstwie i w lesie. Uprzejmy był, ale milczek i raczej nie miał kontaktu z ludźmi spoza gospodarstwa, nigdy nie chodził do wsi ani do gospody, ani do kościoła, i nic o sobie nie mówił. W tamtym czasie pracowali chyba przez cały dzień, od szóstej rano do wieczornych dzwonków na modlitwę o wpół do siódmej, to i nie mieli wiele wolnego na gadanie. W soboty pracowało się do czwartej. Tylko niedziela była wolna. Obcy gadał, że jest zwykłym niemieckim wojakiem, ale ja — mówił stary — brałem go za oficera, bo taki miał wygląd i postawę — dziarski był z niego gość". Nazwiska obcego nie pamiętał. Mieszkał on w każdym razie w jednej z izb na gospodarstwie i jadał z resztą służby. Rano była codziennie zupa z zasmażką i papka na mleku z kawałkiem roztopionego masła; stało to na stole w wielkiej misce, z której wszyscy jedli łyżkami. Tylko w niedziele dostawali na śniadanie kawę z mlekiem. Była zima — opowiadał stary — i większość czasu zajmowało im ściąganie ze stoków ściętych pni. Ciężka, niebezpieczna praca; zwozili ponad czterometrowe kłody na płozach w dolinę. Saniami powoził jeden człowiek, który musiał być bardzo silny i zręczny, bo fura dużo ważyła, a droga schodziła stromo, wieloma zakrętami w dół. Pewnego dnia obcy, któremu i tak nakładali trochę mniej, bo nie był nawykły do tej roboty, miał przy zwózce wypadek. W jednym miejscu, w tak zwanym Prackenwaldzie, za późno wyhamował na ostrym zakręcie i ciężkie kłody przygniotły go do płotu. Zwieźli go w dolinę i jego góral pojechał z nim dalej, do szpitala w Bruneck; tam spędził jakiś czas. Kiedy wrócił, chodził z trudem, musiał używać laski, więc zostawał w zagrodzie i wykonywał lżejsze prace jak rąbanie drzewa i podobne.

Historia wypadku wyjaśnia, dlaczego mój ojciec wytrzymał tak długo w Niederolang. Musiał wyleczyć kontuzję i czekać, aż będzie mógł normalnie chodzić. Wreszcie, kiedyś na początku 1947 roku — stary mieszkaniec Niederolang nie umiał dokładnie powiedzieć kiedy — opuścił zagrodę górala. Przedtem kazał sobie upleść kosz na plecy, do którego zapakował rzeczy kupione przed wymarszem, przede wszystkim żywność. Później opowiadano, że obcego zastrzelili na Brennerze — zeznał stary i że było mu przykro, bo dobrze się rozumieli. Jakiś czas potem w gospodarstwie zjawiła się policja i rozpytywała; widocznie funkcjonariusze dowiedzieli się, że obcy przed śmiercią przebywał w góralskiej zagrodzie.

O plecionym koszu, o którym mówił stary, nie znalazłem potem nigdzie żadnej wzmianki. Być może ojciec zabrał go tylko dla niepoznaki, bo sądził, że człowieka z koszem na plecach wezmą raczej za miejscowego, a potem się go pozbył, wymienił może na coś innego, gdyż taki ciężar na grzbiecie mógł tylko przeszkadzać w drodze przez granicę.

Według moich informacji na początku marca 1947 roku ojciec musiał wyruszyć z Niederolang w kierunku przełęczy Brenner. Chciał nielegalnie przekroczyć granicę, aby się spotkać w Innsbrucku z moją matką, która czekała w Mitterbergu na wiadomość od niego. O dalszym planie ucieczki nic nie wiem; przypuszczalnie zamierzał jakoś wydostać się za morze, jak wielu innych nazistów poszukiwanych za zbrodnie wojenne. Być może w Innsbrucku chciał nawiązać kontakt z pomocnikami, którzy zaopatrzą go w nowe papiery, dadzą pieniądze i zorganizują dalszą podróż. Sam prawdopodobnie nie miał przy sobie większej sumy; to wydawało mu się zbyt ryzykowne w przypadku kontroli, a może po prostu nie miał pieniędzy. Pismo policji linzeńskiej do prokuratury z maja 1946 roku donosi w każdym razie o jedenastu miejscach w rozmaitych gminach górnoaustriackich, gdzie poszukiwany dr Gerhard Bast („człowiek wyjątkowo fanatyczny i brutalny, gotowy na wszystko") poukrywał rzekomo wartościowe przedmioty — choć w liście nie podaje się źródła tej informacji.

8 lub 9 marca ojciec dotarł do Brennerbad (Terme di Brennero), skąd było już niedaleko do granicy. Ponieważ musiał wiedzieć, że granica jest pilnie strzeżona, szukał kogoś, kto za opłatą przeprowadzi go na drugą stronę. Nie było trudno znaleźć przewodnika. W ciężkich latach powojennych wielu miejscowych zarabiało na chleb (i jeszcze coś więcej), zajmując się przemytem. Szmuglowano wszystko, co tylko dało się z zyskiem sprzedać lub wymienić: sacharynę i jedwabne pończochy, narkotyki i kawę, lekarstwa i żywe bydło, skóry wołowe i futra, walutę i złoto. Również ludzi, żywy towar, przeprowadzano przez granicę. W okresie powojennym roiło się od osób, które chciały pokonać ją na czarno, jedni, żeby dostać się na południe, do Włoch, a stamtąd dalej, inni — na północ, do Austrii i Niemiec; *displaced persons* w poszukiwaniu nowej ojczyzny: Żydzi z Europy Wschodniej, którzy uciekli przed komunizmem i budzącym się znów

antysemityzmem, a teraz dzięki pomocy żydowskiej organizacji mieli trafić do Palestyny, ale także nazistowscy zbrodniarze wojenni; ci tak zwaną „szczurzą linią" zmierzali do Rzymu, skąd uzyskawszy przez pomocników w Watykanie nowe nazwiska i paszporty, byli przerzucani dalej, najczęściej do Ameryki Południowej.

Jako przewodnika ojciec zatrudnił dwudziestopięcioletniego Rudolfa G., niewykwalifikowanego robotnika z Brennerbad. Później mówiono, że miejscowi ostrzegali go przed tym młodzieńcem: G. był znany jako człowiek nierzetelny, brutalny, od którego należy się trzymać z daleka. Ojciec gwizdał sobie na te przestrogi, miał trzydzieści sześć lat, był wysportowany i krzepki co ktoś taki mógł mu zrobić? Wyruszyli w niedzielę, 9 marca, późnym wieczorem. Nie jest jasne, jaką trasę wybrał Rudolf G. Niektórzy mówią, że była to wąska ścieżka myśliwska na stromym zboczu wschodnim. Jedna gazeta napisała później, że szli drogą. W każdym razie Rudolf G. podążał kilka kroków z przodu. Niemal dotarli już do przełęczy Brenner, kiedy G. nagle wyjął pistolet, odwrócił się i strzelił ojcu w pierś. Ojciec upadł, a G. zaciągnął jego ciało do pobliskiego bunkra, znanego mu z wypraw przemytniczych. Tam zobaczył, że jego towarzysz drogi daje oznaki życia, strzelił mu więc z najbliższej odległości jeszcze dwa razy w głowę. Potem przeszukał ubranie zabitego i plecak, w którym jednak była tylko używana bielizna i trochę prowiantu. Łup wyglądał skromnie: trzy tysiące lirów, dwadzieścia szylingów, zegarek i złoty pierścionek. Dokonawszy morderstwa, sprawca poszedł do domu, pistolet wyrzucił po drodze. Tak Rudolf G. zeznał, kiedy w kwietniu 1947 roku, cztery tygodnie po zbrodni, został aresztowany w Brixen.

Aresztowanie nastąpiło kilka dni po znalezieniu zwłok. Rudolfa G. zaczęto podejrzewać od razu, przypuszczalnie prowadzący śledztwo karabinierzy otrzymali wskazówki od ludności. Młodzieniec nie był dla nich osobą nieznaną, po jego aresztowaniu gazety pisały, że jest podejrzewany o niejeden rabunek na ludziach nielegalnie przekraczających granicę, którzy ze strachu przed karą woleli nie składać na niego doniesień. Podczas przesłuchania Rudolf G. natychmiast przyznał się do czynu. Człowiek podający się za Franza Geyera opowiadał mu, że od października 1946 roku przebywał w Dolinie Puster, a teraz chce do Innsbrucku, żeby spotkać się z żoną, z którą zamierza wyemigrować do Kanady. G. spodziewał się, jak zeznał do protokołu, że znajdzie przy obcym sporo gotówki, więc postanowił go zabić. Oczekiwanej sumy jednak nie znalazł.

Rudolfa G. osadzono w więzieniu w Trient. W areszcie zaczął wykazywać pewne zaburzenia w zachowaniu, trafił więc do zakładu, gdzie zamierzano go zbadać; tam próbował popełnić samobójstwo przez otwarcie żył. Poinformowała o tym pewna gazeta w Bozen, gdzie w marcu 1949 roku, dwa lata po morderstwie, odbywał się przed sądem przysięgłych proces Rudolfa G. Na tym procesie obarczono go też winą za próbę rabunku, której dopuścił się również na Brennerze. Podczas całej rozprawy obwiniony sprawiał wrażenie nieobecnego, na wszystkie pytania odpowiadał stereotypowo, że nic nie wie, nic nie zrobił, niczego nie pamięta. Nigdy nic nie zrobił — dodał jeszcze — ponieważ jest bardzo chory. *Maresciallo* karabinierów nazwiskiem Leonarduzzi zeznał, że Rudolf G. po aresztowaniu bezzwłocznie przyznał się do czynu, a ponadto, kiedy się przyznawał, wydawał się całkowicie normalny.

Po jednodniowej rozprawie Rudolf G. został uznany za winnego morderstwa, rabunku oraz próby rabunku i skazany na karę trzydziestu lat więzienia oraz grzywnę w wysokości osiemnastu tysięcy lirów; po odbyciu kary miał zostać na trzy lata umieszczony w zakładzie resocjalizacyjnym.

Kiedy wczesnym latem 2003 roku pojechałem do Tyrolu Południowego, próbowałem wpaść na trop człowieka, który pięćdziesiąt sześć lat wcześniej zastrzelił mojego ojca i ukrył jego ciało w bunkrze. Podczas poszukiwań natrafiłem na rodzinę G. prowadzącą wielkie gospodarstwo w dolinie u podnóża zachodniego zbocza, między miejscowościami Pontigl i Brennerbad. Tablica wskazywała zjazd z drogi publicznej do prywatnej, druga tablica ostrzegała przed groźnym psem, który istotnie leżał przywiązany długim łańcuchem do rozłożystego drzewa i spał. Zbudzony moimi krokami, zerwał się i zaszczekał z obowiązku, by zaraz potem przyjaźnie zamerdać ogonem. Starsza kobieta o ogorzałej twarzy grabiła właśnie świeżo ściętą trawę i ładowała ją na wózek. Miała na sobie niebieski fartuch roboczy, chustkę na głowie, i uśmiechnęła się do mnie. Kiedy zapytałem, czy zna mężczyznę nazwiskiem Rudolf G., uniosła w obronnym geście dłoń, potem skinęła głową, owszem, ale on już nie żyje. Kiedy umarł? Siedem, osiem lat temu, a może nawet dziesięć. Zapytała, dlaczego interesuję się Rudolfem G. „Jest taka stara sprawa" — zacząłem wyjaśniać — historia kryminalna z czasu tuż po wojnie. Słyszała o tym, ale nie umie wiele powiedzieć, to nie jej czasy, lecz dużo wcześniejsze. A co ja mam wspólnego z tą sprawą? Jestem synem człowieka — odparłem — którego wtedy zabito. Jessas Maria — wykrztusiła i spojrzała na mnie z przerażeniem.

Od Brenneru wiał lekki wietrzyk. Świeżo skoszona trawa pachniała mocno i aromatycznie. Pies znowu przysnął. „To było tak dawno — powiedziała wreszcie kobieta — wcześniej często o tym mówiono, jednak teraz zapomniano". Zapytałem, co mówiono. „Że tych dwóch zaczęło się szarpać — powiedziała — to rzekomo dlatego, że jeden z nich, pański ojciec — dorzuciła szybko — nie chciał zapłacić tego, co było ustalone". Więcej nie potrafi powiedzieć. Rudolf G. był jej szwagrem — ciągnęła — wyszła za jego młodszego brata, który wtedy był jeszcze dzieckiem, a ona szwagra nigdy nie widziała. Po całej sprawie już nie wrócił do domu, po zwolnieniu z więzienia żył w Meranie, tam się ożenił, znalazł dobrą pracę i tam leży pogrzebany.

Jej mąż opowiedział mi kilka dni później nieco odmienną wersję wydarzeń z marca 1947 roku. Staliśmy w tym samym miejscu, w którym rozmawiałem z jego żoną; tym razem się nie pokazała. Pies biegał wkoło bez łańcucha i przyskakiwał do mnie wesoło, aż mężczyzna go odegnał. Był barczysty, ubrany w strój roboczy, podczas całej rozmowy trzymał w rękach wiertarkę.

Dr Gerhard Bast

Bunkier

Wtedy — opowiadał — nie brakowało w okolicy ludzi, żołnierzy i innych, którzy chcieli przejść granicę, jedni w tę, drudzy w tamtą stronę. Jego rodzina mieszkała wtedy nad Brennerbad, często siedziało u nich w izbie dziesięć, dwanaście osób, czekali, żeby ich przeprowadzić; on też to robił, choć był jeszcze na pół dzieckiem. Mojego ojca nie może sobie przypomnieć, tylu ich było... Pamięta tylko, że brat wyszedł z nim, jak zwykle, ścieżką przemytników w kierunku granicy. W jej pobliżu doszło do kłótni — ciągnął — bo obcy wzbraniał się przed zapłaceniem umówionej sumy. Od słowa do słowa, wreszcie obcy wyciągnął pistolet, ale brat był szybszy i zastrzelił go ze swojej broni. „Gdyby nie to — dodał mężczyzna po chwili — sam by ziemię gryzł".

To były niedobre czasy — powiedział. A zatem — wtrąciłem — jego zdaniem chodziło o obronę konieczną. Tak, obronę konieczną — odparł. Jego brat był zawsze zacnym, przyzwoitym człowiekiem. Dlaczego więc — zapytałem — brat nie powiedział karabinierom i potem na procesie w Bozen nic o broni mojego ojca ani o sytuacji obrony koniecznej. Mężczyzna wzruszył ramionami. Wtedy każdy miał broń — powiedział wreszcie — życie ludzkie nie było wiele warte.

Oddychał ciężko, miał chyba dość upału. Na czerwone czoło wystąpiły mu grube krople potu.

W czasie wojny — powiedział — brat najpierw był w Rosji, potem wysłali go na front do Włoch południowych, tam też działy się straszne rzeczy.

Kilka razy przeciągnął dłonią po zroszonej potem twarzy i wytarł rękę w szare wełniane spodnie, które wydawały się o wiele za ciepłe na ten letni dzień. „Mój brat był zawsze zacny i przyzwoity" — powtórzył wreszcie i zabrzmiało to wyzywająco. Pomyślałem o tym, co babcia mówiła o moim ojcu. Był zawsze honorowy i przyzwoity.

Staliśmy tak naprzeciw siebie przez kilka minut w milczeniu. Nie było już nic do powiedzenia. Wróciłem do samochodu i pojechałem jeszcze raz do bunkra, w którym znaleziono mojego ojca. Z drogi zobaczyłem ułożone warstwowo wokół wejścia kamienie wśród świerków, tablicę z dwujęzycznym napisem i skalną bramę, o której wiedziałem, że jest zrobiona z włókna szklanego. Nie wysiadłem, lecz pojechałem dalej, prosto do Innsbrucka.

UWAGA KOŃCOWA AUTORA

Bez wsparcia ze strony wielu osób książka ta nie mogłaby powstać. Mogę tu wymienić tylko niektóre z nich, ale moja wdzięczność odnosi się do wszystkich, którzy w trakcie rozległych badań i później, przy pisaniu, nie szczędzili mi cennych wskazówek oraz porad. W poszukiwaniu bunkra, w którym znaleziono zwłoki mojego ojca, pomógł mi Peter Kaser z Gossensass, wspaniały artysta i znawca umocnień obronnych na Brennerze; on jest autorem zdjęcia bunkra zamieszczonego w książce. W pracy poszukiwawczej w Olang i Dolinie Puster wspomógł mnie Anton Holzer. Słoweński historyk, prof. Peter Vodopivec, wielkodusznie udostępnił mi swoją gruntowną wiedzę i poświęcił czas; jego koledze, prof. Janezowi Cvirnowi, zawdzięczam ważne informacje bibliograficzne. Moja przyjaciółka, Meta Hočevar w Lublanie, była jak zwykle wspaniałomyślną gospodynią, z którą mogłem przeprowadzić wiele rozmów otwierających przede mną nowe horyzonty. Podziękowania za profesjonalną i życzliwą pomoc należą się też pracownikom filii niemieckiego Archiwum Federalnego w Ludwigsburgu oraz archiwum w Muzeum Powstania Słowackiego w Bańskiej Bystrzycy. Podczas pracy w archiwum w Ludwigsburgu korzystałem z gościnności mojego przyjaciela, Colina Hainbacha.

Od początku badań do zakończenia ostatecznej wersji książki pozostawałem w ciągłym kontakcie z historykiem współczesności, Gerhardem Zeillingerem — wskazywał mi on nieznane źródła, otworzył przede mną swoje bogate archiwum, nie szczędził informacji o dziejach Amstetten i nie żałował krytycznych uwag, które ustrzegły mnie przed przykrymi błędami.

Brigitte Hilzensauer była moją pierwszą i najważniejszą czytelniczką; wspierała mnie swoją rzetelną opinią literacką, ale też towarzyszyła mi podczas pracy jako przyjaciółka, kiedy upadałem na duchu.

Moja żona od początku świadkowała projektowi, odbyła ze mną wiele podróży i stale dodawała mi otuchy; nie umiałbym wyobrazić sobie pisania bez niej.

Wydział do spraw Sztuki Urzędu Kanclerskiego wspomógł poszukiwania badawcze dofinansowaniem kosztów podróży.

WYDAWNICTWO CZARNE S.C.

www.czarne.com.pl

SEKRETARIAT: ul. Kołłątaja 14, III p.
38-300 Gorlice , tel./fax +48 18 353 58 93
e-mail: lukasz@czarne.com.pl, mateusz@czarne.com.pl

REDAKCJA: Wołowiec 11, 38-307 Sękowa
tel./fax +48 18 351 02 78, tel. +48 18 351 00 70
e-mail: redakcja@czarne.com.pl

DZIAŁ PROMOCJI: ul. Jaracza 6/5, 00-378 Warszawa
tel./fax +48 22 621 10 48
e-mail: katarzyna@czarne.com.pl, krystyna@czarne.com.pl

DZIAŁ SPRZEDAŻY: Beata Motyl, MTM Firma
ul. Zwrotnicza 6, 01-219 Warszawa, tel./fax +48 22 632 83 74
e-mail: mtm-motyl@wp.pl

Skład komputerowy: ROBERT OLEŚ — DESIGN PLUS
31-029 Kraków, ul. Morsztynowska 4/7, tel. 012 432 08 52

Druk i oprawa: OPOLGRAF SA
48-085 Opole, ul. Niedziałkowskiego 8/12, tel. 077 454 52 44

Wołowiec 2006
Wydanie I
Ark. wyd. 10,5; ark. druk. 17

Holandia
Łaba
Berlin
Münster
Niemcy
Ren
Koblencja
Praga
Czechy
Francja
Dunaj
Linz
Wiedeń
Amstetten
Szwajcaria
Innsbruck
Mitterberg
Brenner
Austria
Graz
Olang
Bolzano
Celje
Maribor
Lublana
Laško
Słowenia
Kočevje
Zagrzeb
Pad
Morze Adriatyc